应用语言学的历史及理论

于根元 著

商务印书馆
2009年·北京

图书在版编目(CIP)数据

应用语言学的历史及理论/于根元著. —北京:商务印书馆,2009
ISBN 978-7-100-05682-3

I. 应⋯ Ⅱ. 于⋯ Ⅲ. 应用语言学—文集 Ⅳ. H08-53

中国版本图书馆 CIP 数据核字(2007)第 177809 号

所有权利保留。
未经许可,不得以任何方式使用。

YÌNGYÒNGYǓYÁNXUÉ DE LÌSHǏ JÍ LǏLÙN
应 用 语 言 学 的 历 史 及 理 论
于根元 著

商 务 印 书 馆 出 版
(北京王府井大街36号 邮政编码 100710)
商 务 印 书 馆 发 行
北京瑞古冠中印刷厂印刷
ISBN 978-7-100-05682-3

| 2009 年 2 月第 1 版 | 开本 850×1168 1/32 |
| 2009 年 2 月北京第 1 次印刷 | 印张 8⅞ |

定价:20.00 元

目 录

20世纪的中国应用语言学研究 …………………………… (1)
语言规划和新时期的语言文字工作 ……………………… (10)
世纪之交中国社会语言热点问题大讨论 ………………… (21)
网络语言冲击波 …………………………………………… (48)

关于"语言全息发展论" …………………………………… (60)
说"联想" …………………………………………………… (65)
应用语言学的基本理论 …………………………………… (79)
语言的本质和语言教学 …………………………………… (91)
关于语言内核外层互补说 ………………………………… (102)
语言是开放的梯形结构 …………………………………… (111)
应用语言学理论发展的一般规律 ………………………… (124)
应用语言学前沿问题说略 ………………………………… (157)
关于语言学及应用语言学研究方法的若干认识 ………… (174)
关于应用语言学的学科建设 ……………………………… (194)
制订语言计划的若干原则 ………………………………… (196)
关于新时期推广普通话方略的若干思考 ………………… (201)
"消极规范"和"积极规范" ………………………………… (216)
语言传意和传意者 ………………………………………… (219)

新词新语和语言规范……………………………………(226)
整理汉语新词语的若干思考……………………………(233)
说"友"……………………………………………………(244)
词语的时空分布…………………………………………(250)
整理网络词语的若干思考………………………………(259)
关于媒体语言研究的若干思考…………………………(270)

后记………………………………………………………(279)

20世纪的中国应用语言学研究

一

中国应用语言学研究源远流长,而独立学科的形成很晚。从世界范围来说,19世纪末叶,J. N. 博杜恩·德·库尔德内提出了应用语言学这个概念,而独立的应用语言学科形成的标志是1964年第一届国际应用语言学大会在法国召开和国际应用语言学会成立。中国应用语言学科形成的标志是1984年中国社会科学院语言文字应用研究所成立和1992年《语言文字应用》杂志创刊。

应用语言学分狭义、广义两种,中国一般取广义的,包括语言应用的各个方面,范围是开放的。但是包括范围和内部分类有几种意见。现在比较通行的主要指四大块:一是语言教学,二是语言学和现代科技的结合,三是广义的社会语言学,四是语言计划。

20世纪的中国应用语言学研究,在与语言本体研究和普通语言学研究的结合方面几乎转了一圈。20世纪之前,相当粗的来说,中国侧重应用语言学研究,层次比较低,忽视语言本体研究和普通语言学研究。另外一个侧面是结合汉语实际,忽视向外国的借鉴。19世纪和20世纪之交,开始形成了一个弯度,重视了语言本体研究和普通语言学研究,一定程度上忽视了应用语言学研究。另外一个侧面,重视向外国借鉴,在结合汉语实际方面有些偏差。因为忽视了应用语言学研究,语言本体研究和普通语言学研究也受到限制。应用语言学研究受到冷落,但是几千年来重视应用语言学的传统还在发挥很大的作用,实际语言生活里有许多问题需要应用语言学研究解决。应用语言学研究又受到语言本体研究和普通语言学研究以积极成分为主的影响,有了或者孕育着进步。20世纪,可以说是这样的历史:应用语言学研究同语言本体研究、普通语言学研究苦苦地探求高层次的结合,在探求的路上摇摇摆摆地前进。20世纪和21世纪之交正在出现的高层次的结合,是中国应用语言学研究进入新时期的重要使命和重要标志。

二

20世纪中国应用语言学研究分为四个时期。一是19世纪和20世纪之交(1894—1912)。二是20世纪初到中华人民共和国成立前(1912—1949)。三是中华人民共和国成立初到实行改革开放(1949—1978)。四是实行改革开放到20世纪和21世纪之交(1978—)。

第一个时期的应用语言学研究从语文学进入了语言学,或者说是从语言学进入了现代语言学。

第二个时期的应用语言学研究,主要是围绕白话文运动开展的。可以概括为三个运动。第一个运动是五四时期的白话文运动,是白话文要取得书面语的正统地位。取得成绩的主要条件和经验是:1. 客观上符合语言发展本身的规律;2. 适应社会发展的需要;3. 有强有力的杂志《新青年》和强有力的主编陈独秀;4. 有创作实绩;5. 倡导者是一批有影响的学者。问题是:1. 简单化;2. 不很重视理论建设;3. 行文半文半白,过于欧化。第二个运动是 20 世纪 30 年代的大众语运动。因为半文半白,过于欧化,不好懂,给了复古派反对白话文的可乘之机。此后,陈望道等提出大众语。积极方面是:1. 提出向人民群众学习语言,提出语言要浅显易懂,交际要看对象;2. 开展建设普通话的讨论,认识有了进步,关于口语和书面语关系的提法也有进步;3. 有陈望道这一批语言学家唱主角。问题是:1. 批评白话文过了头;2. 瞿秋白提出语言有阶级性。第三个运动是五四时期和 30 年代的国语运动。1932 年商务印书馆印行《国音常用字汇》,标志着北京语音的音系作为普通话语音标准事实上基本确立。

第三个时期的应用语言学研究,主要是围绕语文知识大普及开展的。语文知识大普及有这样一些社会背景:一是 40 年代延安整风,解放区重视语文学习,全国解放是原来解放区的扩展,全国重视语文学习。二是全国逐渐转入建设,语文是文化建设的重要组成部分。三是工作的需要,以及受苏联的影响,重视对干部的语文要求。四是新中国成立,在世界上要树立自尊的形象,语文的健康发展关系到国家的形象。五是工农大众文化上翻身,大量使用语文,迫切需要普及语文知识。《人民日报》1951 年 6 月 6 日开始连载吕叔湘、朱德熙的《语法修辞讲话》,并且发表社论《正确地使用祖国的语言,为语言的纯洁和健康而斗争!》。《语法修辞讲话》和这篇社论有很大的功绩,教育了一两代人。问题是:1. 不正确地说毛泽东、鲁迅的语言"一字不易"。2. 形成了规范化主要是"匡谬正俗"的片面化倾向。3. 对不少语言现象判断过严过早。4. 不正确地提出"纯洁语言"的口号。正面和负面的影响都是深远的。1955 年 10 月在北京召开的全国文字改革会议和现代汉语规范问题学术会议标志着新中国成立后的语言文字应用研究进入了第一个黄金阶段。推广普通话确定了标准和工作方针,现代汉语规范化确定了规范的含义、态度和主要任务。会议的文集和1955年10月26日《人民日报》社论《为促进文字改革、推广普通话、实现汉语规范化而努力》是珍贵的研究成果。语文教学进行了重要的改革试验,汉语、文学分科教学经过1955年的试教,1956年在全国全面推开。进入60年代之后,这方面的调查研究和试验很难开展,1966年进入了长达十年的停顿和遭受破坏的阶段。

第四个时期的初期是恢复阶段,1986年1月的全国语言文字工作会议之后进入了再发展阶段。初期的主要成果是关于语言美的讨论和研究,语言学界几乎是总动员,北京语言学会编的《礼貌和礼貌语言》(北京出版社,1982)和陈章太、于根元的《语言美和精神文明建设》(上海教育出版社,1985)是突出的成果。1986年的全国语言文字工作会议,是中国制定语言规划的重要典范,标志着中国语言文字工作进入了新时期。会议讨论了新时期语言文字工作的方针和当前的主要任务,解决了历史上一些争论不休的问题,把现代汉语规范化和推广普通话列为第一项任务,没有明确重申汉语拼音文字方向,不把简化汉字单独列为一项任务。提出了普通话水平测试分三级的要求。理论上强调了语言的科学性和社会性,提出语文工作要"顺乎自然,因势利导,做促进工作"。

此后的推广普通话研究,1993年决定以必修课的形式在全国的师范院校开设"教师口语"课程,语文出版社等出版了多种有关教材。80年代后期开始,陆续推出了普通话水平测试研究的成果。语文出版社1996年出版的陈章太、李行健主编的《普通话基础方言基本词汇集》,是普通话词汇调查研究的重要成果。詹伯慧、于根元在推广普通话的理论研究方面有一系列的重要成果。李如龙、姚佑椿、汪慧君、易洪川等分别对福建、上海、合肥、武汉等地的地方普通话进行了调查研究。

现代汉语规范研究方面,语言研究所词典编辑室编写的《现代汉语词典》1978年由商务印书馆正式出版,1996年出版了修订本。特别需要注意的是广大学者对现代汉语规范的一系列根本性的问题进行了冷静的思考和多次深入的讨论,吕叔湘、陈建民、李如龙、邢福义、于根元、王希杰、戴昭铭、郑远汉、龚千炎、周洪波、储泽祥、施春宏、庄莹、郭龙生、李建国、季恒铨、王铁琨等陆续提出了许多重要的见解。这些见解主要发表在《中国语文》《语言文字应用》《语文建设》《学语文》《语言教学与研究》《语言研究》等杂志上,主要有:1. 交际值是衡量规范的原则。2. 规范就是服务。3. 发现和推荐新的好的语言现象更重要。4. 语言中有大量的中介状态。5. 不同风格的语言有不同的规范要求。6. 区分学习语言的过渡状态和语病。7. 对待规范的态度刚柔相济。8. 从语义、结构、色彩、节律、语用等多角度地分析规范。9. 色彩是个动态的系统。10. 语言变化具有惯性。11. 规范具有层次性。12. 语言始终处在潜与显的过程中。13. 预测观是重要的规范观。14. 语言表达具有功力、思维、情趣三要素。15. 从规范评议失误中研究规范。

语文教育方面开展了多次讨论,总的成果是对于需要加强素质教育和语言应用的教育,基本上成为共识。庄文中有一系列的研究。语言能力的研究是目前的热点和重点,北京市教育局组织了课题组,刘大为、巢宗祺发表了《两种能力的课程分化——关于"现代汉语"教学改革的思考》(《语言文字应用》1995年第2期),王培光出版了《语言能力与中文教学》(北京师范大学出版社,1995)。王建华的《语用学在语文教学中的运用》(杭州大学出版社,1993)是探索中学语文教学理论的重要成果。吕必松的《对外汉语教学发展概要》(北京语言学院出版社,1990)是介绍和论述中国对外汉语教学的权威之作。盛炎的《语言教学原理》(重庆出版社,1990)是中国对外汉语教学理论方面较为全面、系统的力作。李宇明的《儿童语言的发展》(华中师范大学出版社,1995)是儿童语言研究的重要成果。

这个时期还出现了一些新的学科和研究领域。

计算语言学研究引起重视,特别是中文信息处理的词汇问题开始了集中的研究,冯志伟、陆汝占、黄昌宁等在这方面有较多的成果。吴宗济、曹剑芬等在语音实验方面有较多的成果。

社会语言学研究赢得了显著的地位。陈原、王宗炎、陈章太、陈建民、戴庆厦、蔡富有、张公瑾、陈松岑、苏金智等在总论等方面有显著的成果。陈建民等在口语研究方面,陈建民、李如龙、曹志耘、申小龙、邢福义、戴昭铭等在文化语言学研究方面,陈恩泉、徐思益、李如龙、高莉琴等在双语双方言研究方面,李明洁在称谓研究方面,张清常在北京街巷名称研究方面,周国光等在体态语研究方面有显著的成果。

文学作品语言和语言风格研究,程祥徽、黎运汉、郑远汉、张德明、于根元、刘一玲、李熙宗、王建华等有重要的成果。南京大学出版社 1994 年出版的程祥徽、黎运汉主编的《语言风格论集》,收录的几乎都是中国这方面顶尖学者的论文,比较集中地反映了汉语现代风格学研究的许多重要方面的重要成果。

新词新语研究成为热点。从呼吁、写札记、编词典,到进行理论探索,有了迅速的发展,而且成为探讨规范观、语言观更新的排头兵。

沈孟璎、闵家骥、韩敬体、王铁琨、陈光磊、王希杰、程祥徽等作出了贡献。于根元、刘一玲、周洪波长期进行多年本词典、编年本词典编写和理论研究,国家语言文字工作委员会语言文字应用研究所已经成为中国新词新语整理和研究的重要基地。田小琳多次提出"社区词"的概念,并且进行了初步的研究,对整个词汇研究会有重要的影响。

曹志耘的《广告语言艺术》(湖南师范大学出版社,1992),语言文字应用研究所"广告语言研究"课题组的系列成果,于根元主编的《广告语言教程》(陕西人民教育出版社,1998),张颂主编的《中国播音学》(北京广播学院出版社,1994),林兴仁的《广播的语言艺术》(语文出版社,1994),吴为章的《广播电视话语研究选集》(北京广播学院出版社,1997),吴郁的《节目主持艺术探》(北京广播学院出版社,1997),姚喜双的《播音学概论》(北京广播学院出版社,1998),邱大任的《语言识别》(群众出版社,1995),王洁主编的《法律语言学教程》(法律出版社,1997),张红英的《公安语言研究》(中国人民公安大学出版社,1997),李元授的《新闻信息概论》(武汉大学出版社,1994),是各自研究方面的主要著作。

1997年12月又一次召开了全国语言文字工作会议。会议总结了12年来的工作和主要经验,部署了跨世纪的工作任务,提出语言文字不搞"纯而又纯",语言生活要主体化和多样化相结合,语言文字工作重在建设,语言文字工作特别要重视政策,这些都是对应用语言学研究的重要贡献。

这个时期,在应用语言学理论研究方面有了重要的突破。过去比较长的时期有两个很有影响的说法,一个是应用语言学是语言学理论的应用,本身是没有理论的;与此相关的一个是中国本身是没有语言学理论的,都是从外国来的。这个时期提出应用语言学是"研究语言和语言学同应用各部分结合部、接触面包括结合、接触的动态变化的规律性、普遍性、特殊性的学科",应用语言学总结规律,也有理论、原则、方法。这个认识调整了语言学内部的分类:语言学里分语言本体研究、应用语言学,两者都有理论,总的是语言学理论,属于前者的基础部分是普通语言学,属于后者的是应用语言学理论,其中又分应用语言学基础理论和应用语言学技术理论等。过去的普通语言学里包含了一部分应用语言学理论,需要分出来,但是两者还是需要有交叉的部分。还提出应用语言学理论的来源是多方面的,主要来自语言生活实际。中国的部分学者梳理了中国在应用语言学理论方面的贡献,出版了于根元主编的《应用语言学理论纲要》(华语教学出版社,1999)。在这个过程中,中国部分学者开展了语言观的讨论,主要是《语言文字应用》1994—1996年的讨论、于根元等的《语言哲学对话》(语文出版社,1999)。

这个时期在建立研究机构、创办研究杂志、设置课题、培养队伍等方面,都有一些实践和研究。1995年12月筹建了中国应用语言学会。

三

中国20世纪应用语言学研究的主要经验是语言工作和研究为了国家的富强,所以跟政治、经济、文化结合在一起。语言工作者和研究者有很强的责任感。主要教训是这方面的分寸没有掌握好,对语言内部的特点认识不够,简单化,语言工作和研究往往一定程度地淹没在政治等里面,有时候又单打一。因为简单化,急于求成,对队伍建设、实际调查和理论研究总是认识不够、投入不够。

中国应用语言学研究,当前特别要重视理论研究。这方面同外国的差距,主要不在理论的高度,而在于细化、专题化、大量应用、便于操作。中国目前的不足是理论的创新、开拓,同细化、专题化等的交接方面。这些工作需要一大批人来做,要有计划地培养一支高水平的应用语言学的理论队伍。而队伍建设需要花时间,需要适度超前,又不容易很快产生独立的效应,容易被忽视。中国应用语言学研究徘徊不前和空前大发展的两种前途都是存在的。关键是看队伍建设和应用语言理论建设是否真正发展了。

参考文献

刘涌泉《中国大百科全书·语言文字·应用语言学》,《中国大百科全书·语言文字》460—463页,中国大百科全书出版社,1988。

仲哲明《应用语言学研究的现状和展望(上)》,许嘉璐等主编《中国语言学现状和展望》218—261页,外语教学与研究出版社,1996。

傅永和等《应用语言学研究的现状和展望(下)》,同上,262—293页。

于根元《20世纪的中国语言应用研究》,书海出版社,1996。

(《语言教学与研究》1998年第4期;删节后又刊《科学时报》1999年3月10日)

语言规划和新时期的语言文字工作*

最近我们北京广播学院播音主持艺术学院有一位老师要出国讲学,她觉得到了外国人家可能会问到中国语言文字工作和研究的情况,以及一些方针政策的问题,就来问我。我给她谈了一些最基本的内容,我觉得掌握这些就差不多了。我想起20世纪大概是70年代末80年代初的时候,一批要出国教汉语的教师在北京语言文化大学集训,有关同志也请陈章太和我去谈过这方面的问题。我们很多人都可能同外国朋友打交道,外国朋友很可能问起这方面的问题,我们对这方面的问题有个基本的了解还是很有用处的。

其实,我们在国内教学,在"应用语言学"课里要谈这些问题,在"现代汉语"课的绪论里也要谈这些问题。做研究等工作,也要了解这些问题。20世纪80年代末的时候,还有一些同行,对1986年全国语言文字工作会议为什么没有明确重申走世界共同的拼音文字方向,一点也不了解。前不久还有个语文刊物在编辑部的文章里说要纯洁语言,看来也是不看1997年又一次全国语言文字工作会议的主题报告的。我们对新时期语言文字工作的宣传可能做得也不够。

要我来谈这方面的问题,我很高兴。我在这方面做过研究,也做

---

* 本文是2000年6月16日作者在北京师范大学语言文化学院应用语言学系列讲座上的讲稿。

过实际工作。我参加了两次全国语言文字工作会议文件的起草,都是重要成员。头一次会议期间,我还是文件起草组组长。这两次会议是我国制定语言规划的两个重要典范,我今天主要谈这两次会议,用两次会议把有关的情况和想法串起来。

一　1986年的全国语言文字工作会议

(一)新时期语言文字工作的方针

1986年1月6日到13日,国家教委和国家语言文字工作委员会在北京召开了全国语言文字工作会议。会议的文件刊登在《语文建设》1986年第1、2期合刊上,还出了个会议文件汇编《新时期的语言文字工作》,语文出版社1987年出版。我们语言文字工作的新时期是从这个时候开始的。

会上学习了中央确定的新时期语言文字工作的方针。第二次会议还是提这个方针。方针是这么说的:

> 贯彻、执行国家关于语言文字工作的政策和法令,促进语言文字规范化、标准化、继续推动文字改革工作,使语言文字在社会主义现代化建设中更好地发挥作用。

这段话的核心是"促进语言文字规范化、标准化"。这是新时期语言文字工作的主要内容。"继续推动文字改革工作"这句话本来是考虑到跟原来工作的连续关系,因为语言文字工作已经包含文字改革工作了。后来觉得写这句话很有必要,因为确实有一些很有影响的人是对简化汉字、制定和推行汉语拼音方案工作都抱否定态度的。最后一句话"使语言文字在社会主义现代化建设中更好地发挥作用"

很重要,这是我们语言文字工作及研究、教学的出发点、目的和目标,是检验我们语言文字工作及研究、教学的标尺。这里也体现了我们的语言观,就是为社会主义现代化建设和建设者服务,而且重在建设。

(二)推广普通话列为首要的任务

中央确定的一段时间的语言文字工作任务,把推广普通话列在首位。首先是同原来文字改革的其他工作相比,这项工作突出了。此外,原来的文字改革工作,抓一个突破点有利于工作开展。比来比去,推广普通话工作容易带动其他工作,也比较容易开展。

推广普通话列为首要的任务,这差不多是会前大家都赞成的。可是,它带来的冲击波,不是会前大家都有准备的。例如,原来推广普通话是为了将来实行汉语拼音文字的,是从属于文字改革工作的。现在列为首要的任务,它有自身的意义,而且是属于语言方面的。加上那时候中国文字改革委员会的工作已经有了信息处理,范围扩大了,再叫中国文字改革委员会不怎么合适了,我们准备开的会叫第二次全国文字改革会议也不怎么合适了。所以,推广普通话列为首要的任务,还是中国文字改革委员会改名为国家语言文字工作委员会的催化剂。关于这个改名,那时候包括会上有一些人想不通,这些人后来几乎都是新时期语言文字工作的积极分子。我总觉得,我们有了方针里说的那个出发点、目的和目标,不同认识总好办。那时候还有一些别的不同认识,我们没有批判人家,没有用中央的批示来压人家。我们是很尊重人家的,是出自内心的。因为人家的出发点、目的和目标总的是对的,人家长期以来的工作是很艰难也是很有功劳的。看到他们那样坚持,他们有的还发火,我还佩服他们那种骨气和科学工作者的品格。有人是要批判和处分人家的,但是被多数人巧妙地顶住了。既坚持原则又尽量团结各种不同意见的人一起工作,是那时候的重要经验。后来不同意见还是经常有的。例如长期以来把推广普通话和推广汉语拼音方案并提为"双推",我觉得这两者的关系不一样了,在谈新词语的时候顺便说到"双推"的说法可能要渐渐说成"推广普通话和推广汉语拼音方案",有人说两者水涨船高,不同意我的说法。

这次会议觉得修改推广普通话工作的原定方针"大力提倡,重点推行,积极普及"还不到时候,但是提出重点放在后八个字,尤其是后四个字,在任务里提出"大力推行和积极普及普通话"。1992年把十二字方针调整为"大力推行,积极普及,逐步提高",前面八个字在1986年已经准备好了。

这次会议还提出20世纪普及四用语,即普及教学用语、交际用语、宣传用语、工作用语。关于普及教学用语,1992年提出普及范围为乡中心小学以上。关于工作用语,指干部就是后来说的公务员在大会上等方面的用语,1992年提出普及范围为县级以上。那一次准备提普及工作用语的时候就怕说空话,因为不好落实。不提也不好,因为这一类事没有只要老百姓做而干部可以不做的。1997年准备又一次全国语言文字工作会议的时候,觉得普及四用语方面就是普及工作用语最差,而且难于落实,所以请李岚清同志进一步谈了一下这个问题。李岚清同志在1997年的会上说:"我赞成把'说普通话'列入对公务员的要求;公务员和教师一样,要带头说普通话。希望今后能有个具体规定,逐步实施。"现在的情况好多了。

这次会议还提出普通话水平测试分三级要求。这是不一刀切,对不同的人有不同的要求,是一种分层次的思想。既鼓励一般的应试者,又对起示范作用的人高要求。1994年10月30日,国家语委、国家教委、广电部《关于开展普通话水平测试工作的决定》，进一步分为三级六等，要求省级及以上台的播音员主持人达到一甲，以下的达到一乙。中央三台1998年1月1日起陆续持证上岗。普通话水平测试，是推广普通话科学化、制度化的重要举措。

这次会议还提出北方方言区也要推广普通话，要注意词汇方面的规范。

(三) 没有明确重申汉语拼音文字方向

在会议之前，曾经提出双轨制，有的提汉字和汉语拼音文字，有的提汉字和汉语拼音。但是这个提法比较含糊。提汉语拼音文字吧，没有法定说我们将来还要实行汉语拼音文字。提汉语拼音吧，它同汉字不在一个平面上。中国文字改革委员会那时候经常请学者给大家做学术报告。有学者说长期以来说的文字世界拼音化方向实际上论证不够。大家的思路打开了，积极考虑论证的事。譬如说方向，事实在哪儿呢？甲乙丙三个情况，不好说甲就是乙丙的方向。至少要拿出甲是从乙丙发展而来的事实。那时候还有学者提出世界上有音素文字，有意素文字，可能意素文字更好一些，而汉字是属于意素文字的。这是一种学术见解，但是万一有道理呢？还有，世界上有三个国家实行了文字改革，改为拼音文字，各有各的历史背景，我们今天是否具备改的条件？我们有文章曾经介绍说某某国家改为拼音文字之后怎样怎样好，据了解内情的同志说改了之后还是有一些问题的。总之，这是个难题。后来会议主报告用了周总理1958年《当前文字改革的任务》里的话，提出我们的认识："我们认为，汉字的前途到底如何，我国能不能实现汉语拼音文字，什么时候实现，怎样实现，那是将来的事情，不属于当前文字改革的任务，现在有不同的意见，可以讨论，并且进行更多的科学研究。但是仍然不宜匆忙作出结论。"这是主报告里出彩的一笔。出彩的地方,都是解决难题的地方。所以,难题是研究的好题目。难题,又来自实际。那时候有人说这个提法是"运动就是一切,方向是没有的",因为没有文字改革的方向了。我们说是有方向的,就是前面说的"使语言文字在社会主义现代化建设中更好地发挥作用"。有同志说将来的事也可以说一句。其实还真的不太好说,这个问题太复杂,现在还很难认识清楚。我们不要过早地为子孙后代下结论。讨论,那是另外一回事。主报告不是学术论文。

(四)没有单独列出简化汉字工作

主要是工作范围扩大了,扩大为现代汉字整理工作了。简化的实际工作一个时期内不会进行。主报告里有这样一段:"简化汉字是研究和整理现行汉字的具体内容之一,所以没有再作为一项任务单独提出来。今后,汉字简化应持极其慎重的态度,使文字在一个时期内相对稳定,以利社会应用。"简化的时候说以利当前的应用,现在稳定一个时期,也是以利社会应用。目的是一个,做法不同。这里很有辩证法。

还有有关的两个问题。一个是我们没有提"国语",主要考虑各民族的平等。顺便提一下,我国56个民族,并不是56种语言。一般认为有七十几种语言。有一个歌,意思是我们中国56个民族56种语言,这是不符合事实的。还有一个是常常冒出来的推广普通话"统一祖国语言"的口号,这是不对的。

这次会议在理论上的主要贡献是提出做语言文字工作要"顺乎自然,因势利导,做促进工作"。这是那时候国家语委常务副主任陈章太多次提出来的思想。

二　1997年的全国语言文字工作会议

1997年12月23日到26日在北京举行了又一次全国语言文字工作会议。会议的文件刊登在《语文建设》1998年第2期上。这次会议的下面这几点特别需要注意。

(一)提出推广普通话两个阶段的目标

提出2010年普通话在全国范围内初步普及,从学龄儿童到处于工作年限的人70%的人具有普通话应用能力,方言在交际中的隔阂初步消除。21世纪中叶之前是普及,上述年龄段具有普通话应用能力的人数占90%,方言在交际中的隔阂消除。

计算的方法是暂且认为1997年的时候是上述年龄段具有普通话应用能力的人是50%。如果今后经过九年义务教育的人能有90%具有普通话应用能力,推算到2010年是上面的数字。推算到五十几年后,应该有上面的数字了。

这是一个硬任务。我国到21世纪中叶要成为中等发达的国家,国内一定要有统一的市场。普通话一定要普及,否则就要拖国家整个建设的后腿。

主要的办法是抓学校。学校九年义务教育如果得法,学生应该会说一定水平的普通话了。我们计算的时候还留了一些富余,就是学校可能漏掉10%。以前漏掉得比较多,估计有20%。只许漏掉10%还是很不容易的,要及时采取有力的措施,否则任务要压到后面。

1999年12月14日到16日,教育部召开全国语言工作会议。

这是新中国成立以来第一次全面研究部署学校语言文字工作的专门会议。教育部常务副部长吕福源在大会报告中说，要争取在21世纪初三到五年内，使普通话基本成为各级各类学校的教学语言和城镇学校的校园语言。如果做到了当然很好，我们关心的是措施。

还有，国家规定从1998年起，9月的第三周为"推广普通话宣传周"。如果在第一周，学校刚开学，杂事特别多。第二周吧，同教师节可能是结合，也可能是相互冲淡。所以放在第三周。已经举行两次了，不久要举行第三次。第二次的主题是"迎接新世纪"，不久要举行的主题是"迈向新世纪"。问题是不说每年吧，总得三两年有一些新内容，否则会逐渐流于形式。

顺便谈一下对当前推广普通话的总体情况的基本估计。孙积农1998年在《语言文字应用》第3期发表了她在中国社会科学院研究生院语言文字应用系的硕士研究生毕业论文的一部分，标题是"推广普通话的重要窗口"，副标题是"从中央电视台新闻联播看推普"。文章对1998年3月"两会"期间中央电视台新闻联播中说普通话的情况进行了分析。基本结论是：一、普通话使用普遍，教师、学生、艺术家、学者使用情况好。二、新一代国家领导人普遍使用普通话。领导干部职务由上往下，普通话水平也由高往低。六个省委书记说方言。她在进一步写的论文全文里提出，六个省委书记年龄都不很大，大约60多一点。现在虽然不要求他们会说普通话了，但是，一个问题是，他们的学历都不低，刚实行改革开放的时候他们才40多岁，他们那时候怎么连一点普通话都不学。还有一个问题，今天有不少年轻干部说方言。两会后不久的全国团代会，不少在电视上露面的说方言。三、军人的普通话使用状况不容乐观。四、北方方言区普通话使用比例偏低，河南、山东、四川说方言的人较多。

国家语委正在制定"十五"规划和2015年计划。对上述问题会有新的设想和措施。

(二)关于文字规范

会议之前,有的地方管理社会用字规范过了头,要纠正。而做了过头事的几乎都是积极分子,是好心,所以既要说服他们,还要保护他们的积极性。这引起我们自己思考文字规范的许多问题。在做法上的调整是主要管出版物和媒体以及计算机字库,管"源"。还有政府公文用字和学校教育教学用字。在社会的手写体方面放宽了要求。在认识上,我们的想法比较多,可以公开拿出来说说的,落实到了朱新均总结报告里一千六七百字谈政策的话里。从理论上来认识语言文字工作政策就谈了四点:"第一,政策是国家为实现一定的目标和任务而制定的行动准则。语言文字工作的政策,是为沿着正确方向、实现一定时期的工作目标服务的。一个好政策,必须做到主观和客观高度统一,理想和现实高度统一,动机和效果高度统一。第二,政策要在客观分析形势的基础上制定,这里有一个时空点,即在什么时候什么情况下怎么做。制定政策,既要考虑社会发展对语言文字工作的急迫要求,又要从我国国情出发,充分考虑现实可能及条件。第三,政策就是区别,没有区别就没有政策。语言文字的社会应用情况复杂,既受其自身规律制约,又受社会、民俗以及群众的心理等各方面因素的影响,所以不能采取'一刀切'的办法。要掌握好'度',推动工作的步骤和方法要适度,避免'不及'和'过'两个方面。在政策把握上,特别要注意具体问题具体解决,根据不同领域的不同情况区别对待、分类指导。第四,政策经过实践检验后有时要作必要的调整。政策有相对稳定性,但在执行过程中如果情况有了变化,就需要作适当调整。事实上,制定、调整政策的过程,是对语言文字自身规律和把握政策艺术的认识过程。必要的调整是为了更加有效地推进工作,它反映了人们对客观事物和工作认识上的深化。"这是出彩的地方,是学术和理论上的发展。同样,出彩的地方,都是解决难题的地方。难题是研究的好题目。难题,又来自实际。

(三)提出语言文字不搞纯而又纯

许嘉璐在主题报告里说:"语言文字的发展变化和相对稳定是其内在特性,开展规范化、标准化工作是语言文字健康发展的必然要求。既不能放任自流,无所作为;也不能简单化,'一刀切',搞纯而又纯。"这是第一次在一个重要文件里纠正《人民日报》1951年6月6日社论以来的提法。我们不赞成纯洁语言的提法,主要有这些理由:一、语言是人用的,它为不同阶级不同层次的人服务是一视同仁的。人不纯的话,就谈不上语言的纯。二、语言是要学的,学的过程是还不到位、还不规范,也就是还不纯的过程。三、语言是发展变化的,对于新的语言现象,各人的认识不完全相同,如果要学习,又有一个还不到位、还不规范,也就是还不纯的过程。四、不规范的语言现象也是会新生的。五、由谁来纯洁语言呢?谁自告奋勇说他自己人纯了、语言纯了,来做纯洁语言这件事呢?六、语言不纯是语言发挥功能和新陈代谢的一个部分,是正常情况。进一步谈到语言的健康,其实也是亚健康。

(四)提出语言生活主体化和多样化相结合

许嘉璐在主报告里说:"尊重语言文字自身发展规律,还要求我们正确处理好语言文字主体化和多样化之间的关系。"主体化区别于混乱,多样化区别于单调、单一。就推广普通话来说,不是消灭方言。方言在交际中有它的交际价值。我们要消除的是方言在交际中造成的隔阂,而不是消灭方言本身。方言还是普通话的重要营养。这个观点是语言文字工作和语言研究的带有根本性的观点。

(五)进一步明确要重在建设

许嘉璐在主报告关于跨世纪的语言文字工作一段的开头就说到"重在建设",朱新均的总结报告里也说到。这也是一个重要的思想。首先涉及对形势的估价。我们说,基本不好的情况下主要是治理,战争时期不好主要搞建设,比较正常的情况下要重在建设。提出重在建设,就是认为现在的语言文字工作的政策和我们的语言生活情况是比较好的,不是乱到糟到忍无可忍的地步了。立足于这个估价,我们的一系列工作和研究都要重在建设,还要多做一些基本建设。关于研究怎样体现重在建设,我认为在我们的研究中要注意几点:一、以立为主。二、以正面阐述和正面引导为主。三、以及时发现和介绍新的好的语言现象和语言学思想为主。四、不显耀自己,不嘲弄对方,摆事实讲道理,从不同的见解和方法里尽量选优,尽量团结人。五、力求进一步解决问题。

(《现代汉语研究与应用》,北京广播学院出版社,2003)

世纪之交中国社会语言热点问题大讨论

一

一个时期的社会语言热点问题,是很多人感兴趣并且在热烈讨论的敏感问题,是牵一发而动全身的涉及基本原则的问题,也是前沿问题。所以这里讨论的也可以说是20世纪跟21世纪之交中国社会语言热点问题大讨论或者叫大辩论或者叫大论战。

连着几个世纪之交都是语言学界很热闹的时期。18世纪跟19世纪之交,世界上出现了语言学科——第一个语言学流派历史比较语言学。19世纪跟20世纪之交,世界上出现了取代第一个语言学流派历史比较语言学一百年辉煌的第二个语言学流派结构主义语言学,中国出现了语言学科,出现了五四白话文运动。我们正经历着的世纪之交,中国又出现了社会语言热点问题大讨论。

2000年底到2001年初,好几个语言学家不约而同地认识到这一点。2001年初商务印书馆召开的一次春节茶话会上,我说了这个意思,陈章太、李行健、苏培成都说了这个意思。2001年10月出版的我主编的《网络语言概说》"前言"里说:"近几个月来,不少语言学家敏感地提出我们面临着一场关于语言问题的大讨论或者说是大论

战。"(11页,中国经济出版社,2001)

比较突出的大讨论,可以追溯到20世纪90年代初新词新语整理和研究的深入。

(一)不同的意见

那个时候,不少语言学界之外的上层人士有意见。

一是一些人认为一些词语不文明,例如"泡妞"。

二是一些人认为看不懂了。例如有的高层人士说他们也是有大学本科文凭的人,许多词语他们看不懂了。

三是一些人认为一些词语不对,例如有的高层人士说,什么"政策倾斜"?

一些搞语言学的人也有不同看法。

一是一些人认为,起初出现的语言现象不能认为是规范的。因为用的人少,只能认为是"言语",还没有进入"语言"。

二是一些人认为,词语好的自然会站得住,不好的自然会淘汰,到底好不好,要等到它们优胜劣汰之后才能见分晓。

跟上面第一种、第二种意见相关的有追认说。比较完整的说法是:"一个语言现象,等到它用的时间长了,用的人多了,我们来追认它是规范的,这就是我们的规范工作。"要说明的是持追认说的人甚至是代表人士并不一概把刚出现不久的词语都当成不规范的,他们对有些刚出现的词语也"一见钟情"、抱有好感。我们也不要把他们所持的追认说当成他们一以贯之的原则。跟这有关的还有滞后说,认为规范都是滞后的,他们认为只有人为的或者某些部门认定的规范才是规范。

三是一些人认为,语言发展不能靠流行语。他们可能认为稳定的才是规范的。

跟上面第三种意见相关的有风说、流星说、昙花说。例如有位负责人在一个相关部门的大会上说:"布拉吉"的说法用过一阵子,像一阵风,现在不用了吧。正好那阵子电视连续剧《编辑部的故事》里用了"布拉吉",《现代汉语词典》里也收进了"布拉吉"。

其实,就某一阵风来说,它一刮而过,但是宇宙里、地球上风总是有的。航海、航空、赛跑比赛等还不能不关心风。北京有一次刮大风,北京站对面的整体的大广告牌刮下来,出了事,现在那里没有整体的大广告牌了。北京的天气,有一些风,大气才比较干净。云南大理有四景,风花雪月,下关的风还是一景。就具体的某一颗流星来说,它一闪而过,有的还烧毁了。但是,从总体来说,流星总是有的,有时候还有流星雨。有的流星没有烧完到了地球上,那是陨石,是宝贝,是外星球的使者。还有,不要小看昙花,昙花是花里名贵的花,会养昙花的是花匠里的高手。昙花花开的时间很短,可是花开的时候观赏者很多,会赞叹昙花的美丽。我们大自然不能只有松柏,我们大自然需要丰富多样,需要有四季常青的松柏,有一年生、多年生的植物,有开几个月的花,也需要有一现的昙花。

四是一些人直截了当地提出,语言里越稳定的越规范。

五是一些人认为,某个意思有一个词语就可以了,例如有了"出租汽车"为什么还要有"的士"? 有了"再见"为什么还要有"拜拜"? 后来还有人认为一个意思一个词语是定律,有了"出租汽车"还有"的士"的情况是极少的语言现象。

(二)讨论的焦点

1. 什么是语言规范

有的学者提出语言是用来交际的,规范是为了交际得好,交际得好也就是交际到位的程度——交际值或者交际度是衡量语言规范的标准。以什么作为衡量语言规范的标准,涉及对语言本质的认识。

2. 语言要不要发展和创新

有的学者不同意追认说。主要理由是任何新的好的语言现象一开始用的时候都是用的人少的、用的时间短的,不可能一大群人在一起喊口令一二三大家同时说一个新的好的语言现象出来。追认说最大的问题是不鼓励语言创新,事实上不鼓励语言发展。"语言随着社会的发展而发展"长期以来成了空洞的口号。事实上,我们的许多语言规范工作长期以来是匡谬正俗,找毛病、改毛病,几乎没有鼓励发展和创新的措施。语言创新担着挨批判的风险。语言学界这一点远远落后于其他某些领域。

还有,用的时间长、用的人多的也有不规范的。这种追认说主张的规范也不及时,不能及时为大众的语言生活服务。有的词语搞不清时间长短,有的潜藏了几十年之后又显现了。有的词语,例如"假冒伪劣""打假",我们不希望它们寿命长,但是一个时期不得不用它们。寿命短的词语也不全是不好的词语。有的学者提出语言预测观,1995年占了上风。2002年有的学者改叫前瞻跟踪观。有的学者1992年提出语言由比较活跃的外层和比较稳定的内核两部分组成,而且跟语言规划、跟人联系起来。《网络语言概说》里说了这个认识的文化的根据。

3. 色彩理论

有的学者打比方说:稀饭、馒头也能吃饱,为什么还要吃四大菜系八大菜系?那是要吃风味。语言使用为什么不能讲究色香味儿?为什么语言使用要干巴巴?拿"出租汽车"和"的士"来说,都是外来词,"的士"是音译的,外来色彩更浓一些,不仅是比"出租汽车"少两个字,还符合汉语词汇双音节化的大趋势。汉语里有了"的士",解构之后用了"的",汉语里出现了许多新的语言现象。例如,"的士"指出租汽车,而"摩的""麻的"指出租的机动的但不是汽车,"船的"指出租的机动的不是车,"板儿的"指出租的非机动车,"毛驴的"指出租的非机动的载运的大牲口。北京人开玩笑说"腿儿来腿儿去",指靠脚走的,现在仿造说"的来的去"了。"拜拜"到了汉语里也增加了"断绝关系"的义项。

有的语言学者进一步提出语言里一定要有色彩,而且一定要有新颖色彩,因为需要新颖色彩。语言里的色彩成了动态的系统。有的语言学者进一步提出语言新颖度的概念。外国有个类似的"陌生化"的提法。新颖度和陌生化,指语言交际里不只是通俗易懂,还要有一定的新颖度和陌生化。单纯的通俗,易懂是易懂了,但是,对方不感兴趣,也不容易记住。有一定的新颖度和陌生化,来点变化,来点新东西,理解起来又不太难的,对方感兴趣,又记得牢。有的学者又进一步提出什么是语言交际能力,提出语言交际能力是实际的跟不同层次的人的语言交际中既趋同又趋新的不断磨合的能力。提出要在实际的语言交际中培养语言交际能力,要在实际的语言交际中测试语言交际能力,适度的新颖化、陌生化是语言创新的标志和衡量标准。

有的学者还结合自己收集新词语时候的切身体会说:语言创新跟语言不规范是共生的,创新往往没有新例,难免起初会用得不够准确,但是指出用得不够准确的同时一定要鼓励创新。有的学者还打比方说:一块庄稼地里,没有什么杂草,但是庄稼也长得不怎么样,另外一块地里杂草很多,庄稼也长得好,我们宁可要后一块地。

4. 语言能不能纯而又纯

加上语言中介说,许多学者进一步认为1951年6月6日《人民日报》社论里纯洁语言的说法是不对的。1997年全国语言文字工作会议上,当时的国家语委主任许嘉璐的主题报告明确提出,语言文字不搞纯而又纯。

(三)此后的讨论涉及广告用语和外来词语

1. 广告用语主要是讨论成语谐音改字问题

反对广告用语里成语谐音改字有这样一些主要理由。

一是一些人认为成语是代表中国传统文化的,是不许改动的,改动了是破坏中国古代文化。

实际上有的人是误解。第一是不很知道很多成语的词语和语序起初甚至后来不是定于一的。例如"寸步难行"又作"寸步难移","存亡未卜"又作"未卜存亡"(见刘洁修《汉语成语考释词典》199页,商务印书馆,1989)。第二不很知道五四以后也有很多新成语,成语也是需要发展和创新的。朱瑞玟《成语探源辞典》(首都师范大学出版社,1996)就有"当代外来文化部分",例如"火中取栗、旧瓶装新酒、三位一体、杀鸡取卵、象牙之塔"。还有,"一国两制"也应该是新成语。第三是不很知道中国传统文化的精粹不是搞两个凡是、三个凡是,而是要发展。

二是一些人说广告用语里成语谐音改字误导了学生。例如说有的学生只知道"咳不容缓"而不知道"刻不容缓"了,老师怎么帮助他纠正也纠正不过来。

这涉及我们学校教育的职能和影响的问题。学校和社会的关系是互相影响的,但是主要是学校的教育影响社会。我们有些地方的学校教育过于脆弱,远远比不上广告用语对学生的影响,也不善于使用广告用语等的积极影响。例如,我们的学生只知其二不知其一,有局限性,但是只知其一而不知其二是不是也有局限性?我们能不能在学校教育里让学生知其一又适当知其二呢？还有，可能又有炒作的问题，说有的学生只知道"咳不容缓"而不知道"刻不容缓"了，老师怎么帮助他纠正也纠正不过来，似乎是传来传去，缺乏调查分析研究。如果有这样的情况，也要深入了解分析学生的情况和老师帮助纠正的情况。还有，我们常常拿应用文来要求别的语体，例如要求广告用语、文学作品用语、网络用语，"一刀切"，不很知道不同的语言交际类型对语言规范有不同的要求，这也是个涉及许多方面的问题。

有的人发表文章说广告用语里成语谐音改字是"邪音改字"，这样的态度和说法不利于讨论和解决问题。

2. 外来词语的使用

批判的声势很大。说许多场合使用外来词语是洋化、殖民化很严重的问题，几乎一边倒。也没有解决多少问题。语言学者几乎没有人主动跟着说，也没有气氛在媒体上公开提出不同的意见。所以没有形成讨论。

二

（一）网络语言大讨论是这场大讨论的催化剂

大，是指涉及的面大，参加的人多，声势大，问题尖锐。网络语言是大讨论的催化剂。批评网络语言的人基本上是语言学界之外的。理由主要有这样一些。

一是有人说网络语言误导孩子。

我们总想让孩子在温室里成长。其实现在的幼儿园和小学、中学是温室吗？那里的脏话也不少。还有，有一家报纸公布了一个课题的结果,说是四十几个孩子自我介绍的用语一模一样,都是套话,这不也很可怕吗?我们要让孩子适当经一些风雨,多大的风雨孩子们能经受得住,对孩子们增强识别能力和思考能力有好处,都要在实际中试试看来调整好度。我们大人常常主观设计的度是不很符合实际情况的。过去曾经说"红楼诲淫,水浒诲盗",《红楼梦》和《水浒》连大人都是不让看的。后来让看了,看了又怎么样呢?也没有出多大的事,《红楼梦》《水浒》还成了中国古代名著,成了中国古代传统文化的代表作,成了许多人的必读书。刘心武的《班主任》写到那时候我们培养的思想特别进步的学生认为《牛虻》是反动的书,至今要引起我们反思。

正确引导孩子,需要家长和学校的介入,往往不是一概拒绝。

二是有人说网络语言破坏文化。这一个说法在以前的基础上没有什么发展。

三是有人说网络语言破坏了语言规范和语言纯洁。这一个说法在以前的基础上也没有深发展。

四是有人说网络语言类似于黑话。

很多说这个话的人并不懂得什么是黑话。黑话是有一定含义的,是指黑社会或者黑道上的那些人内部使用的不让外人知道的封闭性的用语,例如《智取威虎山》里座山雕的土匪说的外边人不说、不懂的那些话。我们说网络语言不是黑话。一是因为网民并不是黑社会或者黑道上的人,二是因为网络语言并不是封闭性的用语。

2001年1月到6月,参加讨论的媒体有300多家。主要是围绕我主编的、2001年6月将要出版的《中国网络语言词典》进行的。《网络语言概说》说:"我们认为网络语言的冲击波是这场大讨论或者大论战的催化剂,因为当前关于网络语言的讨论已经涉及了语言功能、语言规范、语言教学、新词新语、广告语言、外语词的使用、词典编纂等问题。网络语言的冲击波,或者说,关于网络语言的讨论、争论,是近十几年来新词新语冲击波的发展,或者说,关于网络语言的讨论,是近十几年来新词新语,语言规范问题,语言教学等问题讨论、争论的汇合。网络作为第四媒体,它的出现还引起了我们对四个媒体的有关问题的总的反思,也引起了我们对语言传播学说的有关问题的总的反思。"(11页)

(二)字母词和外文使用的讨论

新词新语的讨论、网络语言的讨论还在进行,又涉及或者说加进来了字母词的讨论。字母词有 X 光、CT、E-mail、RMB 等类型。相关的还有外文使用的讨论。

1. 2001 年 6 月 6 日《人民日报》评论员文章《为祖国语言的纯洁和健康继续奋斗》

评论员文章对《人民日报》1951 年 6 月 6 日的社论全盘肯定:"50 年前的今天,本报发表了题为《正确地使用祖国的语言,为语言的纯洁和健康而斗争!》的社论。半个世纪过去了,重温这篇曾经推动了语言文字规范化历程的社论,仍觉耳目一新,它的基本精神,对新时期语言文字的规范化工作仍有重要的指导意义。""随着经济的发展和获取信息手段的多样化,一些领域又出现许多新问题。比如一些企业在营销活动中乱造音译词,影视作品中滥用土语、外来语,有的广告乱改成语,有的流行歌曲词不达意,网络上有些语言毫无语法可言,等等。这些新问题都需要进一步规范和加强管理。""正确地使用祖国的语言,新闻工作者承担着特殊的使命,我们愿和全国人民一道,为进一步做好新时期的语言文字工作,为祖国语言的纯洁和健康而继续奋斗。"

《人民日报》1951年6月6日的社论说的纯洁语言指的是不要出现语言不规范的现象。《人民日报》2001年6月6日的评论员文章已经涉及外来词语的使用。

2. 一系列文章

人们常说的"纯洁语言"还有一个意思,是指官方用语里不要出现外来词语。据说,法语里很早就有这样的要求和做法,我们有一些人要求仿照这样的要求和做法。近一些年来,我们的一些媒体比较集中报道了外国这方面的一些情况,外国的媒体也有不少这方面的报道。然后是我国有人要求拿出管理的办法、要求立法或者制造舆论,同时也引起了对这样的"纯洁语言"的比较集中的反思。

看看报道的时间表以及报道的内容。

(1) 2001年5月5日《光明日报》《法国捍卫法语纯洁性》说:"在经济全球化的浪潮面前,法国人为了捍卫自己语言的纯洁,为了保障法语作为国际性语言的前途,正在顽强地努力着。"

(2) 2002年6月28日央视新闻《俄罗斯将立法保护本国语言》说:"……最近俄罗斯政府就准备通过立法来净化本国的语言。""为了净化俄语,俄罗斯国家杜马现在正拟订有关法律条文;这些法律主要规定,官方用语中不许带有外来词……""还有一些语言学家表示,外来词的侵入不见得就会削弱本国语言文字的影响力,因为本国语言文字里的精髓会经得起时间的考验,而一些该淘汰的东西就应该让它自然淘汰。"

(3) 2002年8月19日新加坡联合早报网国际新闻《外来语不断"偷天换日",日本展开日语"保卫战"》说:"政府正计划召集20名学者、编辑、翻译家组成日语专门小组,每年召开两次会议,为公众不熟悉的英语外来语确定相应的日语词汇。但分析家说,由于全球化的潮流势不可挡,政府这一企图看来注定难以成功。"

(4) 2002年10月24日《世界新闻报》杨洁的《罗马尼亚封杀外来语》一文的刊头语说:"随着全球化日益加速,文化的交融也日益明显。近年来外语词汇大量出现在罗马尼亚人民的生活之中。而罗马尼亚有关方面出于保护本民族语言的考虑,于日前出台一项新法律:公共场合禁用外语,违者将课以重罚。于是,该国街头开始出现诸如'产自德国汉堡的夹肉面包'这种不伦不类的罗马尼亚语广告,让人哭笑不得。"

(5) 2003年8月15日《作家文摘》转载了原刊于7月24日《上海译报》的《法国禁用"E-MAIL"这个词》说:"法国文化部近日下令,禁止一切政府部门、文件、出版物或网站使用'E-mail'一词,并将其改成法语合成词'Couriel'(电子邮件)。据说,这是法政府阻止英语词汇侵蚀法语的最新举措:'Couriel'发音具有鲜明的法语特点,因此比'E-mail'这个外来语更有'亲和力'。部分商家表示政府此举很'可笑',他们认为这一决定不能反映现实。法国互联网俱乐部总裁表示,'E-mail'已经被世界各国普遍接受,没人将其当作是'美国人专用语'。法国人喜欢在讲话和工作文件中夹杂大量来自英语的'洋话'。法政府曾经在1994年下令,把那些在广告中使用'英法混合语'的人送进监狱,但其实无力控制上述语言泛滥。"

(6)《人民日报》2004年6月14日报道《当前,越来越多的中英文混杂的语句出现在报纸杂志上,流传在人们的口头上,有识之士呼吁——外来词使用当规范》一文,评介了外国的有关情况,而且明确跟"纯洁祖国语言"联系了起来:

> 目前,世界上大约有6000种语言,但每年有25种语言消失。有人估计,到本世纪末90%的语言可能会灭绝,世界的部

分文化、历史就会随之消亡。近年来,世界许多国家都提出警惕"语言入侵"、"文化入侵"的问题,有识之士对民族语言的"异化"和"污染"忧心忡忡。许多国家在维护民族方面,态度非常鲜明,立场非常坚定。

1992年,法国国会郑重地把"法语是法国的官方语言"这句话加入到法国宪法中。1994年法国又出台了新的法律,规定公共场所的所有标语、公告牌必须用法语书写,原文是其他语种的也要翻译成法语,而且法语字母不能小于原文。违反上述规定的个人和企业将视情节轻重处以1000~5000欧元的罚款。2000年,波兰制订了一项法律,规定所有公司的推销广告和产品说明书必须用波兰语。几年前,德语研究所曾致函德国电信公司,抗议该公司滥用英语词汇。一气之下,德语研究所的一位教授还创建了"保护德语学会"。2001年普京总统就签署了一项要求维护俄语"纯洁性"的命令,禁止在俄语中滥用英语单词。一位语言学家甚至呼吁:要保护世界的"语言生态"平衡。
……

1951年6月6日,《人民日报》发表了题为《正确地使用祖国的语言,为语言的纯洁和健康而斗争!》的社论。半个世纪后的今天,在这个曾经产生过唐诗、宋词、元曲的国度里,人们发出了"维护祖国语言健康发展"的呼喊。

3. 有关的几次会议

(1) 2002年8月27日国家语委语用司召开的社会语言热点问题座谈会,《文汇报》28日报道《新词语混乱不堪还是生动活泼》说:"中国社会科学院原副院长刘吉认为,现在中国文字的混乱已经到了不能容忍的地步了。大量不规范的外来语、英语缩写的直接使用、像

'菜鸟'、'大虾'一类网络语言、像'绝代佳人'之类的新人类自己创造的词语,已经使不少文章出现了令人读不懂的情况,有的更会引出歧义,影响我们的理解。对于现在的混乱局面必须采取立法、行政、引导等各种手段予以纠正。而以中央电视台新闻评论部节目主持人、播音指导敬一丹和《人民文学》副主编、作家肖复兴等为代表的专家却大声为这些新名词叫好。"请注意,其中刘吉提出了:"必须采取立法、行政、引导等各种手段予以纠正。"

会上还有人提出不要用"克隆"。有人问:那么用什么呢?回答说:用"拷贝"。有人又问:"拷贝"不也是外来词吗?回答说:老人老办法,新人新办法。"拷贝"已经用了就用吧,"克隆"就不要用了。有人又问:"克隆"和"拷贝"意思是不很一样的。回答说:就凑合着用吧。

(2) 2003年10月14日教育部召开"外来语规范问题研讨会",通知说:"大量的英语缩写词以及中英文拼接而成的语词在大众传媒中频繁出现,一些完全可以用汉字表意的内容采用英文缩写词,一些并非必要的场合也使用英文缩写词,而且不加必要的注释。这在一定程度上损害了汉语言文字的严整与和谐。这种现象引起了有关领导和社会各界的关注。"

(3) 2004年5月25日中宣部新闻局和教育部语言文字应用管理司在京联合召开"规范外文使用,维护祖国语言健康发展"宣传座谈会。《中国教育报》26日报道标题是《规范外文使用宣传座谈会在京举行 用科学态度维护祖国语言健康发展》。最后一段说:

> 与会专家在座谈会上达成以下几点共识:要从继承中华文明的高度,来规范语言文字的使用;要从维护中华文化主权的高度,建立祖国语言文字的主权意识,自觉维护祖国语言文字的主权;要自觉抵制霸权和优势语言的侵犯;要用科学的态度,维护

祖国语言文字的主权；新闻出版单位要带头维护祖国语言文字的主权，要自觉维护祖国母语的尊严。

《中国教育报》2004年9月15日的报道跟这个会议有关，标题为《用科学态度维护祖国语言文字主权》，标题上面有这样的话：

一个国家的法定语言或官方语言就像这个国家的国旗和国徽一样，是国家主权和尊严的象征，也是国家身份和民族认同的重要纽带。

因此，要从维护中华文化主权的高度，建立祖国语言文字的意识，自觉维护祖国语言文字的主权，自觉抑制霸权和优势语言的侵犯，新闻出版单位更要带头维护祖国语言文字的主权，要自觉维护祖国母语的尊严。

这里恐怕需要分清"祖国语言、法定语言、官方语言、母语""霸权语言、优势语言""侵犯、交融"这些概念。同一天的这份报纸的报头下有英文 CHINA EDUCATION DAILY，还有网址 http://www.jyb.com.cn。头版右上角"郑州十一中（原郑州三高）50周年校庆公告"，也有英文网址。头版《学英语报》广告也有英文网址。第6版介绍"方正集团"里有不少英文。同版《2004年高考语文虚词解析》引了选择题选择项就用了"A. B. C. D."。这一期中缝有文字的里面还有不少英文。

4. 反思的基本理由

（1）不许在我们的官方语言里用外来词，有没有可能和必要？我们的官方语言里不许说"社会、政治、经济、权益、干部"，有这个可能吗？有这个必要吗？

（2）拿我们的汉语来说，它先天是不是纯洁的？研究中国民族语言的有关专家认为，汉族原来是羌族的一部分，汉语里就有许多羌语的成分。我们的汉语起初是融合在中国多民族的语言里的,汉语这个名称也是后起的。他说我们汉语北边是阿尔泰语系,南边是南亚语系,很难不受两个语系的影响。

(3) 这样的"语言纯洁"对我们语言的发展有什么好处?

史有为在他的《汉语外来词》(商务印书馆,2000)"序"里说:

> 需要指出的是,一种纯而又纯的语言必然是没有竞争力的语言,必然导致使用社群的狭窄甚至萎缩;而另一方面,评价语言则又要根据能否完善地表达当前事物与概念,以及满足当前交际和科学的需要,此即所谓实践检验也。我们在语言接触和融合的问题上当然要有民族的意识,但更要有世界的意识,在二者之中保持一定的张力。任何只考虑或倒向一端的想法和做法可能都是无益的,也会被现实所拒绝。

《语文建设》2000年第10期的卷首刊登了王均的《网络时代的语言生活和语言教学》,认为:"在国际联网时代,包括外语借词缩略语在内的新词语的猛增,是语言与社会共变的必然趋势,语法的精密化也肯定是一种进步。汉语书面语中'他、她、它''那、哪'的区别和文本的横排以及新式标点符号的使用,都曾经有人强烈反对,他们痛心疾首,如丧考妣,讽刺挖苦漫骂,无所不用其极,但到现在,也只有接受。语文保守主义和语言'净化主义'是违背语言发展规律的,它必然要碰壁。"

有关的还有汉语里大量阿拉伯数字的使用。《现代汉语词典》里收录了"〇",释为"数的空位(同'零')"(2002年增补本802页)。《现代汉语词典》里还收入日本汉字"辻",说:"日本汉字,十字路口。多用于日本姓名。"(同上1141页)

(4) 语言交融能力是重要的能力。我在《语言是开放的梯形结构》(《汉语学报》2005年第2期)里说到:"邢福义在1997年1月9日的语言哲学对话《动态:语言的本质》里说:'从非人动物到人,是渐变的。最原始的人和最高级的非人动物,二者之间没有鸿沟。正因如此,最原始的人所用的传递信息的符号和最高级的非人动物所用的传递信息的符号,都是语言,二者之间也没有鸿沟。通过传递信息的符号,人和人可以沟通,人和动物也可以沟通。'(于根元等《语言哲学对话》140页,语文出版社,1999)我很同意这个意见。""不能仅仅重视这些人和那些人语言交际的差异,忽视这些人和那些人的语言交融,自设语言隔离墙,或者把'只有民族的才是世界的'泛化,似乎认为只要是民族的就必然、自然和已经、仍然是世界的,限制了自身的自由和发展。""人使用语言和体态语往往也是交融的。""语言要从社会交际、社会文化、社会心理等许多方面吸取生活资料。语言更从别的语言系统中吸取生活资料。现代汉语从古代汉语、汉语方言里吸取生活资料,而且从兄弟民族的语言和外语里吸取生活资料。北京好几千条胡同的'胡同'来自满语,来自日语的'干部'成了现代汉语的基本词,来自俄语的'布拉吉'收入《现代汉语词典》修订本了。来自英语从粤方言进口的'的士',变幻出了'打的、面的、人力的、的来的去'等。这都说明我们的汉语生机勃勃。语言交融能力或者说吸取能力是重要的能力。语言交融本来也是具有潜在的可能性的,现实的交融,是由语言内部和外部条件形成的显化。交融的语言的各个部分,都属于这个语言的大系统。有时候我们会觉得某种菜肴离开原地,做法和味道不正宗了,不纯了。其实,这种适应更多人口味需要的、吸取了别的一些做法和口味的、变化了的做法和口味,也是一种品种,或许还是比较有前途的变化。语言交融的原因是人的交融和社会需要人交融,社会开放和人们交往以及思想活跃促使了语言运动的活跃。"我还认为当代汉语里有的,就是我们系统之内的,过去古汉语没有标点,现在也进入我们的系统了,成了我们的系统。汉语中很多元素来源不同,但只要对我们的系统有利,就是我们系统的。韩国人这方面比较普及的语言观值得我们借鉴。韩国很多民众使用大量汉语借词,他们说:原来是你们汉语的,现在是我们韩语的。使用的不同来源的成分不宜都说成是不同系统的,这不同来源在当代汉语里是可能成为共同的系统的。外语词在汉语里的显,或者说是空间的突破,我们的语言研究既要突破严格的共时与历时的严格限制,还要突破空间的严格限制。

(5) 出现了跟俄罗斯纯洁语言不同的实例:

虽然莫斯科在申请主办2012年奥运会的竞争中首轮即遭淘汰,但俄罗斯总统普京在申奥录像中的讲话还是给全世界的观众留下了深刻的印象。美联社说,这是克里姆林宫领导人第一次用英语在如此正式的场合发表长篇大论。(《新闻晨报》2005年7月7日)

(6)《光明日报》2001年6月14日的报道《汉语应与时俱进》里说:"社科院语言所研究员刘涌泉说,目前,像VCD、WTO、IP电话等外来语已为广大群众所接受,而且,这些写法简捷通用,如果一定要写成中文反而复杂了,一般人看不懂。像DNA,写成中文是一段很繁复的专业术语,不仅人们不好理解,在电子计算机上处理起来也要困难得多。他说,规范化与现代化并不矛盾。把发展中的东西规范下来,就有利于现代化,而反对发展,就不利于现代化的进程。"报道还说到"汉语拼音不可淡化"。

(7) 下面两个材料很重要,可以帮助我们认识有关的问题。

一个是2005年7月1日《中华人民共和国和俄罗斯联邦关于

21世纪国际秩序的联合声明》的一部分：

> 八、世界文化和文明的多样性应成为相互充实而不是相互冲突的基础。当今世界的主流要求不是搞"文明冲突"，而是必须开展全球合作。应尊重和维护世界文明的多样性和发展模式的多样化。各国历史背景、文化传统、社会政治制度、价值观念和发展道路的差异不应成为干涉别国内政的借口。应在相互尊重和包容中开展文明对话与经验交流，相互借鉴，取长补短，以求共同进步。应加强人文交流以建立国家间友好信任的关系。

（新华网同日）

还有一个是教育部副部长、国家语委主任袁贵仁2005年2月25日在2005年度语言文字工作会议上的讲话《树立和落实科学发展观，促进语言文字工作的协调、可持续发展》(《语言文字工作简报》第6期，总第146期，2005年4月6日)里的有关部分：

> 语言文字工作要统筹、协调好各种关系，促进和谐发展，最大限度地满足整个民族、全体人民群众的根本利益和长远利益。
>
> 保证语言文字工作的发展，应当正确分析这项工作所涉及的范畴和关系，清楚认识当前和今后一个时期的任务和使命，抓住主要矛盾，兼顾其他方面。在全面建设小康社会和实现现代化的进程中，语言文字工作最主要的任务，就是最大限度地克服交际障碍，为经济社会发展服务，为解放、发展文化生产力和传播先进文化提供平台，为广大人民群众的学习、生活和发展提供便利，为构建社会主义和谐社会，增强中华民族凝聚力奠定基础。为此，我们必须坚定不移地贯彻《国家通用语言文字法》，大力推行国家通用语言文字。这就需要我们不断加深对推广普通话和推行规范汉字的必要性和重要性的认识，不断增强工作的

自觉性和使命感。同时,也要对与此相关、相对应的范畴和方面有清醒、清楚的认识,以保证工作在符合语言发展内在规律的科学轨道上顺利推进和发展。作为国家通用语言文字的推行者,我们应该认识到,语言文字本身是复杂多样的,中国语言文字的复杂性正体现着中华民族文化的博大精深和光辉灿烂;社会正处于转型期,人们的物质和精神生活的需求是多元的,社会语文生活表现得愈益纷繁复杂。我们应理解社会对语言生活多样化的需求,妥善处理好语言文字主体化和多样性之间的关系,注意维护语言文字和谐发展的环境,依法处理好国家通用语言文字与方言、少数民族语言文字以及与外国语言文字的关系等等。

还有一处:

——随着改革开放的不断深入,对外交往的增多,特别是受经济全球化浪潮和通信、交通、信息技术快速发展的影响,外国语言、特别是英语的学习和使用在我国逐渐增多,并呈上升趋势。英语学习在我国各级各类教育中占有重要位置,全社会学习英语的热潮也经久不衰。对此,存在不同看法,应该进行严肃、负责的讨论。应该认识到,语言是重要的交际工具和信息载体,加强外语学习、提高外语应用水平,是进一步扩大开放,加强与世界联系和交往的需要,也是学习借鉴外国的先进科学技术,汲取人类一切文明成果的需要,应该鼓励和支持。但要注意到,语言文字是民族的标志和民族文化的重要载体及组成部分,其应用水平体现和直接影响着民族的教育、文化和素质,为适应未来教育文化发展和人才战略的实施以及中国在世界上的和平发展,应进一步加强祖国语言文字教育,扩大其在世界上的影响,这也是弘扬民族文化、培育民族精神的一个重要方面。对于重视外语学习和使用而忽略或削弱本国语言文字学习和使用的现象,要进行纠正,要宣传引导,督促有关方面重视并加强国家通用语言文字的教学和应用;同时应对合理吸收使用外国语言文字制定相关标准,并依法对外国语言文字在公共交际场合的不适当使用进行适度干预和积极引导,以创造规范、健康的语言文字环境。

(三)网络语言的继续讨论

2002年8月27日国家语委语用司召开的社会语言热点问题座谈会上有很多媒体参加,新浪网和北京电视台对敬一丹、肖复兴和我的发言比较感兴趣,2002年8月31日请我们三个做客新浪网,跟网友主要讨论网络语言问题。那个活动是和北京电视台一起办的,这次活动,很有意义。20世纪白话文运动和大众语运动,从文学界开始,然后才是语言学家唱主角。这几年关于网络语言的讨论,也是如此。其中有规律,就是文学界敏感,语言问题的深入解决靠语言学家出面。这次活动却是语言学家、媒体重要人物和文学家的联手,这是社会的发展,也是媒体和文学界对语言问题的认识达到了专业化的水平。

2005年8月12日下午,我、张普、周洪波、于虹在教育部的网上在线讨论"网络语言的是是非非"。周洪波说:"张教授刚才提到他关注平面媒体里面的一些语言现象,实际上网络词语从BBS、聊天室里面能够进入到平面媒体去,实际上已经扩展了它的使用范围。"张普接着说:"同时也是升华,网络现在毕竟是有序不够,因为是新型的东西,有序还不够,但是传统媒体的有序已经很够了,所以能从网络到平面媒体,既是扩大,也是升华。"周洪波又说:"那么,这恰恰是我们做编撰辞书研究人员非常关注的,一旦网络词语进入到平面媒体,那就是我们辞书编撰关注的一个很重要的对象。比如我们当时出这个新词语词典的时候,把相关的网络词语作为一个附录放在后面,那么根据这几年网络语言的发展,它进入平面媒体的增加。那么,我们今年在修订这本词典的时候,像大虾、菜鸟、灌水等词语大量进入平面媒体,我们准备收到词典里面。"

与此有关的是调查研究学生上网或者上网聊天对他语文水平的影响。周洪波在前面提到的在线讨论时说:"现在,我们很多人对它不大了解,然后断言说它不好,这样有很多以偏概全。我今天来之前,我特意问北大附中的老师,他们都是在一线搞教学的,我问他们到底现在网络语言对中学生的写作有多大的坏处,他们告诉我,就是在他们一线教学中,一般的学生在非考试的作文当中会夹带一些网络词语,因为要诙谐,要幽默。老师觉得只要用得得体,这是不影响整个文体的协调,这是可以的。但是,老师告诉他们讲,最好考试的时候尽量不要用网络语言。现在事实上学生做得很好,在他们教学界好像不存在这个问题,不像我们现在有些报道说的那样严重。所以,这个我们反思,我们怎么样看待网络语言。作为我们对网络语言有偏见或者是有质疑的人,是不是先别质疑,先融入进去,先去了解网络语言到底是什么样的状态。"于虹说:"媒体有一段时间炒作得非常厉害。但是,我们也做过仔细的分析和对比。一段时间媒体举的报道的例子如出一辙,比如在北京地区报纸里说清华附中初二年级的王某某同学,他作文里出现了:'放假了,我在外地读大学的那个GG(哥哥),从外地回来了,带来了他的恐龙GF(girl friend),这个人不断对我妈妈大肆的PMP(拍马屁)。'就是这么一段文章,他妈妈和老师看了这个作文看不懂。但是在长江以南,武汉地区的报纸用了一样的素材,说家住武汉的张女士拿着自己初二女儿的作文反映这个问题。在西南成都还是用这个素材,只不过更名换姓。到南京还是这个。所以可见这个是一个极端的例子,素材的真实性很可疑。就是是不是真的有这么一个初中生,把网络字母这种简缩和谐音形式这么集中反映在一段文章里面,这个很可疑。另外,大江南北反映网络语言如何不好的时候,用一样的题材。"我说:"网络语言丰富了我们语言生活,这是一个方面。另外一个方面,它是新兴的,大家了解的时间比较短,另外有很多学生对这个可能是比较有兴趣,他在使用当中也可能有些地方用得不够恰当,不够好,社会各界关心这个事,这是很好的。那么,我们了解这个情况,了解这个原因,才能够解决这些问题,能够提高网络语言和使用的水平。一个事情,我想,要做实实在在调查研究分析。就是我们那些学生,什么样的情况之下用得不够好,原因在哪里?那么,我们将来怎么解决?比如有一些学生也上网,也聊天,但是他的作文和别的方面还挺好。那么,这上网聊天是不是也起了作用,那么原因到底在哪儿?找出原因来了,我们好去解决这个问题,好提高。另外,我们调查研究里面也体现了一种科学认真的学风,要找到到底是谁,是什么原因,什么情况。现在我们看到这方面做的好像欠缺一些。"我还听说,新加坡的一位语言学家集中一些网络词语连成了一篇短文,犹如相声里把歌名、电影名连成一篇文章,结果被不少人当作一篇真实的使用网络词语的文章炒来炒去。这样的学风不够好。我们需要认真做一番调查研究。

(四)《新华新词语词典》以及引起的反响

2003年1月商务印书馆出版的《新华新词语词典》本身和引起的反响很有意义。

这本词典的特点在"前言"说得很清楚:一、语词和百科兼收。二、主要收录20世纪90年代以来出现或进入社会生活的新词新义新用法。三、除语文词语外,尤其关注信息、财经、环保、军事、法律、教育、科技等领域的新词语。四、词目附了英文翻译,一些词语的释文后设有知识窗,并配插图。五、正文后附有常见字母词等。六、计划每隔一年滚动修订。

总的来说,从内容到形式给人新鲜感,很有用,而且不花哨。这本词典体现了包括编者在内的新词语研究的成果。

这本词典引起的反响很强烈,可以说是世纪之交中国关于语言问题大讨论的又一个回合。这一个回合的特点,一是教育部和国家语委的有关负责人公开表态,二是反响总的是积极的,各界人士关于语言问题的认识水平提高了许多。

词典恐怕都要承担一定的道德评价的,《新华新词语词典》事实上是承担了道德评价的。要研究的是什么叫道德评价,怎样承担。例如不收"包二奶"的词典在道德评价方面是不是就进步一些,这样一来,编这一类词典的人会不会多一事不如少一事?小学生词典要不要收"黑客",还有用什么方式评价的问题。

词典,不是说收的每一个词本身在词汇系统里都是经典的,而是在一定的时空里收这样的词是应该的,有关的说明是典范的。收这样的词,体现了一种语言观,体现了实事求是的精神。

词典正文的第一个词条是字母词"AA制",字母词列入正文这是一个进步,但是正文里也只有这一个字母词,如果是尝试也可以多几种类型的。在附录里又出现"AA制",体例上总是一个不妥,是一种妥协。

附带要讨论一个问题。《中国语文》1978年复刊后的第1期,刊登了语言研究所词典编辑室的《批判"四人帮"扼杀〈现代汉语词典〉的罪行》和陈原的《划清词典工作中的若干是非界限》,编辑部为此发表了编者按。20多年过去了,我们应该有新的认识,但是我们也有许多原则性的认识有了滑坡,这倒是需要很好注意和研究的。

三 大讨论的背景、性质和应有的态度

(一)大讨论的背景

1. 许多人有不同意见

为什么这场大讨论这个时候出现在中国？大讨论是一种思想认识和做法的大的碰撞。之所以能大碰撞,总有两个条件:一是许多人有不同意见,二是有条件说出来讨论。造成许多人有不同意见,主要有这样一些原因。

(1)语言是人民大众使用和关心的,跟人民大众有密切的关系,大家都有一定的要求和认识。

(2)我们有的语言学家这些年辩证法学得好了一些,思考了新的问题,许多是关于长期以来占主要地位的某些认识的反思。例如关于度的认识、中介的认识、服务的认识,他们要表述和付诸实施。从这方面来说,这场讨论是在进步的,不是混乱的。

(3)我国正处在计划经济向社会主义市场经济、知识经济转型,人群的认识不同、利益不同。许多认识和做法保留了计划经济的一套,有的意见甚至还有某些左派幼稚病的痕迹。

(4)关于语言学学术认识不同。

(5)我们以前关于语言的许多讨论都有些夹生,甚至以势压人,没有讨论得起来,有的成了车轱辘论题,一而再再而三地提出,没有什么新意,所谓的讨论也没有什么进展,甚至还有倒退。这次大讨论里面也有这样的情况。很重要的一点是研究不够,讨论比较表面,涉

及的实质问题的研究需要费时费力,而这方面的投入和组织又不够。不少人关于衡量的标准和尺度还认识不够。还有,我们有些工作没有做好,一刀切,跟风,说过头话。

(6)我国实行了改革开放,思想解放,很多人同很多方面接触多了,思路打开了,许多原来的认识不同了,思路也不同了。

2. 有了比较好的气氛和比较好的讨论的工具与方式

虽然有时候还是以势压人,但是情况总是好多了,而且也不能总是压,还要经受实践的检验吧。有关领导部门也经常听取语言学者的意见,基本上形成了制度。许多有关领导部门的干部也是一定的学者,他们也在实际调查、思考和回答许多问题。所以,讨论的气氛好得多了,人们有不同的意见,会表述出来。

许多大讨论是在网上进行的,网络这个新媒体为这次大讨论提供了很好的工具和方式。这也是网络的功劳。

(二)大讨论的性质

性质基本上是关于语言观的大讨论。主要是怎样认识语言:语言是什么?

一种重要的认识是同意"语言是人类最重要的交际工具","语言随着社会的发展而发展",认为语言由比较活跃的内层和比较稳定的内核以及中介物构成,基本的语言规范观是服务观,要以人为本,规范的主要态度和方法是引导。

(三)应有的态度

要接受五四白话文运动和20世纪30年代大众语运动的两个教训,一是态度要好,二是要重在建设,尤其是理论建设。

1. 关于态度要好

讨论中由于各种原因,有的人说话很尖刻,上纲很高,甚至有侮辱性的话。有的人说了些外行话。从说的人来说,需要改变这种态度。从听的人来说,要受得了,吸取其中合理的意见。我们曾经埋怨人们不关心语言学,语言学很冷清,今天人们关心语言学了,这是我们所希望的,我们应该高兴和欢迎。我们要求民主、容纳各种不同意见,人们正是认为我们有这样的追求和胸怀才发表不同意见的。今天人们发表各种不同的、甚至是尖锐的意见,正是体现了民主和宽容,我们也应该高兴和欢迎。别人说了几句刺耳的话又有什么要紧呢?我们希望人们多提出一些高质量的不同意见,我们好在讨论中比较好地发展学术。我们面对的是广大的民众和未来,广大民众和未来是要为这一场大讨论作总结的,我们希望总结这场大讨论的时候不要再说"有些火药味儿",是为了今后的总结,也是为了这场大讨论的健康发展。

2. 关于重在建设

不是一般的就事论事,要重在建设,尤其是重在理论建设。要有理论建设的实绩。

我们在讨论中要进一步认识衡量的标准和尺度。我们长期以来以阶级斗争为纲。新时期以来实施了以经济建设为中心,提出发展是硬道理。近来又进一步丰富了这些认识,提出"科学发展观"与建设和谐社会。"科学发展观"重视了质的发展,全面互动的发展,可持续性发展,讲实效的发展,以人为本。建设和谐社会,主要也是以人为本,以和平的方式化解人民内部矛盾,重视个性和多样化,重视创新。这些不仅仅是着眼于国内的,也是着眼于国际的。语言和语言学是用来科学发展的,本身也应该科学发展。语言和语言学是用来建设和谐社会的,本身也应该和谐,语言和语言应该和谐,人跟语言也要和谐。我们今天应该用科学发展观和建设和谐社会这个标准和尺度来回顾这场社会语言热点问题大讨论,来总结经验和教训,也应该用这个标准和尺度不来发展我们的语言和语言学,这本身也是重要的建设。

我们也要在实践中进一步探索怎样采取政府行为。不能不关心、不表态,又尽量少地不恰当地干涉和表错态。

更重要的是建设普通话。我们的普通话一方面要推广,一方面要建设,建设不够也会影响推广。建设普通话,一方面要向古汉语学习,一方面要向外语学习,一方面要向方言和民族语言学习,要积极吸取上面三个方面的有益的成分。总体是向人民群众学习、向生活学习。古汉语本身不发展了,但是这里面大量的资源我们恐怕认识、使用得不够。外语也主要是外国人民大众发展使用的,这里面也有大量的资源我们认识和使用不够。方言和民族语言的大量资源我们同样认识和使用不够。普通话各个领域里的成分的沟通也是很需要的。我们有许多认识和做法是自设语言隔离墙,自断普通话营养的重要来源。这里有许多语言观的问题,例如什么是语言系统的问题,要不要重视和发展语言的交融能力。更深层次的问题是人要不要积极交往和相互学习?社会主义要不要吸取全人类的文明成果?

我们要积极投入这场大讨论,语言学术往往是在大讨论里发展的。这是我们中国的语言学为世界的语言学作贡献的大好时机,是发展我们社会语言生活、发展语言学术、锻炼语言学术队伍的大好时机。我们古代历史上出现过这样的大讨论,形成了历史上思想的大活跃和学术的大发展,甚至形成了众多的学派和代表性人物。我们希望通过我们的努力,通过这场还在继续的大讨论,形成我们语言学术历史上又一个繁荣的时期。

(《辽东学院学报》社会科学版,2007年第4期)

网络语言冲击波

《网络语言概说》是一本比较概要地系统论述网络语言的专著。是我们"网络语言研究"课题的主打成果。在这之前,有一个副产品——《中国网络语言词典》,2001年6月已经由中国经济出版社出版。

这本专著同《中国网络语言词典》是网络语言冲击波的阶段性成果。

近一年来,网络语言在我们这里已经有了三个冲击波。这三个冲击波相互之间又有交叉。

2000年6月26日《文汇报》刊登驻京记者吴娟的"记者见闻"——《网络语言不规范引起关注》,开始形成了第一波。在这之前关于网络语言的讨论比较引人注意的大体上是在文学界,别的领域有一些零星的札记和议论。在这之后许多媒体的议论和文章多了一些。这些议论和文章不一定是由吴娟的"记者见闻"引起的,更确切地说是各界已经关注这件事了,吴娟敏感地作了报道,进一步引起了各界的关注。但是这个阶段,基本上是各说各的,议题不很集中,影响都不很大。

这篇"记者见闻"里的最后两段跟我们课题研究有关,也就是跟第二第三波有关,所以我们说这是第一波的开始。最后两段说:

> 如何规范和引导网络新词新语的发展?北京广播学院语言传播研究所所长于根元教授认为,首先应制定网络新词新语规

范的基本原则,研究哪些词语是好的,哪些是不好的。国家相关部门和各个网站应制定相应的管理措施,规范引导网络语言的正常发展。对一些粗俗的、不文明的语言现象要制止,对一些特别的语言表达方法要观察、分析、探讨,因为这当中不少词语也有可取之处,对丰富当代语言有价值。还有一点很重要,就是提高网民的素质和水准。

记者了解到,国内一些高校和学术研究机构已开始关注网络语言现象。例如北京广播学院已成立全国第一家网络传播学院,其中设立了网络语言应用系,有关网络新词新语的研究课题已经展开。经过一段时间的努力,一部分来自网络的新词新语将被编入网络用语词典,相关的专著和教材也将出炉。一门新兴学科——网络语言学正在建立之中,这一切,无疑有助于网络语言生动活泼、健康有序地发展下去。

吴娟的这篇"记者见闻"一刊登就引起了反响。《文汇报》第二天就以"怎样看待新的网络语言"为题,发表了三篇讨论文章。一篇是复旦大学中文系教授戴耀晶的《网上词语的规范有待时日》,认为:"网上出现的词语有一部分看上去确实很怪,但是也很有表现力,很能反映一些网民的性格以及对新时代的敏感。至于这些词语今后能否被全民接受,还需要一定的时间检验,在目前阶段,可以一边自由地应用,一边自由地发表各种不同看法,规范问题看来还有一段长长的路要走。"一篇是《人民日报》网络版"强国论坛"版主钢铁的《新的网络环境肯定会产生新的语言》,认为:"对不文明、粗俗的不规范语言当然要进行控制,而对于一些体现网民聪明才智、有创造性、网友之间都能心领神会的特色语言,我觉得只要是文明得体的,不但不应禁止,还要鼓励其发展。只有这样,才能够推动汉语网络语言的发展,以此形成一个良好的、符合网络社区特定规律的语言环境。作为版主,我有时候也会说几句如'886'(再见)这样的网络通行语,风趣幽默的话对调剂网络气氛很有益。"一篇是奥美广告公司员工 Chri-style 的《强调规范,更要允许创新》。

这期间,《语文建设》2000 年第 10、第 11、第 12 期,都刊登了研究文章和讨论文章。第 10 期的卷首刊登了王均的《网络时代的语言生活和语言教学》,认为:"在国际联网时代,包括外语借词缩略语在内的新词语的猛增,是语言与社会共变的必然趋势,语法的精密化也肯定是一种进步。汉语书面语中'他、她、它''那、哪'的区别和文本的横排以及新式标点符号的使用,都曾经有人强烈反对,他们痛心疾首,如丧考妣,讽刺挖苦谩骂,无所不用其极,但到现在,也只有接受。语文保守主义和语言'净化主义'是违背语言发展规律的,它必然要碰壁。"第 10 期上还刊登了刘洁的《我看网络聊天语》、闪雄的《网络语言破坏汉语的纯洁》。关于闪雄的文章,《编后》特别指出:"这篇文章原载 2000 年 6 月 16 日《文化时报》,对网络语言提出了批评,我们转载它,是为了引起大家的讨论,欢迎大家发表意见。"第 11 期刊登了劲松、麒珂的《网络语言是什么语言》。第 12 期刊登了荆莉的《一惊一乍看网名》、鄂巧玲的《网名所体现的社会文化心理》。2000 年 10 月海南出版社出版了易文安编著的《网络时尚词典》,很不错的。

这期间,新浪网 2000 年 8 月 29 日有一篇文章叫"网络语言'说都不会话了'",新浪网注明是刊登在一份报纸上的。这份报纸在北京长期以来还是颇有品位和信誉的。这是批评网络用语的,是一篇难得的史料,部分记录于下。

> 如果有一天,你收到这样的来信:"7456,TMD! 大虾、菜鸟一块儿到偶的烘焙鸡上乱灌水,这些水桶真是 BT! 哥们儿用

不着PMP,到底谁是好汉,光棍节过招。94酱紫,待会儿再打铁。呵呵!"你觉得这还像是正常人讲的话吗?

按理说,科学越发达,对于语言的掌握和使用就应该越准确。但是,有些时候也不尽然,网络语言就是如此。

网络语言,是怪词、错字、别字的天下,也是数字与字母的世界。见到了"造砖"、"灌水",别以为到了建筑工地,遇见了工头,其实,那只不过是说在聊天室或BBS版上的发言"用心写"与"随意写"。瞅见了"屁兔"、"猫",也别认为是到了饲养场,在谈论动物新宠。这些不过是"奔腾处理器芯片第二代PII"和"调制解调器MODEM"等硬件设备的外号。若是瞧见"版猪"、"大虾"、"菜鸟"、"烘焙鸡"、"酒屋"、"酒吧",也犯不着没事偷着乐,没人请客设饭局。"版猪"不过是"电子公告版管理者";"大虾"和"菜鸟"是"超级网虫"与"网络新手"的代名词;"烘焙鸡"是"个人主页 HOMEPAGE"的谐趣音译;"酒屋"、"酒吧"则是"WIN95"和"WIN98"操作系统的简称。在屏幕上若有"TMD"、"NND"、"PMP"、"WBD"这样的字母,也别费心思琢磨,是不是发现了美国弹道防御系统、联合国中的某个国际组织,或是世界经济贸易协议,这些统统是登不得大雅之堂的网络脏话。还有那一串串数字,"687"(对不起);"886"(拜拜了);"7456"(气死我了);"5555"(伤心的哭声);"562059487"(我若爱你,我就是白痴),叫人瞠目结舌。

要说玩文字游戏,也有雅俗之分。……

但是一些网络上的文字游戏,却难叫人恭维:怪词、错字、别字变成了幽默,规范的语言变成了调侃,外国字母和阿拉伯数字变成了字意表达。这些叫人看不懂、瞧不明白的"网络语言"与正常的汉语杂糅相间,就好像西餐的开胃沙拉上浇的不是千岛汁,而是王致和的臭豆腐,不仅生猛过头,并且消化不良。

一个国家,一个民族的语言文字,是这个国家与民族的最重要的文化载体和文化基石。中华民族数千年的文明保留至今,其中规范的科学的语言文字,是维系这种文化的纽带。

语言的纯洁,不仅仅意味着文化的纯洁,更意味着价值观念的纯洁。没有对自己母语深沉的热爱,就不可能有对自己国家历史的尊重和对自己民族价值观念的操守。

如果有一天,你收到一封文章开篇那样的来信,你会觉得这是正常人讲的话吗?

或许自己"升级太慢",缺少一颗"奔腾的芯",或许自己对这些"网络语言"无法"兼容",每当看到电脑屏幕上出现这些刺眼的文字,我都会落荒而逃,关机下网,马上把自己刚才在虚拟世界中的脑子和语言迅速"格式化"。否则,日子长了,没准儿自己也会落下病根儿,真的连"说都不会话了!"

吴娟在《文汇报》2000年12月12日报道的《网上会话不再雾里看花》,开始了第二波。这篇报道,报道了我们正在编写和不久即将出版《中国网络语言词典》的消息。此后,大量的媒体包括电台、电视台纷纷转载或者专门采访、报道这个消息。有的媒体也同时报道了质疑的意见,但还是肯定的成分多。例如《中国青年报》2001年1月5日刊登的记者桂杰的报道《网语词典六月问世,新新话语该捧该贬》,《北京晨报》2001年1月15日刊登的实习记者李健的报道《网络语言你懂吗?》。

第三个冲击波是从《南京日报》2001年2月13日刊登记者李芳的《网络词典是黑话词典吗》和《北京科技报》2001年2月16日刊登

记者、编辑阮帆的《网络语言"敲出新天地"》开始的。这个阶段是不同意见的交锋,准确地说起初是批评网络语言和编写《中国网络语言词典》,后来是另外一种解释,更多的语言学专家发表意见。参与的媒体增加到约三百个。2001年1月31日,《中国青年报》刊登了署名傅勇军的文章《"网络词典"就像黑话词典》。这更是一篇难得的史料,部分记录于下。

  标榜为新新话语的"网语"词典《中国网络用语词典》,听说6月要问世了,如果作为社会语言学和新词语领域的研究,搜集出本词典供专家学者研究时作参考,倒也算件有意思的事,如果认为能起到一些语言发展的推动作用,难免让人觉得牵强附会。

  上网的年轻人居多,不客气地说,追时髦上网聊天的比例也不小,说穿了,什么"GG"、"美眉"、"大虾"之类不过是玩玩无聊的文字游戏。把这些毫无意义的游戏词汇一本正经地去注释,去出版,不管主观上出于什么目的,客观上对当前急需的语言规范肯定会产生不少负面影响。广告乱改成语之类已经在社会上对语言规范造成了伤害,"网语"何必再来凑这个热闹。

  认真论来,聊天的"网语"与"黑话"有什么两样?都属于放着好好的"人话"不说,尽说些人听不懂的。小偷土匪跑江湖的碍于很多事情不敢明说,才编造了些外人听不懂的"黑话"遮人耳目,什么"你不是个空子是个溜子"啦,"么哈么哈,正晌午说话谁也没有家"之类的。难道网上交谈的是"黑道"上见不得人的,硬要造些奇奇怪怪的话语?

  说"网语"生动有趣,那小偷的"黑话"也不见得不活跃,……小偷土匪一时还绝不了,其影响面也不小,是不是也要出一本"黑语"词典,让大伙明白明白,也好从他们的交谈中辨出个好人歹人,以利提高警惕,防偷防盗抓坏人?

网络是个神奇的世界,最大的好处是可以快捷地获取和发布信息,费劲儿去学什么"网语"聊天,是对人的精力、财力的浪费,也是对现代科技的浪费。利用人们对网上的好奇,出本词典赚点柴米油钱好理解,把出版"网语"词典说得有多大的意义,最好是别信。人类需要创新,但创新的目的是要让大多数明白有用。

第二天即 2001 年 2 月 1 日,《文汇报》刊登了记者邢晓芳的报道《为"网语"编书是否有必要?——有关专家对即将出版的〈中国网络语言词典〉提出质疑》。这篇报道的影响更大,不少媒体转载,新加坡《联合早报》电子版同日转载了东方网上的这篇报道,目录在电子版封面的要目上。也全文记录于下。

据报道,我国第一部网络词典——《中国网络语言词典》即将于今年 6 月问世。然而,近日一些专家指出,网络语言作为一种新兴的语言现象,有着极其不成熟、不稳定的一面,以此种语言为对象编纂词典,对推动语言发展能起到多少作用,实在令人怀疑。

据介绍,《中国网络语言词典》收词 2000 条左右,词典既收入了一般性的网络术语,如第四媒体、伊妹儿、基准网民(主要的占大多数的网民)、网上录取等,也收入了聊天室常用的较特别的一些词语,如"瘟都死"(windows)、"大虾"(网络高手)、"东东"(东西)、"斑竹"(版主)、"菜鸟"(初学上网技术不熟练的人)、"猫"(调制解调器)等,以及常用的外语词缩写,如 BBS(电子公告板)、CHAT(网络聊天室)、E-mail(电子邮件)等,还有 GG(哥哥)、JJ(姐姐)、DD(弟弟)、MM(妹妹)等。一些专家认为,网络语言特别是聊天室里出现的"网语"大多数是上网的年轻人一种时髦的文字游戏,如美国被称为"米国",7456代表"气死我了"等等,将这些肤浅的游戏词汇一本正经地去注释,去出版,客观上对当前急需的规范语言的要求会产生负面影响。有人认为,网上聊天的"网语"极不成熟,偶然性很大,不具有通用词语的稳定性,比如对聊天室、论坛的管理人员就有"班主"、"斑竹"、"版猪"、"班竹"等多种称法,体现出很大的随意性。有专家指出,把刚刚出现的、未定型的语言现象以工具书的形式"固定"下来是否有必要,究竟有多少学术价值,值得深入研究、思考。

主要针对上面的文章和报道作解释的还有2001年2月13日上海《青年报》刊登了记者宋元的报道《网语词典胎中遭指责》,2001年2月14日《中国新闻出版报》刊登了记者程晓龙的报道《网络词典惹争议》。阮帆的工作是成系列的,她还组织连载了《中国网络语言词典》的一些样条和连载了《中国网络语言词典》《网络语言概说》作者的一组文章。李芳的报道还有对南京大学中文系教授、博士生导师郭熙的采访。郭熙此后不久参加一些国际会议也发表了这方面的意见。一些著名的语言学家开始有针对性地发表意见是这个阶段后期的特点。上海师范大学语言学及应用语言学专业博士生导师范开泰也在上海的报纸上发表了意见。商务印书馆汉语编辑室主任周洪波多次在北京的高等学校做学术报告谈到网络语言,他的很多意见写在《中国网络语言词典》的序里了。暨南大学博士生导师詹伯慧写了一篇题为《对当前语言运用中一些现象的看法》的文章,还没有发表,其中有一段是谈及《中国网络语言词典》的,大意如下:

> 据新闻媒体报道,近期有人为网语编纂词典,不久即将出版,把形形色色的网上词语汇集在一起,按照不同类型、不同功

能进行释义,帮助读者认识网络语言,还能为社会语言学的研究提供资料,是不无意义的。据说这部词典收词约两千条,其中包括那些在"聊天室"中网民们使用的近似黑话的"新奇"词语。这又引来了社会的议论。有人认为,网络词典就像黑话词典,不应该把这些"游戏词语"一本正经地去注释、去出版,这样做不论主观上出于什么目的,客观上都会产生负面的影响。个人认为,词典编纂工作毕竟是语言专业工作的一个方面。从语言研究,特别是词语研究的角度出发,即令是真正黑社会中的黑话,如果有人能够彻底"揭密",把黑话加以曝光,汇编成册,让我们看到黑社会中的黑道人物如何使用黑话来策划他们见不得人的黑勾当,也是没有什么不可以的。对于语言研究者来说,只要是有人用来交际的语言,都可以是研究的对象,研究的课题,哪怕是一些脏言秽语,不堪入耳的骂人粗话,眼下不是也有语言专业人士在作深入的探讨,并且堂而皇之在学术会议上宣读,在学术刊物上发表吗?我想,大概不会有谁把研究脏话看作是在推广脏话吧!现在正当我们进入网络时代之际,网络上出现了形形色色的网语,为这些网语,包括那些品位低下、胡乱拼凑的词语编纂一部词典,只要是抱着客观反映、科学分析的态度,编纂者是不应该受到指责的。难道语言的研究就只能阐明那些内容健康,形式规范的语言现象,而不应该去触及一些在内容或结构上受到评议的现象吗?

这篇文章发表的时候上面一段在文字上可能会有一些变动。

这期间有一件很值得注意的事,就是许多省市两会的"名词解释"里有不少网络词语。网上查询到 2001 年 2 月 8 日《中国青年报》有一篇报道叫《上海人大会议上新名词刷新快》。全国两会也有类似

"名词解释"的材料。还有一件事很值得注意。《当代》2001年第2期在上一期刊登了宁肯的《蒙面之城》上部之后又刊登了下部,同时刊登了《编者按》说:"宁肯的《蒙面之城》不仅完全超越了以痞子蔡为龙头的《亲密接触》阶段,就是与成熟的文学载体刊登的成熟作家的成熟佳作相比,也毫不逊色。……他(宁肯)正在给我们树立一个标志——'网络文学'同'非网络文学'比肩的标志。"

近一年来的网络语言冲击波的发展,总的看来,跟五四白话文运动和20世纪30年代的大众语运动的发展有很多相似之处,其中含有共同的规律。

几位语言学家接受媒体采访或者发表文章对上述批评和质疑作了一些回答。我在接受媒体采访的时候也回答了其中的一些批评和质疑。2001年4月30日上午,我在北京广播学院、BBC国际台"新世纪网络传播发展国际论坛"上发言,比较全面扼要地回答了批评和质疑:

1. 交际值——交际到位的程度是衡量语言是否规范的唯一标准。

2. 因为交际类型不同,对不同语体的语言有不同的规范的要求。

3. 语言由比较稳定的内核和比较活跃的外层组成,它们共同为交际服务,比较活跃的外层是比较稳定的内核的唯一来源,这两个部分基本上是互补的关系,从比较活跃的外层到比较稳定的内核基本上不是优胜劣汰的过程。

4. 求稳和求新是语言既能用来交际又交际得好的要求,语言能力是既求稳又求新或者说既趋同又趋新把握好度的不断磨合的能力,这种交际和能力是语言发展的一个动力。

5. 如果一个语言不能发展了,那是最大的不规范,我们为我们的汉语至今仍然具有强大的生命力而感到无比的高兴。

6. 网络的实质是扩大交际,网络语言的实质也是如此,它的实质不是黑话。

7. 在语言创造面前人人平等。

8. 1997年又一次全国语言文字工作会议的主题报告中已经纠正了1951年提出的纯洁语言的口号。语言是为不同层次的人服务的,人不纯就谈不上语言的纯;人掌握语言是有个学习过程的,学习的过程是一个进步的但又是一个还不到位的也就是不纯的过程;语言还要发展,发展了,人们又要学习;语言不规范现象也是会不断新生的;语言的不纯洁是语言新陈代谢的组成部分。

9. 游戏功能是语言的重要的功能。

10. 对于社会上的不好的语言,既要治理又要告诉学生那些是不好的;对于社会上的不同的语言品种,要告诉学生先学哪一些,同时适当告诉学生社会上有不同的品种;对于学生还不宜知道的社会上的语言,想办法叫学生不要接触;对于社会上新的好的语言现象,要适时适度地吸收到学校的教学中来。

这里再说一下继承和发扬中国传统文化的问题。我们认为,文化是动态的,有传世的基本精神,还有时代性,传统文化需要继承和发扬,发扬才是最好的继承。中国几千年来文化的基本精神,如《周易正义》所说:"天行健,君子以自强不息。""地势坤,君子以厚德载物。"(卷一)语言正是由比较活跃的外层和比较稳定的内核以及中介物构成的,正确地认识和对待这一点,正是从一个方面继承和发扬了中国几千年来文化的基本精神。《周易正义》还说:"天地感而万物化生。"(卷四)"天地不交而万物不兴。"(卷五)语言也是如此。我们赞成1986年1月全国语言文字工作会议提出的做语言文字工作的态度和方法:顺乎自然,因势利导,做促进工作。首先要认识规律,按规律办事,才能积极地做促进工作。

我们认为我们当前网络语言的情况总的是好的,主要问题是还不够文明,在求新方面的度有些过。做这方面的工作要介入和引导,要提高全民族的文明程度、文化程度和语文程度。

近几个月来,不少语言学家敏感地提出我们面临着一场关于语言问题的大讨论或者说是大论战。我们认为网络语言的冲击波是这场大讨论或者大论战的催化剂,因为当前关于网络语言的讨论已经涉及了语言功能、语言规范、语言教学、新词新语、广告语言、外语词的使用、词典编纂等问题。网络语言的冲击波,或者说关于网络语言的讨论、争论,是近十几年来新词新语冲击波的发展,或者说关于网络语言的讨论,是近十几年来新词新语、语言规范问题、语言教学等问题讨论争论的汇合。网络作为第四媒体,它的出现还引起了我们对四个媒体的有关问题的总的反思,也引起了我们对语言传播学说的有关问题的总的反思。徐熊在《看"大爆炸"下的美国传媒》(人民日报出版社,2000)认为通讯社是第二媒体,因特网是第五媒体,那么我们就需要对五个媒体的有关问题进行总的反思。

关于语言问题的大讨论或者大论战,目前可以说是前奏阶段。我们要接受五四白话文运动和上个世纪30年代大众语运动的两个教训,一是态度要好,二是要重在建设,尤其是理论建设。

(《网络语言概说》前言,中国经济出版社2001;
删节后刊《北京科技报》2001年7月6日)

关于"语言全息发展论"

赵俐在《语言宣言——我们关于语言的认识》(中国经济出版社,2003)里提出和渗透了"语言全息发展论"的理论。我在这本书的序言《"语言哲学对话"的精选、重组和发展》里评介说:"《语言宣言》分了十七章,其中第一到第四谈关于语言、语言学及应用语言学的认识,核心是'交际观'以及'语言以人为本'。第五到第九是用更新了的语言观思考几个方面的问题。第十到第十五讨论新的语言现象。第十六讨论方法和方法论。第十七总体讨论理论建设。用'交际观'以及'语言以人为本'把各个部分联系了起来。渗透在各个部分里的还有一个理论,是'语言全息论'和'充而用之'的结合,或者说是'语言全息论'和'语言发展论'的结合,或者说是包含有'语言发展'思想的'语言全息论',或者说是包含有'语言全息'思想的'语言发展论'。关于这个理论,《语言宣言》里多次论述,有一个地方作了比较集中的论述。"(5页)"提出这个理论,而且在全书里一以贯之体现这个理论,是《语言宣言》在语言学及应用语言学理论上的很重要的发展。"(7页)在这个方面,赵俐最集中的论述是:

> 语言跟天地人全息,研究语言就要融于生活、融于自然、以人为本。天地人是运动的,语言是运动的,所以要注意天地人和语言运动的时空,注意人跟天地、语言的交接或者共振。语言的序不全是从无序到有序,有时是从有序到无序,有时无序中又有

序。语言的运动是脉动,它的序是混沌的序,所以研究语言要纵横交错,要跨学科,要用混沌学的方法。

全息的当然不光是语言,还有其他。我们跟语言全息的认识相结合的,还有一个"充而用之"。这一方面是人的能动,比一般的后天激活或者唤醒还积极一些。加上事物不完全是预先规定好的,是留了改变、发展的余地的,所以要充而用之。在总的全息里,个体或者部分显现全息是不同的,从个体或者部分来说,要充分显现全息,也要充而用之。还有,个体或者部分都不是自足的,需要跟有关方面交换能量,要充而用之。(6—7页)

关于"充而用之",来自孟子的启发。《孟子·公孙丑上》接着人皆有善说:"凡有四端于我者,知皆扩而充之矣。……苟能充之,足以保四海。苟不充之,不足以事父母。"(《十三经注疏》下册2691页,中华书局,1980)"语言全息发展论"受了王存臻、严春友的《宇宙全息统一论》(山东人民出版社,1988)的很大影响。后来还受了钱冠连《语言全息论》(商务印书馆,2002)的影响。钱冠连的《语言全息论》是一本好书,很值得读。全书共十章:宇宙、人体、语言三者契合,语言全息论总体构想,语言内全息状态,语言与认知的全息关系,语言各种性质向外找根据,某些语言理论向外找根据,语言对宇宙全息律的印证,语言与文化的全息关系,两个语言猜想,从科学走向语言哲学。很全面。作者说:"语言全息论(the theory of language holography)是以生物全息律、宇宙全息律、与系统论来解释语言内全息状态、与语言外全息状态的语言理论。"(20页)说明了语言全息论的几个来源,我们由此还对有关的理论有了进一步的认识。作者很不简单,他对语言创新、语言潜显认识的水平都很高了。关于语言全息的认识,我们除了有关理论的借鉴之外,还有事实的根据和别的来源。东方哲学这方面的论述很多。

全息论里有个"全息不全",意思是说事物显示全息,有层次和类型的不同,还总有个过程,而这个过程是不会完结的。我们认识事物也有层次和类型的不同,也有个过程,这个过程也是不会完结的。中央电视台"正大综艺"节目里早先有个快速抢答,电视上出现一种东西制作的过程,谁能很快说出最后是个什么东西,谁获胜。起初谁都看不出来。渐渐地有人看出一些名堂了,再后来有人抢答对了。但是也老有人抢答不上或者答错的,答错的里面还有很自信的。显示和认识两个过程合在一起,情况就更复杂了。所以要有个发展的思想,要充而用之。充是为了用,用也是充,而且检验充得怎么样了。更加丰富多样也是一种充。语言学及应用语言学里说的滚雪球的方法也是充而用之。缺乏发展思想的全息论,可能成为机械全息论。

例如,我们经常说"一粒沙子看世界"。我们总不能都去研究"沙子学"吧。一通百通和百通一通应该是分层次而且结合的。我们往往是对沙子之外显示的道理懂了许多之后,才进一步懂得"一粒沙子看世界"的道理的。

还有,人认识全息也有不同。我们说的语言的潜,实际上还有认识不到的含义。外星球之外还有外星球,那是存在的,我们没有看到而已。语言的许多规律,包括不是新的语言现象显示的规律,我们是逐渐认识到的。有的人认识到了,还常常有人长时期地反对某些正确的认识。有对有错,有前有后,有大量中介物,犬牙交错,相互转化,这本来就是全息发展论的基本内容。看事物的性质不能只看"有"或"无",尤其是中介物里充满了类型和程度的不同。

还有,有人在找普适性语法,在找全人类的语言能力的最大公约数。现在个体或者部分所显现的全息,不是早先显示的全息。人比较充分地显示了生物的全息,但是现代人和原始人所显示的不同。今天的儿童跟原始人的儿童所显示的不同。我们现在看到的是一代一代人充而用之的积淀。从今天的儿童的语言发展来找人类起初的语言是很难的,因为这种积淀是动态的、重叠的。说很难,不是不能找,但是不要要求太纯。

还有,既然世界是全息的,这个道理就会反映在各个方面,谁都会认识到一些,谁都会说出一些。谁又不会认识得很清楚,谁都会有一些矛盾的认识和说法。但是有个大的倾向的不同。不要把一种大的倾向说成是另外一种大的倾向,也不要以为某某语言学家说过几句有全息论思想的话,他就是全面的全息论者了。我们可以实事求是地分析。

还有,我们研究语言全息,不只是把宇宙全息论运用到语言学里来。不是掌握了一些全息论,就是语言学家。语言学还得搞语言。哲学家谈语言有时候谈不好,语言学家谈哲学,可能对哲学有贡献。例如说语言里名词出现在前而动词出现在后,还由此说明语言结构对应这现实世界,这就有些问题。现实世界动不动?现实世界里有没有"关系"?可能早先名词动词是混在一起的。我们是用今天的词类划分来说古代名词出现比动词早了。今天的很小的孩子说"奶",大人会理解小孩说的是"要喝奶",大概不会误解为这个小孩在显示他知道这个东西叫做"奶"。再说,体态语也很重要,它是跟语言一起用的,体态语里什么词类比什么词类出现得早?

还有,个体认识的情况很不同。有的人认识得快,有的人认识某一部分快。有的人一个阶段认识快、另外一个阶段认识慢。有时候有的人认识的先后跟我们一般认为的顺序很不同。全息发展论也要关注这一些。全息发展论不能大而化之,要关注部分、个体、个性。

语言由比较稳定的内核和比较活跃的外层以及中介物构成,活跃的、新起的部分显示全息比较充分。整个语言进一步显示全息往往从活跃的、新起的部分开始。近些年新词新语带来了我们语言观的更新,网络语言带来的冲击波至今还相当强劲。整个语言进一步显示全息,都从个人、一些人开始,所以要特别保护和鼓励个人、一些人的语言创新。

还有,语言的问题也有全息性。我们讨论某个比较大的前沿的问题,总要碰到许多别的问题。有的问题解决了,也解决了许多别的问题。有的问题,需要别的问题的解决来帮助。学问也有全息性,高层次显示全息程度比较高。我们调整自己,跟高层次的共振,那是做学问的捷径。当然,事先要有一定的基础。

还有,进一步显示全息都有条件,而且有或大或小的惯性,我们可以根据条件和惯性预测事物包括语言会如何进一步显示什么信息。

(《语言文字应用》2005年第3期)

说"联想"

一

宇宙万事万物有区别又有不同层次的联系。拿人来说,最直接的是亲人。但是有的不是亲人,又"比亲人还要亲"。其次是亲戚,断了骨头还连着筋。还有朋友,"学友、战友、病友、军友、山友、听友、信友、网友、藏友"等,有的朋友或者有的时候朋友非常重要,俗话说:"在家靠父母,在外靠朋友。"还有"同"字头的,"同学、同桌、同屋、同事、同仁、同行、同门、同乡"等,"同乡"还叫"老乡",过去常说"老乡见老乡,两眼泪汪汪",现在还应该加上"老乡见老乡,脸上笑开了花"。"同"字头里还有"同胞"。跟外国人,还同着个"人",有的人跟外国人还是亲人、亲戚、朋友。人跟其他动物都是动物。人跟动物跟植物都是生物。人跟山水同在一个地球。人跟天,还要"天人合一"。老子《道德经》说:"人法地,地法天,天法道,道法自然。"(上篇·第二十五章)地球还绕着太阳转。太阳还有一个系。更大的还有银河系。运动着的万事万物以及万事万物中的道理牵丝攀藤,具有千丝万缕的变化着的联系。这就是宇宙。人的思想在万事万物之中,又是万事万物以及其中的联系、道理的产物,而且能够反映或者认识或者预见万事万物其中的道理。人的大脑天生有一个功能,能够由此与彼的关联想到彼,由彼与此的关联想到此,这就叫联想。联想所由的是出发点,叫"由点",所及的是目的点,叫"及点"。"由点"和"及点"的联系叫"连点"。

此与彼,或者说由点与及点可以是单个,可以是一群,可以是一类。这样就构成了许多种类型。这许多类型的分界有时候也不是很绝对的,这也是因为事物、道理、认识之间有区别又有联系。例如:

(1)关关雎鸠,在河之洲,窈窕淑女,君子好逑。(《诗经·周南·关雎》)

(2)我都快三十岁了,难道去把这孩子去做了他不成!苦也要熬,难也要熬,都是熬出来的。人一辈子就是这么回事,没有容易那么一说。(阎真《曾在天涯》,《当代·长篇小说选刊》2004年第3期27页)

(3)立秋,老北京有贴秋膘的风俗,也就是亲朋好友聚会的日子,说起贴秋膘很多北京人会想起东来顺……由贴秋膘想起东来顺,今儿咱就说说东来顺。(成斯《二里沟东来顺,清汤涮肉贴秋膘》,《北京晚报》2005年8月7日28版)

例(1)是由彼联想到此。但是,由点是一个单位,还是一群,还是一类,就不太好说了。例(2)是由一个带有普遍性的道理甚至是人生哲理联想到对一件具体事情的态度,但是这一具体的联想是由此及彼还是由彼及此,也不太好说。甚至可以说,林思文说这一段话之前或者说的时候,脑子里大概不只是一个人生哲理的运用,脑子里有过一群事实和经历的联想可以作为这个人生哲理的例证。例(3)是由立秋贴秋膘联想到贴秋膘的一家传统名店。我们往往会由某个作者,例如老舍,联想到他的代表作《四世同堂》;由某个城市,例如杭州,联想到它代表性的风景点西湖;由某个节日,例如中秋节,联想到吃月饼。

连点的不同以及比较潜和比较显,使得联想的类型更加复杂。例(1)比较潜。由点"雎鸠"是鱼鹰,据说鱼鹰尤其是雌鱼鹰性情和善,夫妻和谐。及点是"窈窕淑女",比较潜的连点是"夫妻和谐"。这种联系是心理上的"择善而从"。那时候"君子"是很尊重动物的,甚至以一些动物的品行为楷模。例(2)比较显。由点和及点是整体"人生难"和部分"生孩子难"的关系,连点是"人一辈子没有容易那么一说"——都难。所以得出一个结论:要熬,孩子一定要生。这种联想是逻辑的关系。例(3)比较显,由点是立秋贴秋膘,及点是东来顺,连点是代表性,类似借代。例(3)还两次出现了"想起",犹如明喻,这叫明联。连点在说的时候显豁的往往不用说出来,所以连点比较潜的情况比较多,而且文化含义比较多,如例(1),是对外汉语教学的重点,甚至是汉语教学某个层次某个方面的重点。

二

联想,有的呈波浪形层递式地想出去,越想越远。例如西北某县魏家桥大队支书魏天贵从"黄河——摇篮"想到"婴儿",又想到"母亲",又想到"襁褓",继续想开去:

(4)他听出来了,原来是"啊,黄河,你是中华民族的摇篮"。"摇篮"这个词他也懂。这使他一霎时想到婴儿,联想到母亲,联想到温暖的襁褓,联想到家庭,联想到传宗接代,联想到繁衍和生长……原来,中华民族就在黄河这个摇篮里长大的!真有意思! 于是,这句唱词刹那间使他像受到电击一样,全身麻木而又颤抖起来。(张贤亮《河的子孙》,《1983年中篇小说选》第1辑108页,人民文学出版社,1984)

有的呈放散形的想开去。例如下面的"刨花儿、月牙儿、鱼钩儿"同"眉毛上的头发"发生联系:

(5)(小菊头)眉毛上的头发呢,弯呀弯的,叫人想起刨花儿,想起月牙儿,想起鱼钩儿,想起瀑布儿,想起流水儿,想起金风拂起的稻浪,想起婉转动人的歌声,想起曲线美,鸟儿飞翔,鱼儿嬉戏。(刘兴元《丫头》,《小说界》1985年第1期48页)

下一例涉及影响联想物的因素:

(6)看日出还得根据你当时的心绪——要是你当时又饿又渴,你会觉得太阳像个大烧饼或是大橘子;要是你又冷又冻,你会觉得太阳像个大火球或大暖炉。总之,你老是想着你的需要。只有吃饱喝足,才能浪漫得起来。把日出想象得美好无比。(邓刚《白海参》32页,人民文学出版社,1987)

要理解别人的话,有时候也要联想,表述得太生,别人太难联想,也影响交际。例如:

(7)他们不说李云中的脑袋烂了,也不说李云中的脑袋碎了,这个那个,说的都是李云中的脑袋漏了,众口一词似的。这种说法有点轻描淡写,好像还有那么一点隐晦,让局外人一时不好判断人的脑袋是怎么个漏法。人们想到日常用的锅碗瓢盆,那些东西漏汤了,漏水了,才说漏。人类至高无上的脑袋怎么也说成漏呢?那些陶制品,金属制品,漏了可以锔一锔,补一补,再用。人的脑袋漏了,难道也能用锔子锔、补丁补吗?(刘庆邦《离婚申请》,《当代》2003年第2期5页)

三

联想还是一些文艺作品的线索链。陆文夫的《毕业了》(《陆文夫集》,海峡文艺出版社,1986)里有一段写李曼丽通宵缝裙子好让女儿天亮了过六一儿童节穿。"李曼丽开始缝裙子了,那时候又没有缝纫机,全靠一针一线,针针线线又牵动着思恋和记忆。前几年的儿童节多欢乐啊,那是孩子们的节日,也是大人们的节日。"接着写他们以前怎样过六一的。"可这世界说变就变……真的变了,窗外有了风声,乌云遮盖星斗。"接着写李曼丽希望下雨好让在农场的丈夫喘口气,又怕下雨,下雨了女儿六一不能去游行了。(179页)我的散文《陶然亭公园的孔雀园》(《语言是大海》,中国经济出版社,2003)说:"我来游孔雀园,总会想到我在干校的饲养场。特别是这一次在孔雀园里看到了久违了的荷兰猪之后。"(109页)"我怀念我们的猪们、羊们。我怀念我那一段在猪场的生活。我还由此常常想起我1992年8月在俄罗斯的半个月。"(116页)"想起我们的猪场,想起在俄罗斯的日子,我还总会想起我们汉语里有'有容乃大'这四个字。想起'有容乃大'就会想起'无容乃小',想起'无容乃小'就会想起北京野生动物园。"(118页)

联想还成了一些作品的结构方式。例如:

(8)我想连着打"从容"这个词,显示出的竟是"偷窃"。我疑心自己敲错了,可反复多次,仍是"偷窃"。后来软件升了级,显示出的就是两个词了,一是"从容",二是"偷窃"。不管怎么说,"从容"和"偷窃"成了孪生兄弟。我不禁想起早几年办公室被盗的事。那天一早打开办公室,里面一片狼藉,明白昨夜有不速之客光顾了。打电话报警,公安局的人来了,他们看看这场面,说是惯偷干的,你看,这烟灰一整节一整节掉在地板上和桌子上,说明这贼干得很"从容"。一边叼着烟,一边撬着锁,说不定还哼着小曲哩!的确,如今"偷窃"是越来越"从容"了,小偷"从容"地登堂入室,大盗"从容"地攫取人民的血汗。纵是新版软件,"从容"不也排在"偷窃"前面吗?(王跃文《随笔三篇》,《当代》2003年第2期202页)

"从容"和"偷窃"两个词为由点,"不禁想起"早几年办公室被盗的事。连点是"的确",如今"偷窃"是越来越"从容"了。进一步地联想和拓展是大盗"从容"地攫取人民的血汗。这篇随笔如此五则,构思新颖、巧妙。

格言在很多语体的文章里都很重要。实际上格言几乎都出在对具体事情里哲理的进一步联想。例如下面的:"我从来也不觉得,一个人的内涵风度会随着学历地位的增加而增加。""也许世界上最好的东西原本就存在于完满的矛盾里。"

(9)我从来也不觉得,一个人的内涵风度会随着学历地位的增加而增加。有一些人满腹经纶,却形容猥琐,心理阴暗,又有一些人头顶上闪着光环,身上却是一摊一摊的污秽。初中生王二宝的言谈举止并不比一个博士生差,而且他从不夸夸其谈。(柳静《落花成实》,《当代》2003年第2期158页)

(10)城边,两处依旧完整的剑池,也依旧蓄着霸气和血性,这和周遭处女般纯粹的风景似乎有些格格不入。也许世界上最好的东西原本就存在于完满的矛盾里。真真是一件没有办法的事。多年后,单桥给云城找到的一个关键词是:坚硬如水。(何

丽萍《柔软》,《当代》2005年第4期151页)

四

联想还是新词语预测的重要途径。有时候联想的成果成串,我们把这成串的联想的成果叫"联想串"。这里举我在郭丽君主编的《语言预测词典》(中国经济出版社,2003)里写的一串,从"皇帝的新衣"联想出"晾新衣、送新衣、收新衣":

晾新衣 liàng xīn yī 喻指展示别人对自己的夸耀、吹嘘、奉承、拍马等。例如:"他常常当众晾新衣。某某打电话夸他啦,谁谁路上碰到他奉承他啦,哪一个写信向他表忠心啦,这些皇帝的新衣他都一一珍藏着,一有机会就晾一晾,显示力量,也是打人的资本。""评职称,报成果,要写上人家对他成绩的夸耀,他不写,生气地说:'那不是晾新衣吗?'"含贬义。与"收新衣、送新衣"成联想串。参见[收新衣、送新衣]。"新衣"指"皇帝的新衣"。

送新衣 sòng xīn yī 喻指夸耀、吹嘘、奉承别人等。例如:"他又到领导家里送新衣去了。""新领导一来,他就送新衣去了,听说这一次碰了一鼻子灰。""有收新衣的就有送新衣的。你不收新衣,他就不会送新衣了。""中国有句老话叫'礼多不怪',还说什么'不打送礼的'。送新衣还有甜头。这样,送新衣就有了市场。穿新衣的起初可能不习惯,后来人家不时常送新衣还不习惯呢,久而久之,穿新衣的不只是皇帝一个人。"含贬义。与"送新衣、晾新衣"成联想串。参见[晾新衣、收新衣]。

收新衣 shōu xīn yī 喻指接受别人对自己的夸耀、吹嘘、奉承、拍马等。例如:"这个人收新衣有瘾,甚至还觉得新衣不新,还自己制作新衣。你千万别去捅马蜂窝。让他光着身子到处去显摆得了。""送新衣的人,十有八九希望以后能收新衣。"含贬义。与"晾新衣、送新衣"成联想串。参见[送新衣、晾新衣]。

五

我在中国传媒大学给汉语言专业本科一年级新生上过很多轮"应用语言学概论"课,上到"语言交际"的时候,都会请同学上讲台进行"语言和思维联想练习"。例如从"红色"联想,同学会说:"火、血、旗帜、热烈、革命、恋爱";从"曲线"联想,同学会说:"长发、黄河、道路、人生、历史";从"小"联想,同学会说:"蚂蚁、灰尘、卑鄙小人。"我还让在座位上的同学支招。有时候下面的同学支了一个好招,我让这位同学到讲台上来说,效果不如在下面了。我还安排了同学讲评联想到的词语的层次。还安排了同学课后访问到讲台上来的同学和在下面支了好招的同学。一般来说,轻松活泼的气氛很重要。还有,每个人的思考点都是不同的,思路都是不尽相同的,所以要发扬自己的长处又跟别人学习。大家在努力提高联想层次和创新的时候,会有不同于木桶效应的攀升效应——互相启发和提高。这个过程中会出现一些低层次的联想,这是正常的,不要过多批评。

下面是文学作品里写到的许多人从不同点联想到同一点,不同点有的差异甚大,例如一位叫摄像的说故事:

(11)摄像一米八五,便首先开了头。说是一日有演员、歌星、魔术师、作家、记者五人同桌吃饭。均言自己不会喝酒。演员说我闻到酒就醉。歌星说我看到酒就醉。魔术师说我看见馒头就醉。众人问馒头和酒何干?魔术师说馒头乃酒曲发酵。作家说我看见和尚就醉。众人又不解。作家便说和尚的脑壳像馒头。最后记者说我看见我老婆就醉。众人诧问缘故。记者说我老婆骂我时一手叉腰一手伸着胳臂指点,活像个酒壶。扁豆说还是记者思维最发达。吹牛竟比作家形象。记者说我还省着劲哩。若我们主编在场,我得说我看见厕所就醉。众人奇之,又刨根问底。记者说那些拉屎的人纵然没有闻酒看酒之徒,总还有几个吃过馒头的吧。(方方《白梦》,《中国》1986年第8期11页)

我在课上带同学做过语言和思维联想练习之后,还会出"孔雀""江南"这样的题请同学联想。同学会从"孔雀"联想"美丽、高傲",会从"江南"联想"秀丽"。我接着说,其实"孔雀"除了"鸟"之外,还有"美丽、高傲"这些义素;"江南"除了"长江以南"之外,还有"秀丽"这些义素。例如说:"我的家在江南。"这里的江南指地区。例如说:"很江南。"这里的"江南"指"秀丽"。关于"很+名"的问题,这个时候同学们比较好理解。

关于联想,我们一方面探讨它在语言表述中的类型和作用;一方面还要探讨它反映的人认知的规律,从又一个角度探讨认知语言学。

联想反映的认知的情况,如:

(一)从那个性质联想到这个性质。如例(1)(4)(8)。又如:

(12)于是,阮大铖从南京近郊的牛首山,坐着马车,带着戏班,堂而皇之地进城了。

这使我想起一部老电影里的一句道白:"我胡汉三又回来了!"(李国文《词笺燕子空衔却》,《当代》2003年第2期141页)

(二)从一般、所有到个别。如例(2)(9)。

(三)从个别到一般、所有。如例(10)。又如下面从黑塞的父亲对黑塞想到所有的父母对子女:

(13)奇怪的是,父亲所做的一切,都是为了黑塞好。他实在想不到,他的儿子没有成为一个口吐莲花、舌绽春蕾的传教士,也没有成为一个勤勤恳恳、人见人爱的书店伙计,而是成了一个至今已经影响全世界近一个世纪的伟大作家。所有的父母都应当想一下,你是不是正在拼命逼着你的子女做一个优秀的庸人?(虎头《遭遇黑塞》,《当代》2003年第2期180页)

(四)从广泛到代表性、标志性。如例(3)。

(五)从这个形到那个相像的形,从这个感觉到那个相像的感觉。如例(3)(7)(11)。又如下面头一例是形相像,后一例是感觉类似:

(14)我终于发现了一个和我一样不紧不慢地朝前走的人。那是个裹着绒布头巾、手提家常布袋、身穿大棉袄的老妇人。我还注意到她穿了一双手工的棉鞋。这让我猛然想起我的远在千里之外的老妈,她也是这样提着家常布袋,脚穿自己纳就的老棉鞋,走在街上像一只四平八稳的老猫。(姚鄂梅《像天一样高》,《当代》2005年第4期40页)

(15)我在房间里踱来踱去。当我转身的时候,我的头发因为身体的旋转而轻轻地飞扬起来。它们依次掠过我的脸颊,再沙沙地落到肩上。这种感觉让我想起许多次在火车站,在长途汽车站,在轮船码头,车船将开的一刹那,我总是要回过头去,最后一次打量我要离去的地方,因为我今生多半不会再来。每逢这时,我就会感到我的头发轻轻飞扬起来,依次掠过脸颊,然后便是它们均匀地撒在肩上的沙沙声。(同上38页)

(六)综合性的。上面例(5)(11)带有综合性。还如下面"金蝉脱壳"既是形又是性质:

(16)康赛说跑就跑了,脱下他那件可笑的红色工作服,整整齐齐地放在已经站了三年的副食品商店柜台上。这一举动让我想起金蝉脱壳。(同上6页)

(七)许多情况是突然想起。例(4)是"一刹那想到",例(14)是"猛然想起"。下面一例是"忽然想起""那一瞬间想到""忽又想起":

(17)这天黄昏的时候,我吃着饭望着窗外的树,听树叶在风中一片细碎的声响,忽然想起一个题目:《爱情不是绝对的》。吃完饭碗也不洗,我就趴到小桌子上去写,到十二点多钟写完了,折叠了准备送给纪先生去。在塞入信封的那一瞬间,想到张小禾也许能看到这篇文章,会怎么想?原来孟浪不过是个大俗人罢了。于是又把稿子掏出来,换了一个化名。封好了忽又想起罗密欧和朱丽叶,想起罗彻斯特和简·爱,想起梁山伯和祝英台,他是她的唯一,她也是他的唯一,因为是唯一,才有那动人的魅力。自己觉得有点惭愧,那么崇高的事物竟被我用一双俗眼去看了。(阎真《曾在天涯》,《当代·长篇小说选刊》2004年第3期110页)

(八)发散型的联想发散不是均匀的。我们在使用联想进行语言预测的时候有这个体会。例如由甲联想出甲1、甲2、甲3来,不是从甲1、甲2、甲3又各自联想出3个来。可能从甲1又联想出5个来,从甲3又联想出1个来,从甲2一个都没有联想出来。可能各人的联想不同,更可能的是世界的运动的结构并不是完全匀质的。

(九)联想是人的本能,但是联想的水平和能力是分层次的,是需要后天提高的。"触类旁通""举一反三""一通百通、百通一通""一滴水看世界""一叶而知秋"都属于悟性范畴。但是人也是不可能不联想的。这是我们许多人的切身体会。如例(8)"不禁想起"。又如:

(18)现在大真把枕头搬到另一头,身子蜷到一边,一副马上要睡的样子。其实她睡不着。她的脑子里总是从某个细节出发,一下一下的往前跳,有时跳到一处茫然地方,刚要歇息一下,脑子里又闪出另一个细节,催着她往别处跳。(钟求是《未完成的夏天》,《当代》2005年第4期132页)

联想是老天爷给人的本领。我们要使用和发展这个本领,不要使它衰退、僵化。

七

联系是世界的运动,是世界动态的结构,联想是人的认知同世界联系的结合。或者说,人的联想也反映了世界的运动和动态的结构,或者说联想是世界和人发展的一种方式。联系与联想是吸取和给予,是交际、交流、交换、沟通。能引起联想的此与彼都具有全息。联想,一般不是仅仅从现成这个想到现成的那个而已,而是进一步认识问题、解决问题。联想几乎都有一个结论,例(1)是"窈窕淑女,君子好逑",例(2)是"要把孩子生下来",例(3)是"东来顺是贴秋膘的好去处"。例(4)的结果是认识到"原来,中华民族就在黄河这个摇篮里长大的","刹那间使他像受到电击一样,全身麻木而又颤抖起来"。这里又是一个"刹那间"。所以,联想一般还体现了认识、感觉的发展。联想的重要作用是发展。

联想的语言学理论基础是语言全息发展论,或者说也论证了语言全息发展论。

下面一例是联想跟想象、设想、思索综合运用。我们更要留意它们的结果"心中忽然有一种彻悟,一种看小天地万物的气度",这正是联想的一种功能:

(19)我想象着在人类没有出现之前,它就是这个样子,风在吹,水在流,鲸鱼在喷水,今天唯一不同的是有了观赏的人,这个人就是我。我不能设想大河流淌了无尽的岁月是为了我今天的到来。我想象着回到了几万年以前,眼前也是这一派景象,而我就坐在这块岩石上,俯瞰着人类未来的无穷岁月,无数的历史事实都是那么渺小而意义模糊。又想着再过多少岁月,我们今天就是古代了,那时的人把今天看成是荒蛮的时代。一时似乎连岁月尽头的人类终点也看得清楚透彻,洞若观火。心中忽然有一种彻悟,一种看小天地万物的气度,觉得天下事再大也是小事了。一种巨大的宁静和安详从什么地方飘来,笼罩了我的心。(阎真《曾在天涯》,《当代·长篇小说选刊》2004年第3期107页)

又如:

(20)他说:"海给人的感受很难表达,它总是给人想起一些事情。"我说:"它启发人想到自己的渺小短暂。哪一天我们的骨

头成了化石,它还是这个样子。"(同上48页)

(21)尤奇历来对一些遥远的事物感兴趣,可以说,眺望是他的一种心灵姿态。在城西的西南方,从建筑物的空隙间望过去,一脉淡蓝的山岭在地平线上隐约起伏,给人以无穷的遐想。他的视力很好,天气晴朗空气清明之时,可看到远山神秘的皱褶,使他不由自主地产生一种模糊的向往。(少鸿《溺水的鱼》,《当代·长篇小说选刊》2004年第3期128页)

联想是心灵的眼睛,是心灵的耳朵,是心灵的翅膀,是心灵的姿态和状态。

参考文献

于根元《关于"语言全息发展论"》,《语言文字应用》2005年第3期。
于根元《留心各种语言现象》,中国经济出版社,2003。
赵　俐《语言宣言——我们关于语言的认识》,中国经济出版社,2003。

(《福建师范大学学报》哲学社会科学版,2006年第1期)

应用语言学的基本理论

一

《语言文字应用》创刊十年来,应用语言学基本理论有了很大发展。

首先是确定应用语言学不只是跟理论语言学相对的语言学理论的运用,更主要的是它本身具有理论。第一阶段是外围的理论性的论辩。提出了这样一些理由:1.应用语言学的理论主要来源于解决语言本体和本体语言学同有关方面发生关系的问题的实践。真正解决了这方面的新的问题,都会有一定的自己的新的理论。即使应用了某些原有的理论来解决好新的问题,也会发展原有的理论。2.事实上本体语言学也没有为应用语言学准备好足够的可以应用的理论,有许多应用语言学的理论是应用语言学在解决有关问题的实践中自己创建或者完善的。3.如果应用本身没有理论,一般说理论应用的结果应该是相同的,而现在理论应用的结果往往很不同,说明应用本身是有一定理论的。4.按照实践(应用)—理论—实践(应用)的层次递进的理论,上位的理论应该包含下位的实践(应用),上位的实践(应用)应该包含下位的理论。凡是理论性强的实践(应用)是高层次的实践(应用),实践性强的理论是高层次的理论。5.应用语言学同本体语言学一样从语言学之外吸取了许多理论。第二阶段是梳理了应用语言学的一些基本理论。例如层次理论、动态理论、中介理论、人文性理论、潜显理论。

确定了应用语言学具有理论,带来了语言学的一种新分类。原先的一种分类是理论语言学和应用语言学,认为前者有理论和谈理论,后者没有理论只是前者理论的应用。这种分类里没有本体语言学。新的分类是:1.本体语言学。2.应用语言学。两者都有理论,原有的普通语言学常常指本体语言学的基础理论。3.语言学理论,也有人称为语言哲学,是本体语言学理论和应用语言学理论的融合和提升。确定了应用语言学具有理论,还带来了某些分支学科归属的进一步调整。例如,不少人也把社会语言学归到应用语言学中。

二

交际理论是在应用语言学基本理论里居于总纲地位的理论,它也是本体语言学的基本理论。本体语言学在交际方面进一步的研究,本身会有很大发展,也会进一步发展、丰富交际理论。交际理论,是本体语言学和应用语言学高层次结合的纽带,是本体语言学理论和应用语言学理论相互促进的纽带。

语言是人类最重要的交际工具,这是从语言的本质的功能方面给语言下的定义。这种交际包括思维和认知,这种交际是含有文化的交际。

世界万物要交换能量而存在、变化、发展。宇宙万物在相互吸引、排斥、中和中动态平衡。人要在社会中协调。语言因人们的交际而出现而存在而发展。语言存在于交际之中,交际之外无语言。交际是语言发展变化的动力和目的。语言生活的健康、丰富、活泼是语言工作、语言研究、语言教学的目的和检验的标准。在交际面前,任何语言学流派,任何语言学家,顺者昌逆者衰,概莫能外。我们为语言交际而研究语言。语言现象多种多样,要研究的是现象跟条件的关系,现象一定条件一定。抽象不能涵盖所有的研究。交际是决定语言现象的根本的条件。

语言交际能力是最基本的语言能力。语言交际能力是不同情况下,跟不同人现实的既趋同又趋新、把握好度的不断磨合的能力。语言交际能力的测试应该逐渐在一定的现实的交际的情况下进行。语言交际是多层次交叉的,所以要在多样、鲜活的语言交际中实践语言交际能力。鲜活还有时代性。语言学习还要有一定的量和质。一定的量,可以内化,可以生巧;一定的质,可以提高层次。

交际到位的程度——交际值或者交际度是衡量规范的唯一标准。交际值里含有文和质两个部分,交际应该文质彬彬。美,包含在交际值里。没有游离于交际之外的语言的美。超规范、反规范、突破规范的说法可能是把规范同规则或者某些本本上的规定混淆起来了。规范是为了更好地交际,绝没有妨碍交际的所谓规范。同样,认识跟语言交际密切相关的文化要素也是为了更好地交际,绝不能妨碍交际,也绝没有妨碍现时交际的现时的所谓的跟语言交际密切相关的积极的文化。规范同稳定没有必定的关系。规范或者不规范也不看过去有或者没有这种说法,而是外部看现在是否需要这样说和内部看汉语的大系统里是否允许这样的说法出现。

语言素质也是有层次的。一个人的语言素质结构还可能滑坡。

语言交际能力的实践不是一次性完成的。

语言知识能力、语言交际能力、语言研究能力之外,还有一个更重要的更高层次的语言能力——发挥语言能力的能力,或者说语言创新能力。语言能力如果不能充分发挥和提高,现有的语言交际实际上都是打了折扣的不怎么到位的交际,而且是很难发展的交际。一个人语言表现出来的灵气,主要在他语言创新方面。

还有,说话并不是要求都是大白话。交际当中除了意思到了之外还要求有适当的色彩、情调等。我国在语言学方面有一个新颖色彩理论,外国有别的叫法。意思是说,老是说老一套话,好懂是好懂了,可是人家还是不喜欢,而且更不好记。人家喜欢适当来点新鲜的。要有不同的色彩,是人的天性,所以世界才五彩纷呈。适当来点新鲜的,稍微一动脑筋,明白了,比听老一套记得牢。过于深奥了,动了脑筋还是不明白,就不想动脑筋了,于是乎不明白,交际的目的没有达到。所以这个新颖要适度。这个适度的度是不怎么好掌握的,是要在实践中逐渐调整的。我们希望的是逐渐适度,而不是不要新颖。

实际上,乔姆斯基的语法装置说,就认为人天生具有语言创造能力。不过,他的语法装置说,没有明确说语言的词汇等方面也是与生俱来的。我们更赞同《马氏文通》的提法。许国璋在《中国语文》1991年第3期上的文章《〈马氏文通〉及其语言哲学》说,《马氏文通》后序首段:世界上一切人种,不论肤色,天皆赋于心之能意,意之能达之理。这一点"叫人想到今人所说语言是'生来俱有'的学说"。这些论说,"今天的学者耳熟能详。然则马氏在一百年前得现代语言理论风气之先,是中国语言学的骄傲。"劳动创造语言说,是指人类初期。我们说的是现代人。我们后天的一个任务是唤醒。唤醒,主动权在睡着的人的手里。唤醒者要高层次,要有耐心,要有技巧。唤醒也不是一次性完成的。唤醒之后还会睡着。人基本上具有他以前的全息,如果唤醒得不得法,会唤醒低层次的信息,而阻碍他高层次信息的被唤醒。

创新部分是稳定部分的唯一来源。特别要鼓励创新。尤其是教材要帮助学生创新。教师要在创新方面进行身教。一切语言示范者要在语言规范尤其是语言创新方面起到表率作用。对学生语言学习的测试,也要注意语言创新方面的测试。学生的学习是为了社会的发展。继承也还是为了发展。在学习的过程中就要发展,特别是大学生。法乎其上也还是模仿,还要脱颖而出。创新不等于降低层次,不等于奇谈怪论,不等于一般形式上的变化。学生头脑里要有自动升级的程序。其实,自动升级的能力是人本来就有的。语文教学就是唤醒学生这种与生俱来的语言能力并且帮助它发展。帮助它发展,教师要留心新的、好的语言现象,要提高创造语言的能力,要及时调整自己的语言观。我们经常说:"当教师的给学生一杯水,自己要有一缸水。"其实,一杯一杯给下去会有给空的时候,即使不给空,那水也不新鲜了。教师应该时刻生活在活水里面,成为活水的一部分,并且努力让水增加活力。这样,学生就不仅仅是得到知识和打开知识宝库的钥匙,而是能自己找到知识宝库并且锻造打开知识宝库的钥匙,能吸取、提炼前人的宝藏而且为世界增添宝藏。我们不希望学生只是学到了一些守株待兔用的知识,我们希望学生有动态变化的天罗地网,头脑里有自动升级的程序。我想,这个程序应该也是与生俱来的,问题是要用好它。帮助学生用好它,关键也在于教师自己先用好它。

近些年讨论语言能力分化的时候往往提出这样的问题:一位是

中国农村的老太太,连自己的名字都不会写,中国话说得好;一位是外国的语言学教授,中国话说不好,会研究中国话。谁的语言能力强?这样就把语言能力分化为交际能力、知识—研究能力。换个说法,前者有语感,后者有论感。语文教师的语感和论感都要强。有一定的语感又有一定的论感,发现不同于原来理论的语言现象,及时调整我们的语言观,再用新的语言观观察语言现象,又会有新的认识,语感和论感互相促进,形成良性循环,这就用好了自动升级的程序。教师自己用好并且帮助学生用好自动升级的程序,恐怕是语文教学最重要的任务。

重视创新是对待语言的基本态度和语言研究方法、方法论的重要基础。例如,要重视学习人民群众的语言,重视匡谬正俗的消极规范,但是及时发现和介绍新的好的语言现象的积极规范更重要。追认不是规范的辅助方法,它只是有时候不得已的补救方法。语言规范的阶段观也不要常常成为在语言规范认识上跟不上趟的托词。还要及时发现和介绍新的好的语言学思想。又如,我们认为语言如果不能发展那是最大的不规范。还如,既然语言是发展变化的,那么语言就是开放的,认识和解释语言就不要自圆其说。语言不整齐的地方,往往是语言通往上个层次或者下个层次的通道,往往是语言发展的重要部位。研究方法要立足于引导语言丰富、发展。要注意实践中的新问题,要重视第一手材料,要重视调查中的个案,要重视调查中的不同意见。在语言学术上要尊重不同意见。要重视研究方法的创造性。

迄今为止,语言方面的教材、著作、文件、规定,在鼓励和帮助人们发挥语言创新能力方面是很不够的。与此有关的是我们的语言学在很多方面落后于有关的兄弟学科,我们关于语言的不少认识落后于关于社会生活的认识。

三

(一)关于层次理论

人分层次,决定了交际分层次,决定了语言分层次。语言的层次同交际的层次、人的层次紧密相连。

语言由比较稳定的内核和比较活跃的外层以及中介物构成,共同为交际服务。比较活跃的外层如新词新语、广告语言等,比较稳定的内核如语音系统、基本词汇、基本语法等。比较活跃的外层是比较稳定的内核的唯一来源。现在比较稳定的部分当初都是活跃过的。语言的发展变化首先表现在比较活跃的外层。语言比较活跃的外层转化到比较稳定的内核,并不完全是优胜劣汰的过程。比较活跃的外层和比较稳定的内核,总的说来是互补的关系,而不是对立的关系。某些词语用的时间长短,一般说跟它指的概念等存在的时间长短有关。某些词语一个时期用的人多,跟这些词语一个时期同影响比较大的群体共振有关系,这些词语占了位之后更好一些的近义词语就比较难再占位。

语言的内核部分,往往是语言水平低一些的人要尽快掌握的。语言的外层部分,语言水平比较高的人常常使用。语言的内核部分比较好做标准,语言的外层部分的使用常常用指导性的方法。语言工作、语言教学、语言研究根据不同的任务来确定重心,但是都要认识到语言的整体和各部分的关系。

语言是开放的梯形结构。靠下的比较稳定,能产。靠上的比较活跃,比较充分地显示了语言的全息。靠下跟靠上之间的律动可以说是喷泉现象。

古人概括中国几千年来文化的基本精神,如《周易正义》所说:"天行健,君子以自强不息。""地势坤,君子以厚德载物。"(卷一)语言是由比较活跃的外层和比较稳定的内核以及中介物构成的,正确地认识和对待这一点,正是从一个方面继承和发扬了中国几千年来文化的基本精神。《周易正义》还说:"天地感而万物化生。"(卷四)"天地不交而万物不兴。"(卷五)语言也是如此。

我们语言学的不够活跃,可能跟长期以来比较忽视语言比较活跃的外层和靠上的部分,因此也比较忽视语言的运动有关。

语言的层次理论,也是关于语言研究方法和方法论的层次认识的基础。语言研究方法具有层次性。语言研究的基本方法是比较方法。其他的方法都是由比较方法衍生出来的。语言研究的方法还具有灵活性、多样性。语言研究要纵横交错,突破历时和共时的严格限制。

(二)关于动态理论

运动是绝对的。运动速度相对比较慢的叫稳态,运动速度相对比较快的叫动态。或者说稳态是动态里的一种状态。实际上的物种分成非生物和生物。其实很多非生物的运动速度也很快。生物里分成动物和非动物,动物当然是可以自己运动的。人是最高级的动物。语言是最高级的动物人用的。交际是一种活动,语言是在活动的。语言又是发展变化的。所以,动态是语言的本质。语言局部的发展变化会引起语言内部有关部分的发展变化,使得有关部分协调,这就是语言的自我调节。语言运动的方式是脉动。语言的运动有急流和缓流。语文工作还有进进退退。认识这些规律,有助于能动地促进语文工作。

语言的运动是一种新陈代谢。语言的运动是有规律的,这种运动是律动。语言的运动也可以归结为语言的潜和显。语言的时空分布既反映了语言的层次,也反映了语言的运动。

语言是个巨系统,惯性很大。语言工作要适度超前,不要追求立竿见影,要重视后效应。

语言发展的外部动力是社会的发展,语言的发展还是社会发展的组成部分。语言的发展一定程度上反映了社会的发展。对一个较长阶段语言生活情况的总的估价是跟对一个较长阶段社会的发展以及语言工作、语言教学、语言研究的总的估价密切联系的。我们认为当前语言生活情况总的是好的,所以我们赞成语言工作重在建设。

(三)关于中介理论

运动的连续性决定了任何事物都具有周边事物和前后事物的一些属性。事物是矛盾的统一体,不都是"非此即彼"。往往是"亦此亦彼"。对立通过中介转化。语言跟其他现象一样,存在着中介状态。语言的中介状态,典型的就是地方普通话。对说地方普通话的人,一是要鼓励,二是对其中的一部分人有比较高的要求。后来,学者们进一步认识到中介语常常是人们学习语言的正常过程,学习语言的过程就是必然有许多不到位也就是不规范也就是不纯洁的语言现象的过程,人们在这个过程里就要交际。要把这种过渡状态跟语病区分开来。由此,不少学者对纯洁语言的口号进行了反省。20世纪90年代,不少学者讨论语言观的时候,讨论了这个问题。1997年12月23日许嘉璐代表国家语委在全国语言文字工作会议上作的主题报告里明确提出语言文字不搞"纯而又纯"。近几年来我们对语言文字不搞纯而又纯有了进一步的思考:语言是为所有的人服务的,人是分层次的,而且是不纯的,人不纯谈什么语言纯。语言是发展变化的,发展变化了,人又要学习,这个学习又要有一个过程。还有,由谁来纯洁语言呢。不规范的语言现象也是不断新生的。不纯洁是语言正常运动的正常表现。语言是大海。我们是在不纯的情况下搞规范。规范是为了更好地交际,不是妨碍交际,不是为了纯洁语言。语言规范实际上不是规范语言本身,是规范人的语言使用。

我们不赞成当今社会里有谁谁的语言"一字不易"的说法。

运动是没有开始也没有结束的,一切都处在中介状态,所有的语言都是中介语。语言研究的就是语言运动中的个性和共性。当前,不少学者进行语言现象延伸段和交叉段的研究,是很有眼光的。比较,主要是认识一事物同他事物运动中的联系和区别。

(四)关于人文性理论

这里说的人文或者有时候说的文化,主要指的是习俗。不要忽略语言的人文性,也不要跟语言的阶级性的说法沾边,还不能把语言的人文性理论凌驾于交际理论之上。

(五)关于潜显理论

运动和时空是连续的,事物不是同时空同样显现的,显和不显又是有条件的。语言也是如此。加上色彩的潜显,可以说语言始终处在潜和显的过程中,语言研究的就是语言的潜和显及其相关条件。语言不是同时空同样显现,也是为了交际。

语言的潜显理论是对待语言规范的"前瞻跟踪观"的基础。

几个基本理论都是相通的。或许只是从不同方面认识语言而已。例如说语言的交际造成了语言的运动,层次是说语言运动的一种方式和结果,中介是说语言运动和层次造成的某种关系,潜显是阐说语言的运动同运动具有一定的因果关系,人文性是联系社会历史来说语言的运动。谈这几个基本理论,还跟针对性有关。人们对某个基本理论的认识大体上不成问题了,或许也就不怎么谈某个基本理论了。当然还有支撑这些基本理论的理论。

四

要从大的方面认识基本理论。例如占位、某个强大的群体某个时期同某种语言现象的强大的共振,都是一种力量。这些本身就是理性原则而不是习性原则。也不要迷信于语言现象的改变都是牵一发而动全身。有的只动半身,有的连半身都不牵动。牵一发而动全身也具有两重性,一是说要谨慎,一是说意义重大。

应用语言学的基本理论应该达到哲学的层面。语言学很像哲学,所以语言学很长时期同哲学分不开。我们不赞成语言学成为哲学的附庸,不反对语言学同哲学的结合。我们主张语言学同哲学的关系是结合而不混合,独立而不分裂。应用语言学的基本理论还要注意操作层面,在操作层面要有实绩。

还要研究应用语言学的基本理论如何发挥作用的有关问题。例如限制应用语言学基本理论发挥作用或者限制语言观调整的因素,可能有:1. 人云亦云。2. 接受旧的教育。3. 对语言本质认识的片面。4. 因为调整的困难就维持旧的说法。5. 脱离语言实际,认识滑坡。

参考文献

许嘉璐《开拓语言文字工作新局面,为把社会主义现代化建设事业全面推向21世纪服务》,《语文建设》1998年第2期。

陈章太《全国语言文字工作会议的总结发言》,载《新时期的语言文字工作》,语文出版社,1987。

周洪波《中国网络语言词典·序》,载《中国网络语言词典》,中国经济出版社,2001。

于根元等《语言哲学对话》,语文出版社,1999。

于根元主编《应用语言学理论纲要》,华语教学出版社,1999。

(《语言文字应用》2002年第1期;收入语文出版社2004年出版的《语言文字应用论文集Ⅱ》时个别提法做了改动。这里根据后者)

语言的本质和语言教学

一

(一)对语言本质认识的逐步深入推动了语言教学

1996年经国家教委审定的《全日制高级中学语文教学大纲》(供试验用)确认:语文是最重要的交际工具,也是最重要的文化载体。

早在18世纪中期,语言的工具性就提出来了。斯大林1904年9月1日在《社会民主党怎样理解民族问题?》中说:"语言是发展和斗争的工具。"列宁1914年在《论民族自决权》一文里说:"语言是人类最重要的交际工具。"列宁的这句话,长期以来成了我们常用的语言的定义。这不是唯一的定义,不过,毕竟是一个重要的、很有影响的定义。

庄文中在《语言哲学对话》里说,五四以来,我国学者关于语言/语文是工具的认识大致经历了四个阶段。第一个阶段,五四运动到新中国成立前。个别学者顺便提出"语言是工具",没有进行论证。20世纪20年代,我国现代第一代语言学家黎锦熙侧重从文字角度考察、联系语言,说:"夫文字,工具也,利器也"(1924)。"要使文字和语言一致。文字以语言为背景,才是真正确切的符号,才能作普通实用的工具。"(《新著国语教学法》,商务印书馆,1924)叶圣陶则从口头语和书面语角度考察,认为语文"在生活上是必要工具中的一种"(1942),语言"是表达内容的唯一工具"(1948,见《叶圣陶语文教育文集》)。第二阶段,五六十年代。学习苏联,学习斯大林的语言观,确立"语言是人类最重要的交际工具"。语言学界作了大量论述。由于"语文"的复杂性,中小学语文教学界稍晚一些才认识到语文教学的核心任务是语言教学,语文也是工具。叶圣陶 1955 年在《关于语言文学分科的问题》(《人民教育》1955 年 8 月号)里说得很明确:"按照马克思列宁主义关于语言的学说,语言是'交际工具',是'社会斗争和发展的工具'。"直到 60 年代初,经过语文教学实践的检验,中小学语文教学界才确认了"语文是工具",并且写出了 1963 年中学语文教学大纲。叶圣陶、吕叔湘、张志公等纷纷撰文阐述语言/语文是工具的观点,推动了语文教学。第三阶段,80 年代前期。拨乱反正,进一步确定语言/语文是工具的观点,并且进一步阐述语言和思维的关系。吕叔湘说:"语言文字本来只是一种工具,日常生活中少不了它,学习以及交流各科知识也少不了它。"(《吕叔湘语文论集》,商务印书馆,1983)叶圣陶说:"语文是人与人交流和交际的必不可缺的工具。"(1980,《在中学语文教材编辑座谈会上讲话记录》)第四阶段,80 年代后期至今。由阐述语言/语文是人类的交际工具、思维工具,进而阐述语言/语文的文化内涵。1996 年,经国家教委审定的《全日制高级中学语文教学大纲》(供试验用)确认:"语文是最重要的交际工具,也是最重要的文化载体。"(于根元等《语言哲学对话》20—21 页,语文出版社,1999)

很多学者很早就认识到语言不是一般的工具,具有人文性。近些年来许多学者重视这方面的研究,跟对外汉语教学的发展有关。

还跟我国社会语言学的发展有关。社会语言学重视社会因素,重视群体的特性。要注意的是:第一,我们说的人文性,不包括属于上层建筑的有阶级性的部分。第二,语言的人文性不仅仅表现在是文化的载体,还表现在运送——传播方面。

工具性和人文性不是二元论。交际是包含文化的交际。我们往往还是简略地说语言是人类最重要的交际工具。不能因为没有说是文化的载体就一定片面,而是要看所说的交际里面是不是包含了文化。其实,说是文化的载体也不全。李岚清1997年12月在全国语言文字工作会议上的书面讲话还说:"语言文字是文化的主要载体,也是一种重要的文化发展的标志。"(《做好语言文字工作,为现代化建设服务》,《语文建设》1998年第2期)我们有时候更全面地说是语言是人类最重要的认知、思维、交际的工具。也可以认为认知、思维是交际的一种方式,而只说语言是人类最重要的交际工具。

语言的本质可以从不同的角度来看。有时候有针对性地强调某一点。我们近来经常强调动态是语言的本质。一切都是动态的,但是我们常常把语言认为是静态的,或者推崇语言的稳定的一面,所以我们要强调动态性。

(二)关于语言本质的有些经典理论还需要讨论

中国的语言理论主要受到索绪尔和斯大林的积极的和消极的影响。索绪尔提出语言是静态的平面的共时的系统,为语言和就语言而研究语言。认为历时的研究都是要素的研究,纵横交错的研究既做不到也没有必要。背景是对历史比较语言学缺陷的矫枉过正。斯大林提出语言的本质特点是基本词汇和语法。因为基本词汇稳定,语法更稳定。总之是稳定。说语法是组词造句的法则,含有语言有静态的仓库和语法单纯研究结构的思想。最近胡裕树先生在范晓主编的《汉语的句子类型》的"序"里说:"从这个意义上来说,语法学可以说是一门研究句子构造规律和运用规律的科学。"(书海出版社,1998)认为语法是句子结构和使用的规律。

(三)我们接受正确的经典理论也有欠缺

我们常常把"语言是人类最重要的交际工具"当口号。吕叔湘《语言作为一种社会现象——陈原〈语言与生活〉读后》(《读书》1980年第4期)说:"语言是什么?说是'工具'。什么'工具'?说是'人们交流思想的工具'。可是打开任何一本讲语言的书来看,都只看见'工具'。'人们'没有了。语音啊,语法啊,词汇啊,条分缕析,讲得挺多,可多讲的是这种工具的部件和结构,没有讲人们怎么使唤这种工具。"指的不是个别现象,而是这以前的"任何一本讲语言的书"。即使是对工具的认识,我们也是不够的,没有很好地认识到是动态的新陈代谢的巨系统。

二

(一)为语言交际而研究语言

语言的功能是交际。世界万物要交换能量而存在、变化、发展。宇宙万物在相互吸引、排斥、中和中动态平衡。人要在社会中协调。语言因为人们交际而出现而存在而发展。语言生活的健康、丰富、活泼是语言工作、语言研究也是语言教学的目的和检验的标准。在交际面前,任何语言学流派,任何语言学家,顺者昌逆者衰,概莫能外。

(二)交际能力是最基本的语言能力

关于语言能力,比较早就有人提出来过。引起人们重视的还是乔姆斯基1957年《句法结构》里提出来的人脑子里天生有个语法装置说。主要根据之一是儿童学话不是一句一句学的。不同于"白板说",有人认为也不同于索绪尔的学说。后来有人分别提出语言交际能力和语言知识能力,通俗的问题是:"一位是北京郊县农村、连自己的名字都不会写的乡下妇女;另一位是借助字典可以看懂中国古书,但张嘴就出错的洋教授。你认为这两个人中谁的汉语水平高。"(《语言哲学对话》309页徐杰的谈话)刘大为、巢宗祺又提出语言研究能力。(《两种能力的课程分化——关于"现代汉语"教学改革的思考》,《语言文字应用》1995年第2期)这样,就有三种能力了。最基本的是交际能力。知识能力与研究能力的目的和检验标准也是看交际能力。知其然还要知其所以然。知其所以然的目的是进一步知其然,而不是跟知其然无关甚至妨碍知其然。现在语言学家语言表达好的不很多。语言学的学术会议上车轱辘话、口头禅不在少数。有的自己不生动活泼,还常常反对生动活泼,动不动就指责别人不规范。以深奥为能事,也是一种语言观,是跟交际观不同的语言观。这可能跟以前主要受了语言知识能力的教育而没有受到应有的语言交际能力的教育有关。

(三)语言交际是多层次交叉的

语言是为所有人服务的,不同人相互交际,情况越发复杂。语言学习也是分层次的,词、短语、句子;应用文、散文、小说、诗歌。在一个时期,某个人群的语言影响很大,但是正常情况下应该是高层次影响低层次。需要掌握高层次。语言是两部分组成的,一部分比较活跃,往往是层次高的人使用的。

(四)在多样、鲜活的语言交际中实践语言交际能力

我们现在常常是在温室里实践的。1951年提出纯洁语言,直到

1997年12月又一次全国语言文字工作会议上许嘉璐代表国家语委做的主题报告里,才提出语言文字不搞纯而又纯。(《开拓语言文字工作新局面,为把社会主义现代化事业全面推向21世纪服务》,《语文建设》1998年第2期)人是分层次的,语言是为各个层次的人服务的,人不纯怎么谈语言的纯？退一步说,即使人纯了,纯的人学习语言也有个过程,在学习过程中的过渡语是不到位的、不规范的,也还是不纯。我们不少语言教学是模拟教学。我曾经考过一些大学中文系即将毕业的学生,要他们用四个不同的句子对"你是大学生吗"作肯定的回答。一般都是这样回答的:"我是大学生。""是大学生。""我是。""是。"他们有人还认为"我是某某大学的"一类回答反而是不对的。有些方言区的人学习说普通话还不错,可是到了北京,上街听不懂话。他们一般只听中央人民广播电台播新闻的普通话,稍有变化或者不是很标准就听不懂,恐怕也是一种欠缺。教外国人学汉语也有类似的问题,有些外国人因此到街上去学习老百姓实际交际的语言。

鲜活还有时代性。《语文战线》和《语文导报》的主编张春林早就提过,中学生要多读些时文。古代的语文教学一是为了启蒙,一是为了解经。启蒙没有什么不好,不够的是启蒙之后怎么办,在学习的层次性方面不够。解经,如果经是值得读的,这也不错,不够的是经也是要发展的,经的语言表达也要发展,在鲜活方面不够。学习还要有一定的量和质。一定的量,可以内化,可以生巧。一定的质,可以提高层次。好像练1500公尺跑,我认为,一方面要练5000公尺跑,练耐力;一方面要练100公尺跑,练精致。

(五)语言交际单位是语言的主要单位

句子是语言交际的基本单位。有时候信息量是一个句子的信息量,形式上大于一个句子或者小于一个句子,它实际上还是一个句子。王伟的《话语信息结构新探》(《语言文字应用》1998 年第 3 期)讨论了有关的问题。

(六)交际值是衡量语言规范的唯一标准

语言的基本功能是交际。规范是为了更好地交际。交际到位的程度——交际值或者交际度是衡量规范的唯一标准。超规范、反规范、突破规范的说法可能是把规范同规则或者某些本本上的规定混淆起来了。我们是在语言不纯的情况下搞规范,搞规范不是求语言的纯。绝没有妨碍交际的规范。规范同稳定没有必定的关系。规范或者不规范也不看过去有或者没有这种说法,而是看现在是否需要这样说和汉语的格式是否允许这样的说法出现。我们说它可以出现,要说出道理,说它不可以出现,也要说出道理。现在比较流行的"如果这个说法可以成立,那么什么什么也都可以说了"的论证方法本身就有许多不妥,因为语言现象的类推是有条件的。近几年来不少学者进行语言现象延伸段的研究,是很有意义的。此外,"那么什么什么也都可以说了"的反证的论据往往也还是需要论证的。

(七)语言交际能力的实践不是一次性完成的

语言素质也是有层次的。小学生的语言素质同大学生的语言素质不同。大学生也要进行语言交际能力的实践。素质可以提高,也可以滑坡。素质不是单一的,是综合体。语言是发展的,不顺应、引导语言的发展,轻则素质滑坡,或者说起初的基本的素质实践就有根本性的缺陷,重则会对语言的发展反感。实际上语病也处在不断地潜显的过程中。语言素质可以说是不进则退。经常有一种说法是:给学生一杯水,我们当教师的要有一缸水。其实一缸水也会给空,即使不给空,也不是新鲜的水了。我们当教师的要把自己放在活水里面,成为活水的一部分,最好还能给活水增加一些活力。

三

我的夫人是小学语文教师。1998年她的一位同学从西方的一个国家回来。我们请她吃饭的时候,问她那个国家的孩子聪明不聪明。她说:笨着呐。她话头一转,又说:可是那儿特别鼓励孩子创新,让孩子的能力尽量发挥。我想,我们中国的孩子够聪明的,能力够强的,如果不能充分发挥这些能力,这些能力又有多大用处呢? 我认为,语言能力,除了上面说的语言知识能力、语言交际能力、语言研究能力之外,还有一个更重要的更高层次的语言能力——发挥语言能力的能力,或者说语言创新能力。创新是高层次的语言能力,也是发挥语言能力的能力。大聪明,或者说语言表现出来的灵气,主要在语言创新方面。

我们中国有鼓励创新的传统。也有不要人创新的传统,这方面的俗语、哲言就不少,例如:不为天下先,人怕出名猪怕壮,出头的椽子先烂,枪打出头鸟,木秀于林风必摧之。不要人创新的这个传统,实际上也是世界性的。罗瑞卿的女儿点点在《点点记忆(下)》里说:

> 在反复观察"文革"早期父亲的遭遇后,我忽然发现了这个遭遇与受迫害的犹太人之间的相似之处。我想,这是深藏于人类天性之中的一种欲望使然。这种欲望和食、色等等从本质上没有多大区别,区别只是它与人的基本生存的关系没有那么经常和紧密。它在人的基本生存要求被满足后,才会日益膨胀,所以它带有明显的文明痕迹。但这并不是说,它是人有人无或若

有若无的东西,只要时刻来临,人人都难逃它的掌握和摆布。这种隐秘和奇怪的欲望就是:发现和证明世界上有比自己低贱的人时的愉快。而发现和证明的方法就是迫害。(《当代》1998年第5期)

我们的教育在鼓励创新方面,历史上和目前是很不够的。下面一则报道或许说明一些问题:

> 81岁的中国科学院院士柯俊是北京科技大学教授,著名的材料物理学家,他的话幽默风趣,切中肯綮。他说:"我们过去的教学,首先是赶鸭子,把学生都赶到课堂、实验室;第二,是给他们很多东西,填鸭子;填完之后,到期终就是'考'鸭子,最后都变成板鸭子。所以学生呢,一,知识不会运用,基本概念都忘掉了;二,他很难有创造性。中国的教育向来是守成的,传统上就是守成的。自从秦汉,特别是汉朝以后,就变成守成的了。科举是守成的。它不需要创新,所以出不了百家争鸣。所以现在学生普遍反映,应用知识的能力差,分析问题、解决问题的能力差。"(中央电视台《新闻调查》栏目《大学面对挑战》,《中国电视报》1998年第26期,7月6日至12日节目,13版)

实际上,乔姆斯基的语法装置说,就认为人天生具有语言创造能力。不过,他的语法装置说,没有明确说语言的词汇等方面也是与生俱来的。我们更赞同《马氏文通》的提法。许国璋在《中国语文》1991第3期上的文章《〈马氏文通〉及其语言哲学》说,《马氏文通》后序首段:世界上一切人种,不论肤色,天皆赋于心之能意,意之能达之理。这一点"叫人想到今人所说语言是'生来俱有'的学说"。这些论说,"今天的学者耳熟能详。然则马氏在一百年前得现代语言理论风气之先,是中国语言学的骄傲。"劳动创造语言说,是指人类初期。犹如说人是猴子变来的,是指人的初期。我们说的是现代人。后天的任务是唤醒。唤醒,主动权在睡着的人的手里,看他愿不愿意觉悟。唤醒者要高层次,要有耐心,要有技巧。唤醒也不是一次性完成的。唤醒之后还会睡着。人基本上具有他以前的全息,唤醒得不得法,会唤醒低层次的信息,而阻碍他高层次信息的被唤醒。各个部分的唤醒不是同步的。我最近读到徐树华的一篇稿子说:音声训练的第一步,是对自己的发声器官的发现和认识,也就是要运用自己的意识去唤醒处于睡眠状态的发声器官,去开发和利用那些潜在的能力。生理机制正常的人,几乎都有这种潜力,只不过有的人得到了机会进行开发,而有的人一生也没有被唤醒。

现有的稳定部分当初都是创新部分,创新部分是稳定部分的唯一来源。我们特别要鼓励创新。我的朋友黄岳洲说:"不会鼓励便不会教学。上、中、下三种学生,程度不同,进步的情况不同,除特殊情况以外一般都应鼓励,我还主张越是条件差的失去信心的学生越要鼓励,鼓励是大恩大德大慈大悲的事!"(《语言文学与教学新论·自序》6页,陕西人民教育出版社,1997)"我们一方面要运用教师的知识、能力、经验充分发挥主导作用,另一方面要尊重学生的想法、能力、兴趣,启发多问,并鼓励大胆发表意见,有时竟可以表扬持有己见、新见的学生。"(同上,7页)我们的教材要帮助学生创新,而不能把稳定放在第一位。我们当教师的要在创新方面进行身教。一切语言示范者要在语言规范和语言创新两个方面起到表率作用。对学生语言学习的测试,也要注意语言创新方面的测试。学生的学习为了什么?是为了社会的发展。继承也还是为了发展。不是先学习后发展,而是在学习的过程中就要发展,特别是大学生。企图唤醒者很多,起码的是要会鉴别,要法乎其上。法乎其上也还是模仿,还要脱颖而出。创新不等于降低层次,不等于奇谈怪论,不等于一般形式上的变化。我们的学生头脑里要有自动升级的程序。其实,自动升级的能力是人本来就有的,后天只是唤醒。计算机反而要学人脑的这个能力,这是计算机发展的一个方向。

参考文献

庄文中《高中语文教学改革和制订新教学大纲》,《语言文字应用》1995年第2期。

于根元等《语言哲学对话》,语文出版社,1999。

王铁民《语言运用与思维美学》第一章第一节"语言和言语、语言能力和语言运用",华南理工大学出版社,1997。

张德鑫《谈语言能力及能力测试》,《语言文字应用》1997年第4期。

北京市"中学生语言能力培养系统"课题调查组孙荻芬等《关于"中学生语言学习现状"调查报告》,《语言文字应用》1998年第2期。

(《汉语学报》2000年第1期)

关于语言内核外层互补说

一

开始提出语言内核外层互补说这个认识,是我参加1992年3月29日到31日澳门社会科学学会主办的"澳门过渡期语言发展路向国际学术研讨会"提交的论文《制订语言计划的若干原则》。论文收在程祥徽主编的由澳门社会科学学会年底出版的会议论文集《澳门语言论集》里。我在这篇论文的第二部分"适用"里说:

语言这种亚稳体,其中内核相当稳定,越往外越不稳定。字、音、基本词、通常的低层次的语法规则是内核,口语、文学作品语言相当活跃。最活跃的大概是许多临时的修辞性的用法。内核和外延相互影响,互相转化,各有各的用处。一般说来,文化水平较低的人使用的部分趋于内核,水平越高的人使用起来外延部分的成分越多。

这些提法还是很粗糙的。后来在《语言文字应用》2002年第1期上的《应用语言学的基本理论》关于层次理论部分里的提法好了一些:

语言由比较稳定的内核和比较活跃的外层以及中介物构

成,共同为交际服务。比较活跃的外层如新词新语、广告语言等,比较稳定的内核如语音系统、基本词汇、基本语法等。比较活跃的外层是比较稳定的内核的唯一来源。现在比较稳定的部分当初都是活跃过的。语言的发展变化首先表现在比较活跃的外层。语言比较活跃的外层转化到比较稳定的内核,并不完全是优胜劣汰的过程。比较活跃的外层和比较稳定的内核,总的说来是互补的关系,而不是对立的关系。某些词语用的时间长短,一般说跟它指的概念等存在的时间长短有关。某些词语一个时期用的人多,跟这些词语一个时期同影响比较大的群体共振有关系,这些词语占了位之后更好一些的近义词语就比较难再占位。

语言的内核部分,往往是语言水平低一些的人要尽快掌握的。语言的外层部分,语言水平比较高的人常常使用。语言的内核部分比较好做标准,语言的外层部分的使用常常用指导性的方法。我们的语言工作、语言教学、语言研究根据我们的不同的任务来确定重心,但是都要认识到语言的整体和各部分的关系。

还可以说语言是开放的梯形结构。比较靠下的比较稳定,比较能产。比较靠上的比较活跃,比较充分地显示了语言的全息。比较靠下跟比较靠上之间的律动可以说是喷泉现象。

古人概括中国几千年来文化的基本精神,如《周易正义》所说:"天行健,君子以自强不息。""地势坤,君子以厚德载物。"(卷一)语言是由比较活跃的外层和比较稳定的内核以及中介物构成的,正确地认识和对待这一点,正是从一个方面继承和发扬了中国几千年来文化的基本精神。《周易正义》还说:"天地感而万

物化生。"(卷四)"天地不交而万物不兴。"(卷五)

语言也是如此。

我们语言学的不够活跃,可能跟我们长期以来比较忽视语言比较活跃的外层和靠上的部分因此也比较忽视语言的运动有关。

语言的层次理论,也是我们关于语言研究方法和方法论的层次认识的基础。语言研究方法具有层次性。语言研究的基本的方法是比较方法。其他的方法都是由比较方法衍生出来的。语言研究的方法还具有灵活性、多样性。语言研究要纵横交错,突破历时和共时的严格限制。

二

这个认识首先是从新词新语的整理和研究的实践里来的。我们1986年开始整理和研究新词新语,当时碰到一个"追认观",说是:"一个新的语言现象出来以后。用的人多了,用的时间长了,我们来追认它,这就是我们的规范工作。"既然是这样,我们辛辛苦苦来做新词新语的整理和研究工作干什么?可是,语言里除了比较稳定的部分,还有比较活跃的部分,比较活跃的部分也是人们要用的部分,比较活跃的部分是比较稳定的部分的唯一来源。这是事实根据。

"追认观"也是有根据的。我们找到了索绪尔《普通语言学教程》里类似的说法:

这个形式一再重复,为社会所接受,就变成了语言的事实。但不是任何的语言创新都能同样成功,只要他们还是个人的,我们就没有考虑的必要,因为我们研究的是语言。只有等到它们为集体所接受,才进入了我们观察的范围。

在一个演化事实之前,总是在言语的范围内先有一个毋宁说许多个类似的事实。这丝毫无损于上面确立的区别,甚至反而证实这种区别。因为在任何创新的历史上,我们都可以看到两个不同的时期:1.出现于个人的时期;2.外表虽然相同,但已为集体所采纳,变成了语言事实的时期。(《普通语言学教程》141—142页,商务印书馆,1982)

我们的理论根据是上面说过的《周易正义》所说:"天行健,君子以自强不息。""地势坤,君子以厚德载物。"(卷一)"天地感而万物化生。"(卷四)"天地不交而万物不兴。"(卷五)

我们还有一个事实根据是语言交际能力。我们认为说话不能都是老一套,求稳和求新是语言既能用来交际又交际得好的要求,语言交际能力是跟不同的人实际交际既求稳又求新或者说既趋同又趋新把握好度的不断磨合的能力。语言交际能力有求稳和求新两个方面,这两个方面是应该和可以结合的,语文基础包括这两个方面,共同的目的是交际到位。我们的教学也要认识到这一点。只顾稳和只顾新都有片面性。知其二不知其一,不好;知其一不知其二,也不好。我们可以试着让学生知其一又知其二。关键还是要尽量进行实际交际的教学,模拟的交际教学要尽量结合实际交际的教学,不能让学生误以为某些模拟交际是实际交际而丰富复杂的实际交际却不是交际。

有关的理论叫"新颖理论",外国类似的叫"陌生化"理论。

后一个事实和理论跟前一个事实和理论是密切相关的。

语言实际交际里趋新的情况是很多的。我翻了一些《文汇报》和

《北京青年报》,不少标题就比较新颖。例如:

(1)"东海蓬莱"玩海去(《文汇报》2003年8月8日第14版)

(2)成长1+1(《北京青年报》2003年8月9日B3版)

(3)有人视财富为生活,我把生活当财富(《北京青年报》2003年10月10日A4版)

(4)沟通创造价值(《北京青年报》2003年11月2日B1版)

(5)独墅逸致(《北京青年报》2003年10月14日A16版)

(6)秋天不要让情绪着凉(《北京青年报》2003年10月16日B5版)

例(1)"东海蓬莱"指的浙江岱山。我更感兴趣的是"玩海"的说法。可以类推出"玩山"。我们过去有"玩大连、玩黄山、玩太湖",可是没有怎么说"玩海、玩山、玩长江"。例(2)是介绍一本书,书名如此。可是从介绍里我没有看明白"1+1"是什么意思。不过不影响阅读。或许"1+1"是ABC的意思。如果是这样,也新颖。例(3)是林溪别墅的广告词,有哲理味儿。广告语的哲理化是个新的倾向。例(4)是《北京青年报》网站的广告词,也有哲理味儿。例(5)也是别墅广告词,指独栋楼,是"独树一帜"的谐音改字。例(6)是比喻,指不要得抑郁症,关心精神健康。

我们可以把大量的实例分类比较。

交际理论、层次理论、中介理论、动态理论、潜显理论、人文性理论,都可以作为支撑这个认识的部分理论。

近年来,我们这个认识在两个方面有些发展。一个是关于语言内核和外层相互运动的,2002年11月12日我们讨论了"语言的充电和轮休"。还有一个是关于语言潜显方面的。

三

语言有比较稳定的内核和比较活跃的外层以及中介物。外层进入内核之后,有的还会到外层来。语言内部的运动不是单向的。

语言活跃的外层,用多了,新颖色彩逐渐潜藏,稳定色彩逐渐显现。有的语言不怎么用了,潜藏了,后来又用,又新颖了。不怎么用的某些情况我们叫轮休、充电。轮休、充电后的某些语言现象,连编词典的行家都不很知道是轮休、充电过的。现有的新词新语词典,很多都收了这样的旧词语。内核到外层的原因之一是内核的这一部分处于潜的状态,潜得比较久,许多人遗忘了,又有了距离美,觉得新颖了。就像有的过去的衣服样式又时兴了,就像吃鱼肉吃多了想喝粥了。除了距离美,还有口味的变化以及人们对原有的重新做了认识,还有怀念过去,还有需要多样化。例如:

1958年用"公社",很新颖。"文革"以后回到"乡",人们许久没有用"乡"了,再用,有亲切感,又新颖了。

"小姐"在1949年以前有几个义项,"文革"后用"小姐"的其中一个义项,一是许久不用,而且不许用,不许用,使人更有好奇感,不许用的有的充电更充分;二是称谓要多样化,要分流,要准确。

"当铺"在"文革"中不用,"文革"后又用,是当铺又恢复了,人们认识到当铺还有它的一些作用。

"老板"在20世纪90年代再次用开,是个体或者私营的这样的人陆续出现,并不犯忌。起初可能有诙谐色彩,后来诙谐色彩也淡化了,而且有了新的义项。

"派对""派司"解放前在一些大城市用得很多,但是地域和使用的人群有局限性。四五十年后很多人不知道这个情况,又从别的渠道学来,而且有外来色彩,一些人里又用开了。

有的语言不容易充电,意义和色彩可能贬义很强,现在"红娘""婚姻介绍所"都用了,"媒婆"很难再用。可能"媒婆"的贬义色彩太强。过多少年,如果"媒婆"的贬义色彩淡化了,可能还可以用。那时候用起来,起初可能有诙谐义和比喻义。

四

新的语言现象是从哪儿来的?

拿汉语来说,语素也是变化的,有的双音节的一个音节的意义虚化了,语素也变化了。语素和语素的结合的可能性是很多的。这是语言的资源,也是表达可以新颖的一个根据。拿"展"和"销"来说,都是原有的语素,一结合,成了新词,新颖色彩很浓,稳定色彩潜藏。后来新颖色彩潜藏了,稳定色彩显现了。"展"还可以再跟别的语素、词结合成新词语,例如:

合~、试~、互~、个~、宠物~

~试、~尝、~玩

还有,由牛群的"捐",出来一个"裸捐",是不是可以有:

半~、实~、虚~、假~、身后~、口头~、名义~

我近来收到几个手机短信,说中秋送我一个月饼,外皮是祝福,馅儿是友谊之类。还有秋天送我一件外套,领子是温暖,袖子是什么什么之类。是不是可以合称"信息礼品"。

我们编得出这方面的词典。我们已经在进行这方面的工作。不要一出一个新词语就意料之外。我们想从预测的实践里进一步探讨语言预测的途径。

语法方面"健康你的心脏""幸福着你的幸福"及物和带"着"的扩大,也是一个倾向。"安静你的头脑""夏天着"一类的说法为什么一定不可能呢?可以后面跟"着"的名词或名词性短语还如:

青年～　姑娘～

太阳～　月亮～　晴天～　阴天～

科长～　主任～

小鞋～

啤酒～　咖啡～

丑小鸭～　老本行～

"着"本来就表持续态。"丑小鸭"还可以说"丑小鸭过",不少名词或者名词性短语可以带"过",例如:

孩子～　学生～　司长～　新娘～

这些连所谓的"言语"都不是,是不是也是"现代汉语"研究的对象?是不是应该在我们观察、讨论的范围之内?

这些都是可能性,还不是现实性,这些可能的或者说是潜的,是现实的或者说是显的条件。

这些语法问题,我的博士生赵俐正在研究。

我们还有很多语言资源没有开发。一种语言现象不是可以无穷类推的,但是我们现在资源浪费是很大的。我们对语言创新鼓励不够,在语言创新方面尝试和研究不够。理论方面有阻碍,人的思想也有一些定势。还有一些人滥用,也给创新带来一些麻烦。已有的显语言现象,也为新的资源的开发,既起促进作用又起制约作用。

我们需要进一步解放思想,实事求是。进一步解放思想,才能进一步解放语言。进一步解放语言,也是进一步解放人自身。

参考文献

索绪尔《普通语言学教程》,商务印书馆,1982。
朱德熙《现代汉语语法研究的对象是什么?》,《中国语文》1987年第5期。
赵俐《语言宣言——我们关于语言的认识》,中国经济出版社,2003。

(《长江学术》2004年,总第6辑)

语言是开放的梯形结构

一

王存臻、严春友的《宇宙全息统一论》(山东人民出版社,1988)里说:"信息的层次积累律必然使事物不能同步进化,因为进化是金字塔式的,高层次必须由低层次来支撑,只有低层次进化积累到一定阈值才能出现一个向高层次的跃进。"(61页)我在《语言的潜、显及其他》(《修辞文汇》,江苏教育出版社,1996)里吸取了"金字塔"的说法。我说:"如果拿内部的整齐或者系统的关联作为序来说,从金字塔底部往上情况越来越不整齐,也就是更无序;而系统间的联系更紧密,反映语言的全貌和本质更充分,也就是更有序。"(44页)那篇文章里的很多思想来自那本书。

我后来修改了"金字塔"的说法,提出"语言是开放的梯形结构"。我在《应用语言学的基本理论》(《语言文字应用》2002年第1期)里说:"语言是开放的梯形结构。靠下的比较稳定,能产。靠上的比较活跃,比较充分地显示了语言的全息。靠下跟靠上之间的律动可以说是喷泉现象。"

"语言是开放的梯形结构"是"语言内核外层互补说"[①]的一个部

分,跟"语言是亚稳体""语言是立体交叉桥""语言是生命体"[②],都是从不同的角度来认识和说明语言。

二

说梯形结构的下线是开放的,主要是指这里有人的语言跟动物语言的交叉。

邢福义在1997年1月9日的语言哲学对话《动态:语言的本质》里说:"从非人动物到人,是渐变的。最原始的人和最高级的非人动物,二者之间没有鸿沟。正因如此,最原始的人所用的传递信息的符号和最高级的非人动物所用的传递信息的符号,都是语言,二者之间也没有鸿沟。通过传递信息的符号,人和人可以沟通,人和动物也可以沟通。"(于根元等《语言哲学对话》140页,语文出版社,1999)我很同意这个意见。人不是从天上掉下来的,人是动物的延伸和发展。人的语言也不是从天上掉下来的,人的语言是动物语言的延伸和发展。人的语言和动物的语言有交叉的地方。

人跟动物既有联系又有区别。我们不能以自然界的主宰自居,动辄改天换地、虐待动物,自我膨胀,割断人和自然、动物的联系,把自己弄成无源之水。不能仅仅重视这些人和那些人语言交际的差异,忽视这些人和那些人的语言交融,自设语言隔离墙,或者把"只有民族的才是世界的"这个观点泛化,似乎认为只要是民族的就必然、自然和已经、仍然是世界的,限制了自身的自由和发展。也不要在人和动物之间自设语言隔离墙。现在,许多人重视了这些人和那些人语言的交融,也重视了人和动物的和谐相处以及语言交际。这方面的研究和实验成果或者说我们的报道也多了。

《中国电视报》1992年5月29日说:"美国一只黑猩猩'丘吉亚',因长时间坐在电视机前观看电视节目,居然能说出各类角色的俏皮话。主人乔治听到它说的第一句话是'姑娘谁爱你?'这句话是美国同名电视侦探连续剧中的主人公、侦探科茄克的一句名言。"

新加坡联合早报网说,《中国青年报》2001年10月7日有篇文章叫《日本科学家让狗说人话》。文章说:"研究人员对14个品种的100条狗的2000种声音进行了细致的分析研究。他们利用声纹分析,把这2000种声音划分为失望、有趣、伤心、威胁、挑衅、攻击和愿望等几大类,然后再转换成200个词和100条短语,从而用人类的语言表达出狗的喜怒哀乐。"

徐山的《汉语言的起源》(四川人民出版社,1998)说:"人类语言则是动物语言尤其是高等哺乳动物语言的继续。"(1页)我们从这本书的《汉语言原始层次中的儿童语言》一章里的大量实录和分析可以得到许多启发。我们人的语言里来自自然界和动物语言的成分也是我们可以进一步研究的课题。要重视拟声词和感叹词。拟声词拟的往往是动物和自然界的声音。有的拟人的声音,但是从拟声来说跟拟动物和自然界的声音没有什么不同。感叹词在语言的上线,"长言之不足故嗟叹之"。

人还要同人设计的目前比人低得多的机器说话。

梯形结构的上线也是开放的,那是人的语言同人的更高的表现手段的交叉。人用语言表达困难的和用语言表达不了的,还有更高的表现手段。《礼记·乐记》说:"言之不足故长言之;长言之不足故嗟叹之;嗟叹之不足,不知手之舞之足之蹈之也。"我们研究语言的人,要清醒地科学地认识到语言在交际中的地位和作用,不要自卖自夸,过于夸大语言在交际中的地位和作用。体态语不都是低于语言的。它们活跃在低于语言和高于语言的广阔空间。"手舞足蹈"可以比语言的层次高。音乐、美术可以比语言的层次高。

人使用语言和体态语往往也是交融的。人在使用语言的时候都离不开体态语,一个人自言自语也有表情。人"手舞足蹈"往往也伴随着语言,或者是伴有谱了曲的歌词,或者伴有有歌词的曲子,或者心里想着什么话。

地球之外很可能有更高级的人,那些人也有语言,也可能跟地球人彼此交际。

人类之后还会有更高级的生命体,那样的生命体的语言高于现在人类的语言,但也还是人类语言的延伸和发展。

三

语言开放的梯形结构靠下的部分比较稳定,其中有的比较能产。靠上的部分比较活跃,反映语言的全息比较充分。

靠下的部分也是语言交际单位,而不是静态的语言材料的仓库。我们长期以来讨论什么本位的问题。曾经认为句子本位,而如果这个时候是个词而且表达意思也相对完整呢? 就说这时候的这个词是一个句子,叫独词句。其实是交际单位本位,管他这个时候是句子还是词,当然这些交际单位是有层次的。我们古汉语里许多词是单音节的,现代汉语里许多单音节的词仍然可以单用,许多双音节词更可以单用,于是我们有些学者认为这些可以作为交际单位的单音节词、双音节词是构成更长交际单位的静态的部件。这些可以作为交际单位的单音节词、双音节词跟包含这些词的更长的交际单位都是交际单位。我们需要研究比较长的交际单位里的结构成分,也可以分割结构成分,也可以试图改变结构成分,但是思想上不要认为带骨肉构成了活猪或者几个小猪构成了一个大猪。如果持语言作品是有机的整体的认识,构成、包含云云则是方便的说法,是需要的。

"展"和"销"是早就有的稳定的基本词。它们作为语素构成"展销",在20世纪80年代成为新词。"孔雀东南飞"这个短语或者句子也是早就有的,"孔雀"喻指美丽的女子也是早就有的,只是指人才是原来喻指"美(好)"的显现,是后起的。"炒鱿鱼、反馈、盖帽"是在使用范围和领域方面进一步显现。任何新词新语新义都有新颖色彩,它们很快由开放的梯形结构的靠下的部分到了靠上的部分。它们使用多了,新颖色彩有的会磨损,它们的稳定色彩逐渐显现,它们逐渐到了靠下的部分,成了比较稳定的基本单位。"展销"往下靠的时候,它的稳定色彩逐渐显了,而新颖色彩逐渐潜了;或者说它的新颖色彩逐渐潜了,而稳定色彩逐渐显了。因此从一个方面说它是显,从另外一个方面说它是潜。同样,"孔雀东南飞、炒鱿鱼、反馈、盖帽"往下靠的时候,从另外一个方面说,专喻女子义或者方言色彩或者科技色彩或者北京部分青少年流行语色彩在逐渐潜藏。还如指另找工作部门的"跳槽"和指外国人的"老外",正潜去贬义色彩而显现中性色彩。"共识"已经潜去了简称的新颖、经济、随便等色彩,而显现了稳定、正式等色彩。交流是人的一种本能,人又天生需要丰富的色彩,孤独、单调对人无疑是致命的打击,我们的语言体系在运动中一定要保持丰富的色彩,所以要不断地显现地方色彩、新颖色彩、外来色彩、现代色彩等,为我们的普通话提供营养,满足我们交际的需要。需要丰富的色彩,尤其需要时时有新颖色彩,语言交际需要趋新和趋稳相结合,而语言的新颖色彩又渗透在各种色彩里面。语言要有新颖色彩使语言的色彩成了动态的系统。我们说现在出现和使用的语言是显语言,尚未出现的语言是潜语言,加上了色彩的潜和显,显语言也始终处在潜和显的运动之中。语言的潜和显也有程度不同,显了之后不会全潜,但是会相对地潜。语言的显是有来源的,语言的由显到潜是相对的,所以我们不说语言的产生和消亡。

从语言显的部分来说,由低靠下到靠上呈梯形。比较早显现的语音系统、基本词语、基本语法等靠下,因为大体上处在同步显现阶段,所以情况比较整齐。就像一片树林子,枝叶参差错落,而枝叶以下部分情况差不多,或者说有序性强,系统性和稳定性也强。生命力和能产性也强。信息量大,单个活动性强。早的时候,汉语语素不怎么多,而且大量是单音节的,词兼类的多,句子也短。这些是语言里最基本的,人们使用的频率高,尤其是文化程度低的,使用语言往往就在这个范围里。一般写信、写公文,用比较靠下的语体,往往也在这个范围里。这些比较好搞一些刚性的标准或者规定。小学生念书,一般先学这些。但是这些最基本的东西,全息性低,反映语言全貌和本质的程度低。就像树决不只是根上面那一段没有枝叶的树干!

比较晚显现的新词新语新用法、新的语法现象、修辞现象、风格色彩、广告语等靠上,因为处在异步显现阶段,所以情况不怎么整齐,系统性、稳定性弱,能产力也弱。但是系统的整体性强,单个活动性弱。文化水平高的人往往要用到这一部分。靠上的的语体里,例如文学作品,尤其是长篇小说,比较多的用到。这一部分的规范很难搞刚性的标准或者规定。这一部分的全息性强。它在原有信息的基础上进一步显现,更能反映语言的全貌和本质。前一部分起初都有后一部分的性质。前一部分是后一部分的因和潜。后一部分是前一部分的果和显。后一部分又是更后一部分的因和潜。语言运动的潜、显(包括色彩的潜、显)这两部分,以及相互关系,甚至包括与此有关的关系,合起来才是语言,共同为人们的交际服务。仅仅看到其中的一部分,实际上是连这一部分也没有看清楚!如果只看到显的部分,实际上是连显的部分也没有看清楚!

如果拿内部的整齐或者系统的关联作为序来说,从梯形下部往上情况越来越不整齐,也就是更无序;而系统间的联系更紧密,反映语言的全貌和本质更充分,也就是更有序。

语言的运动方式是脉动。脉动犹如人的呼吸,有吸(吸收、膨胀)、呼(排斥、收缩)和基本上不吸不呼(中和)。三种运动速度也不均匀。潜是脉动的收缩,是排斥。"砸烂狗头、最最最"的迅速退潮,社会文明发展带来群体语言"含草量"("操他妈"之"操"的音近避讳字)的降低,都体现了现代汉语的调节功能。

某些词语的某些义项或色彩的淡化,让位于另外一些,更是常见的潜和显。"(首都)意识、(可视)性、(外向)型、(水)感、(减肥)热、(知名)度、高(科技)"波及许许多多词语,是词语的典型的调节。

语言具有调节功能的一个原因,是人与生俱来头脑里有比乔姆斯基说的语法装置大的装置。

语言的运动是有规律的,这种运动又叫律动。规律是运动着的条件和运动着的现象的关系,或者说是运动的秩序,认识并说明这些运动的秩序就是理论。

四

语言由靠下的往靠上的去,很粗的可以分成两种。一种是新的语言现象,主要是新词。新词是由原来就有的语素构成的,语素同语素结合成新词的选择能力很强,所以说它们一方面稳定一方面又活跃。它们很能产,它们结合成新词的可能性是无限的,这是语言可以无限发展的一个重要原因。这一种是第一次由潜到显。新语新义新用法等也属于这一种。

还有一种是由靠上的比较活跃的部分进入靠下的比较稳定的部分,甚至一个时期不怎么用了之后,有的还会到活跃的部分来。这是再次显。

语言活跃的部分,用多了,新颖色彩逐渐潜藏,稳定色彩逐渐显现。有的语言不怎么用了,相对潜藏了,后来又用,又新颖了。不怎么用的某些情况我们叫语言的轮休、充电。轮休、充电后的某些语言现象,连编词典的行家都不很知道是轮休、充电过的。现有的新词新语词典,很多都收了这样的旧词语。

从相对潜到又新颖的原因之一是潜得比较久,许多人遗忘,又有了距离美,觉得新颖了。就像有的过去的衣服样式又时兴了,就像吃鱼肉吃多了想喝粥了。除了距离美,还有口味的变化以及人们对原有的重新做了认识,还有怀念过去,还有需要多样化。例如:

1958年用"公社",很新颖。"文革"以后回到"乡",人们许久没有用"乡"了,再用,有亲切感,又觉得新颖了。

"小姐"在解放前有几个义项,"文革"后用"小姐"的其中一个义项,一是许久不用,而且不许用,不许用,使人更有好奇感,不许用的有的充电更充分;二是称谓要多样化,要分流,要准确。

"当铺""文革"中不用,"文革"后又用,是当铺又恢复了,人们认识到当铺还有它的一些作用。

"派对""派司"1949年以前在一些大城市用得很多,但是地域和使用的人群有局限性。四五十年后很多人不知道这个情况,又从别的渠道学来,而且有外来色彩,一些人里又用开了。

有的语言不容易充电,意义和色彩可能贬义很强,现在"红娘""婚姻介绍所"都用了,"媒婆"很难再用。可能"媒婆"的贬义色彩太强。过多少年,如果"媒婆"的贬义色彩淡化了,可能还可以用。那时候用起来,起初可能有诙谐义和比喻义。③

这第二种情况不限于词。

还有一类情况跟上面两种有些不同。语法格式使用的重要的扩大化也带来争议也就是带来新颖、活跃。谓词带着、形容词带宾、动宾带宾、副加名、名加着④,近些年来这些使用的重要的扩大化很值得关注。这些格式起初也是新格式。把主要语法格式出现和重要发展的历程梳理一下找出一些规律,是很有价值的研究课题。

五

新的语言现象是从哪儿来的?

拿汉语来说,语素也是变化的,有些词会成为准语素,有些语素的自由和黏着的情况会变化。有的双音节的一个音节的意义虚化了,语素也变化了。语素和语素的结合的可能性是很多的。这是语言的资源,也是表达可以新颖的一个根据。拿"展"和"销"来说,都是原有的语素,一结合,成了新词。新颖色彩很浓,稳定色彩潜藏。后来新颖色彩潜藏了,稳定色彩显现了。"展"还可以再跟别的语素、词结合成新词语,例如"试展、内展、待展、互展、展驾、展玩、展尝、展试、展用"。这些连所谓的"言语"都不是,是不是也是"现代汉语"研究的对象?是不是应该在我们观察、讨论的范围之内?

这些一个时期是可能性,还不是现实性,这些可能的或者说是潜的,是现实性的一个基础。可能性成为现实性还要看社会等条件。结合语言内部和外部的条件,我们可以预测语言的运动的趋向。

梯形结构开放的两边,可以看做跟语言内部运动互动的社会等外部运动。

社会的变动和其他事物的脉动影响语言,语言本身也有脉动,这就构成了复杂的运动,或者这就是语言运动交响曲。我们研究语言,有一项任务,就是研究这些运动和运动间的关系!有学者曾经提出做语言工作要"顺乎自然,因势利导,做促进工作",那就要了解语言变化的"自然"和"势"。一般情况下小步微调,并且做好充分准备,机遇来了,工作的步子一定要迈得大一些。

宇宙全息统一论认为:每个生态系统也是不完美的,不能直接从自身得到维持生命的生活资料,必须从外界吸取信息、能量,物质才能维持其正常发展。语言要从社会交际、社会文化、社会心理等许多方面吸取生活资料。语言更从别的语言系统中吸取生活资料。现代汉语从古代汉语、汉语方言里吸取生活资料,而且从兄弟民族的语言和外语里吸取生活资料。北京好几千条胡同的"胡同"来自满语,来自日语的"干部"成了现代汉语的基本词,来自俄语的"布拉吉"收入《现代汉语词典》(修订本)了。来自英语从粤方言进口的"的士",变幻出了"打的、面的、人力的、的来的去"等。这都说明我们的汉语生机勃勃。语言交融能力或者说吸取能力是重要的能力。语言交融本来也是具有潜在的可能性的,现实的交融,是由语言内部和外部条件形成的显化。交融的语言的各个部分,都属于这个语言的大系统。有时候我们会觉得某种菜肴离开原地做法和味道不正宗了,不纯了。其实,这种适应更多人口味需要的、吸取了别的一些做法和口味的变化了的做法和口味也是一种品种,或许还是比较有前途的变化。语言交融的原因是人的交融和社会需要人交融,社会开放和人们交往以及思想活跃促使了语言运动的活跃。

语言开放的梯形结构里靠上跟靠下之间是大量的中介现象。有的语言现象品位高、耐磨,比较长时期既新颖又稳定。这里还需要保护,不滥用。20世纪80年代好不容易用上"小姐"了,因为滥用,现在很多地方在称呼年轻的女子时,不知道叫什么好。"绿色"也是很好的说法,可是不少公害严重的东西也叫绿色产品,使"绿色"贬值。"我爱你"一说似乎没有怎么滥用,还有神圣的色彩。语言的保护要社会来做。

语言具有信息,又是信息非常重要的载体。语言具有精神——表现在有吸取、排斥等的调节功能,又反映人的精神活动。语言是人的精神的重要的显现物。人把自己铸造进了语言之中,语言成了人的一面镜子。每个使用语言的人都在推动或者阻碍语言的发展。如果说社会的语言是一个活动的大系统,我们姑且叫它为客体语言,每一个人使用的语言是主体语言,那么每个人除了把自己民族、时代等的积淀加到主体语言里之外,还把自己的文化、教养、好恶等加了进去。

如果加进去的是"顺乎自然,因势利导"的,那就起了促进作用。否则就起了阻碍作用。促进的成分经过几次脉动,甚至成为一个群体的强大的脉动,就会内化到语言里面,波及很多方面,成为一种模式。相反方面的也会如此。内化之后改变起来就比较困难。其实,我们推动语言的发展,实际上是在使不良的显化为潜藏,减少一些人和群体对语言的干扰,使语言正常地调节。

物以类聚。同级相聚,在同一级层次上容易共振。语言的正常显现一定要通过人,或者说要寻找代言人。这样的人往往是在某些方面某个层级上熟悉客体语言的情况和方向的。一些人或一些群体基本上接受了语言在这之前的某些方面的主要信息,他要表述新的事物、概念、思想、色彩、氛围、情绪,要寻找新的合适的说法。他们找到了。客体语言和主体语言在一个时空点上共振了,共显了。就是"要我说"和"我要说"的结合。

站在语言生活前沿、站在语言学术思想前沿的人对语言的认识,是语言发展的显示器。我们对语言本质的进一步的认识,也是语言本质的进一步显现。

语言本质的进一步显现,还因为社会条件的满足,很多学科的本质都在进一步显现。犹如清晨的鸡叫,一声"喔喔"之后,此起彼落,那是天明和正常的公鸡打鸣的共显。

附 注

①《关于语言内核外层互补说》(《长江学术》总第 6 辑,2004 年)。

②我先后吸取别的领域关于别的事物的说法打过这些比方。我在《语言的潜、显及其他》里汇总起来说:"我们说语言是有序的。它是亚稳体,是立体交叉桥,是生命体,它有它的序。它的序大的方面跟宇宙的序相同。"(《修辞文汇》44 页)

③这一节和下面几节对《语言的潜、显及其他》里相关的说法作了许多修改和补充。

④赵俐《说"夏天着"》(《长江学术》总第 7 辑,2005 年)。

参考文献

王存臻、严春友《宇宙全息统一论》,山东人民出版社,1988。

王希杰《深化对语言的认识,促进语言科学的发展》,《语言文字应用》1994 年第 3 期。

赵　俐《语言宣言》,中国经济出版社,2003。

郭丽君《语言预测词典》,中国经济出版社,2005。

徐　山《汉语言的起源》,四川人民出版社,1998。

于根元《关于语言内核外层互补说》(《长江学术》总第 6 辑,2004 年)。

(《汉语学报》2005 年第 2 期)

应用语言学理论发展的一般规律

一 现状和问题

总起来说,我国专门的应用语言学研究起步比较晚,建立和发展这个学科的重要标志是 1984 年语言文字应用研究所的建立和 1992 年《语言文字应用》杂志的创刊。近 20 年来发展比较快,应用语言学理论的发展也比较快。

改革开放以来我国应用语言学理论的进步,大体上有这样几个大的背景。一、我国长期以来做了很多方面的语言应用的工作,这些工作现在仍然是社会需要的,而且需要进一步做好,需要总结和发展理论。二、我国经济发展要求一部分科学研究比较直接地为实际服务,纠正"两张皮"的情况,既发展经济,又发展科学。三、语言学者在实际中进一步掌握了辩证法,尤其是实践论。还进一步认识到科学来自于实际应用和服务于实际应用。四、社会主义市场经济促使一部分科学研究向应用靠拢。总起来说,是社会的需要,学科发展的需要,思想发展的结果,语言学者同社会需要等被动和主动的结合。这是应用语言学理论发展的大规律。

但是目前的水平不够高。至今还有不少研究应用语言学的学者不知道应用语言学本身有理论,当然谈不上研究和关注应用语言学的理论。目前,轻视应用语言学尤其是轻视应用语言学理论的倾向,在语言文字工作者里也是存在的。从事应用语言学理论研究的人很少,困难很多。重视不够,投入不够。从过去、目前和长远来说,已经和还会影响我们的实际工作。

李宇明在《语言哲学对话》(于根元等,语文出版社,1999)里说:"中国语言学源远流长,古代的音韵学、文字学、训诂学曾经辉煌一时,走在当时世界语言学的前列。本世纪,特别是本世纪的下半叶,中国语言学在现代语言学的轨道上迅速前进,三代语言学工作者辛勤努力,成绩有目共睹。但是,与世界语言学的发展相比,与中国学者自己的期望相比,与社会对语言学的需要相比,还有比较大的差距。"(141页)李宇明提到的第一个差距就是理论研究的薄弱:"在普通语言学领域,中国语言学还没有争得自己的一席之地。不仅国外的普通语言学著作,就是国内的普通语言学教本中,也很少有我们自己的东西。这确实是中国语言学界的汗颜之事。中国语言学界真的缺乏理论思维吗?"(同上)我们的应用语言学理论研究,同样存在比较大的差距。

近些年来,许多语言学者已经注意到必须加强我们的普通语言学和应用语言学理论的研究,已经做了许多努力。目前面临着两个前途。一是迸发了一股热情,热闹了一下而已。二是从而形成我国历史上语言学理论研究的又一个光辉的时期,适应、配合、保证和促使我国的语言学和语言文字工作的大发展。我们力争第二个前途。力争第二个前途是有可能的,李宇明在《语言哲学对话》谈到怎样发展我国的语言学的时候说到一些方面的可能,他说:

我国发展语言学有三大优势:

一、我国是一个语言宝库,汉语有悠久的历史、浩如烟海的文献资料和众多的方言,有汉藏语系、阿尔泰语系等许多不同语系的语言。这便于对汉语进行"普通话—方言—古代汉语"的三角比较,而且也便于将汉语同汉藏语系的其他语言进行比较研究,同其他语系的语言进行对比研究,从而获取具有普通语言学意义的理论和方法。语言研究就像矿石冶炼。当前的大部分语言理论是在西方语言的矿石中冶炼出来的。通过对东方语言矿石的冶炼,特别是通过对我国语言矿藏的冶炼,我们相信可以得到也可令海外同行关注的理论和方法。

二、我国有悠久的语言学传统,留下了大量的语言学研究成果。半个多世纪以来,我国的语言学界比较注重引进和借鉴西方、苏联的研究成就,这对发展中国语言学当然是有益的。但是,我们也存在着对自己的语言学传统不重视的倾向。我国传统的研究成果虽然按照现代西方的"科学"观念看不够"科学",但是,这些成果毕竟是在研究汉语汉字的基础上获得的,对这些成果进行认真的研究和整理,对发展今天的我国的语言学肯定也是大有益处的。在此不能不提的是,一些学者不仅对我国的传统语言学成果不重视,对近几十年来我国语言学界的研究成果也不重视,甚至不屑一顾。一些研究成果被历史的尘埃所封存,一些观念、方法要待西方也出现时才为人们所重视,如吕叔湘先生在《中国文法要略》中提出的转换观念。这大约也不能算是一种正常现象和科学态度。

三、本世纪以来,海外的语言学研究都不断地得到了引进,虽然有些时期引进并不一定及时,并且近十几年一批留学生在海外所作的语言学研究,为中国语言学与世界语言学"接轨"创造了较好的条件。平心而论,国内语言学界对海外的学术发展有较多的接触和了解,而西方对汉语的了解、对中国语言学界所做的工作的了解却是相当有限的。(164—165页)

二 调整语言观

(一)关于语言观

语言观是语言理论包括应用语言学理论的核心部分,语言理论包括应用语言学理论又是在调整语言观的过程中发展的。

语言观是对语言的认识,包括对语言学的认识,对语言生活、语言工作的认识。

语言观是世界观的组成部分。从专业来说,每个专业观是世界观的体现、深化和落实。

语言观是需要经常调整的。一、语言的本质不是一下子就全部显现出来的,犹如生长,有个过程。二、人的认识的提高也有个过程。即使前人说过了的,后人一般要有一定的经历才能理解,后人的认识不是简单地对前人的接力,所以也有不如前人的地方。人类整体是个生长过程,个人也是个生长过程,个人不一定都处在人类生长的前沿,而人类中一定有处在前沿的,他的先进的认识还要看社会是否需要。

(二)我们语言观的大的演变

一个方面是,语言学从哲学的婢女里独立出来到再次同哲学结合。一头一尾都比较重视宏观、综合的研究。把语言是怎么回事同世界是怎么回事、人类是怎么回事结合起来考虑。注意讨论语言同世界、语言同概念、语言同所指、语言同文化、语言同使用。

中国古代说,道,是说不清的,姑且那么叫吧。认为语言的表述不是万能的,它的功能是有层次的,有不少东西语言是表述不了的,所以说"言语道断",不是说你一说话你就离开道了,而是说用语言表述出来的不是道本身。但还是可以姑且用语言说说,起个指示作用,犹如手指头指月,手指头不是月,动物的脚印告诉你怎样找动物,脚印不是动物本身。语言有用,对语言又不要迷信,语言同所指是大概齐的关系。定名又有主观色彩和人们选用名的时候有主观色彩。

名物关系之争是语言观的大讨论,涉及逻辑学。关于语言的作用,涉及语言的力和场。

但是一个时期流行"我注六经""六经注我"。前者忽视时代的演变,后者是实用主义,造成语言观的一度停滞。

那时候,对语言本身的研究不够。语言有它的特殊性,主要表现在物质与精神的结合方面比较特殊。此外,语言是多维的,分层次的,动态的,系统的。系统不等于静态,语言的系统正好是它内部、外部的运动造成了动态的调节。语言学成为哲学的婢女,也因为语言研究有一定的局限性,对语言本身的认识大而化之,说法也比较空灵。"言为心声",是很有见地的,但是缺少分层次的理解和说法,缺少分角度、分语体的说法。总的背景是化到哲学里面去了而没有很好找到自己的位置,这是语言学当时不发达的一个重要标志。

那时候也没有讨论语言理论的专门著作。而是许多理论著作里涉及语言学。后来语言学独立出来。语言学又经过历史研究、平面研究到纵横交错的研究。一度侧重本体、微观、局部的分析。分析、分析再分析,并不是西方固有的思想方法或者研究方法,而是世界一个时期的产物。从语言学来说,是对历史局限性的反抗和跟历史优秀传统的分离。语言学离开哲学太远了,自我膨胀,其实还是没有找准自己。这是语言学发展中含有倒退。进步是对语言内部结构的认识更清楚了。但是,对原来语言哲学里的一些大的问题的讨论,没有什么发展和补充。

近来,语言学又同哲学结合了。一是对历史上这结合的一条线的继承。二是当前语言研究、语言生活、语言工作涉及许多理论和哲学问题。三是人们发现分析、分析再分析的思想方法有许多局限性,需要用分析和综合结合的方法。最近萧国政提出,语言学里,语言哲学是魂,本体研究是魄,应用研究是胆,说明了三者的区别和联系。

我们再从另外一个方面看看。第一阶段,我国古代是语文学,注重应用,虽然应用的层次比较低。第二阶段,近一百多年来,成了语言学,注重本体研究。第三阶段近来又提出大语言学,注重本体、应用、理论的结合,而且本体是多种多样的动态交融的。

从大的方面来说,作为哲学的婢女,或者是语文学,注重综合、跨学科、宏观、应用,但是比较空灵。作为语言学,注重分析、微观、本体,但是简单化、单打一、找精密的规则和模式,把语言表达理智作为语言唯一的功能,习惯于搞运动、搞单一的标准和规则、搞低层次启蒙的而且是一次性的教育。现在语言学同哲学的再一次结合,或者说是大语文,是语言生活主体化、多样化的结合,是跨学科、理论、本体、应用研究的结合。方法上是综合、分析的结合,动静结合,纵横交错。

目前,我们处在第二阶段到第三阶段之间。已经踏入第三阶段了,又有第一、第二阶段的长处、短处的推动和制约。我们身上有原来传统的长处,又有当前丰富多彩的语言生活需要的长处,但是也有过去的短处的影响。我们需要紧密结合语言生活,这是我们学术发展的主要营养和主要动力。此外,注重学习、研究理论,理论和实践紧密结合。

(三)语言观同应用语言学研究的关系

我们举几个例子来看看。

关于语言系统。说是历史比较语言学不注意系统,只注意个别要素。这是需要注意的。事物的演变受两个方面的影响,一是惯性,调节的过程也是惯性。二是共时系统的影响。调节也是为了共时的需要,而且又不限于此。例如,语言规范不限于目前的需要,还推动和允许语言发展。或者说,规范会带来惯性,语言的发展还是规范推动的。再说,共时都是在动的。一句话说出来需要时间,一个音发出来需要时间。一个音切成成十成百或者成千,一定的量之后几乎所有的音都一样了,都几乎没有价值了。共时也是有一定量的历时才成为一个单位,才有价值。历时研究可以避免只注意要素的研究,共时研究也可能局限于要素的研究。事物变化有纵横结合的两个方面,这两个方面的结合才是系统。还有,事物的内部、外部结合起来才是系统。现代汉语里有方言、古汉语、外语的成分,不是说现代汉语容纳了非系统成分,而这就是一个历时、共时结合的丰富多彩的系统。

关于动态。语言的静态观在很多方面都有表现,而且影响我们的语言生活、语言工作和语言研究。例如有一种规范的标准是古已有之,例如我们的课文、教材长期不变,那时候反对陈旧的课文而出现的时文,现在成了经文。一个时期规范观里的追认观影响很大,规范工作里匡谬正俗一度成为模式。

关于层次性。忽略语言的层次性,就会强调全民的语言,限制社会语言学的发展,还表现在用普通语体来限制、要求文学作品语体。我们长期以来口语、广告语言、修辞、风格、文学作品语言、社会语言学研究薄弱,不是社会不需要,而是受到语言观的限制。

(四)我们语言观的发展同思想方法的发展有密切的关系

20世纪70年代末到80年代初,我国普遍重视学习真正的辩证法,认识到事物除了两端之外有中间物,中间是个运动的过程,运动也不是简单的,是分几种类型的。运动的条件、速度、类型是事物的个性,个性不同,造成了丰富多彩。后来进一步认识到两端也是个假设,所有的事物都处在运动的过程之中。前几十年也有哲学家提出过过程的哲学。

近20年来,人们的生活多样化了,不只是蓝衣服、灰衣服,吃菜也不主要是萝卜、大白菜,语言生活也多样化了,比较重视个性。语言生活如果杂乱而严重影响了交际,就需要治理。如果不是这样,就要重在建设。近来,人们认识到语言生活应该主体化和多样化结合,而不是要求一体化。语言是相对平衡的,稳定的一体化也是不可能的。据说一些资本主义社会形成民族共同语之后又出现了新的方言,促使人们思考许多问题。许嘉璐1997年12月23日在全国语言文字工作会议上的报告《开拓语言文字工作新局面,为把社会主义现代化建设事业全面推向21世纪服务》谈到了语言文字主体化和多样化的结合:

> 尊重语言文字自身发展规律,还要求我们正确处理好语言文字主体化和多样化之间的关系。比如,推广普通话,促使公民普遍具备普通话应用能力,并在必要的场合自觉使用普通话,这是坚持主体化原则;推普不是要消灭方言,方言在不少场合具有自身的使用价值,这是贯彻多样化原则。(《语文建设》1998年第2期)

近20年来,人们的生活节奏加快了,对新的东西和变化比较重视了,要求一些工作适度超前,要求对语言、语言生活的变化进行科学的预测。

人们的交往、交流更加广泛。多种成分的交融更多。学科之间的交融也更多了。

(五)语言观具有实践的性质

例如,我们说思想方法和研究方法要纵横交错,我们做事情就不要单打一,要多方面考虑,要弹钢琴。

我们说事物处在过程之中,我们说过在做卡片和写大论文之间有个做札记的阶段,我们要重视这个阶段。

我们提出语言规范的预测观,我们考虑和做别的事情都要有个前瞻性,有个提前量。

我们说语言分层次,我们自己应该有高层次的交际的能力,应该熟悉文学作品语言,自己的语言表述要好。

我们说语言工作进进退退是个规律,这是运动的时空观,我们做事情就要审时度势,把握机遇。

我们说语言学是个开放的学科,我们自己的研究就不能搞自给自足的庄园经济,要善于合作,要考虑规模效益。

语言观体现在我们日常的生活、工作和研究中,语言观是一种修养,决不是口头禅。看一个语言学者真正的语言观,要看他日常生活、工作和研究的表现。

三 一百年来的经验教训

我们再从语言工作、语言研究一百年来主要的经验教训来思考怎样发展我国的应用语言学理论。

（一）主要的经验是语言工作、语言研究为了国家的富强，跟为了国家的富强结合在一起，所以跟政治、经济、文化结合在一起。语言工作者和研究者具有很强的责任感。

马建忠写《马氏文通》，是为了国家的富强。那时候的教育改革，也是如此。白话文运动更是五四运动的组成部分，是为了反帝反封建，都是反对辱国。新中国成立之初的语文知识大普及，是为了国家、民族的自尊。

国家要富强，就要向外国学习，要搞好教育，要自尊。而语言这种基本的工具，是学习科技、文化等的基本工具，又是国家、民族团结的纽带，还是国家、民族自尊的形象。

我们今天的语言工作、语言研究仍然要同国家的建设联系起来，特别要同经济建设这个中心联系起来，要同国家、民族的自尊也就是精神文明建设或者说文化建设联系起来。这是客观关系决定的语言的功能。我们要这样认识，要这样做。社会需要是语言工作、语言研究发展的外部原因，也是最根本的动力。语言工作、语言研究要及时满足社会目前和将来的而且是多层次的需要。

（二）这方面的主要教训是分寸没有掌握好，对语言内部的特点认识不够，急于求成，简单化。对语言的动态的性质认识不够清楚。对语言运动的惯性认识得不够清楚。在学习外国方面，长期在探索同我们语言的特点结合的道路，而成效不很大。因为简单化、急于求成，对队伍建设总是认识不够和投入不够。

也是因为分寸掌握得不够好，既同政治联系，时不时地又冒出语言有阶级性的提法。比较多的是搞运动，白话文运动、国语运动、大众语运动。后来动不动说是政治任务，例如说推广普通话是一项政治任务。还有搭政治活动的车、借政治活动的势。借势的分寸再掌握不好,成了借"式"。反过来又不很好地跟整个精神文明建设相结合,搞单打一。形成矛盾的两种偏向。大概的规律是外部借式,内部单打一。

急于求成,表现在短期效应,最突出的是提出:让娃娃赶快学好语文,好去学别的。实际上的提法和做法是认为语言学习是可以一次性完成的。

扫盲者、启蒙者有的起初有贵族倾向,有恩赐思想,认为语言要接近大众而又认为大众的语言是简单的。说是学习人民大众的语言,而又提出语言的创新似乎是语言大师的专利,学习人民大众语言也是实际上成效不大。所以提出要有工农自己的知识分子和学者。而知识分子又是个体劳动者,说是天然地有小资产阶级的倾向。互为师生和互教互学的关系没有处理得很好,这方面在理论上也有很多欠缺。正规的语文教育也有许多问题。

简单化,不很知道学习语言是个复杂的过程,曾经提出学习普通话也可以大跃进。还有,语言工作很难立竿见影,工作、研究影响语言生活有个时间差,在这方面的认识,长期以来也简单化。语言规范的追认观,也表现出了认识和工作的简单化。

关于语言生活一体化认识的倾向,也反映了认识的简单化。

工作方式上在观摩、评比等方面经验比较多,而对深入的调查、培训、研究比较忽视。

还有一个队伍建设,因为要长期投入,不容易一下子见成果,也比较忽视。队伍建设有点自然形成,一批人带一批人,主要靠个人努力。

(三)特别要集中思考的问题是:语言学发展靠什么?靠从自身

的语言生活中吸取营养。而我们的这个语言生活又应该是世界性的、多种多样的、动态的语言生活的一个组成部分。这样吸取营养,才是自足的。因为形成了一个 O 字母。能量的良性交流、循环,都应该这样。如果不是这样,能量不够,就要从别处寻求。如果是这样,也要从别处寻求,那是为了便捷。学习外国,学习古人,学习别的,都是为了便捷。人类的经验教训同个人的经验教训不完全相同。一个人要真正接受前人的经验教训,一是要学习过,二是要大体经历过。只不过前人的学习和经历在后人是压缩了而已。一个植物的生长,一定经过根、茎、枝到新叶,不能跳过,跳过是割断。割断之后也能维持一段时间,不久就枯萎了。学习外国,学习古代,是把根同它们连起来,或者说本来应该是连在一起的,现在连得紧密些。重要的是寻求它们吸取能量的原理,而主要不是搬运它们的新叶。

如果自己不自足,那么是 C 字母,就要学习外国、古代等力图成为 O 字母,对外国、古代就会依恋。势必在不得不依恋和希望自立中摇摆。例如,学习外国不够,可能是开放不够,学习过头了,又可能是洋化。自己不够的时候,可能强调学习外国,自己强大的时候,又可能强调自身的优势,忽略学习外国。学习古代不够,可能是对自己文化传统的不够尊重,学习过头了,又可能是厚古薄今。与此有关的跟政治运动等的关系也是如此,跟得过于紧了,可能是以运动代替本身工作,可能是把语文课上成政治课,离开政治远了,又可能冷清、单纯业务化、经院式。跟人民群众的关系,远了,语言可能脱离人民群众,近了,又可能语言粗俗化。跟理论的关系,近了,可能是空,远了,又可能是无超前意识、就事论事。反过来,跟事实的关系,远了,可能是空、脱离实际,近了,可能是务实,也可能是就事论事。

最根本的是紧密结合我们自己的地域上联系世界的、学科上联系各学科的、时间上动态发展的语言生活。成为 O 字母。这是能量最大最根本的来源。别人家能量交流、循环的 O 字母也是这样形成的。这样,我们才能为世界、为别的学科、为今后作出贡献。这样,学习外国、学习古代,处理同理论、事实、政治、经济、人民群众的关系,才可能正常交流,不会受干扰,不会被侵吞。萧国政在《语言哲学对话》谈到怎样发展我国的语言学的时候说:"长期以来,我们语言研究的理论思考或较高层次的哲学思考十分薄弱,致使我国的语言研究长期以来没有自己独立的不受国外语言学左右的理论主航道。前些年在我国语言学界占主导地位的学术思潮,是对国外语言学的理论追踪。当然这并不是说不要学习国外好的理论和方法,但是不要'依恋'它。美国 1995 年有一本全美畅销的书詹姆斯·莱德菲尔德的《塞莱斯廷预言》(*The Celestine Prophecy*)中谈了九条真知,第八条真知提出了某种警告:'它告诫我们,我们的成长不应受阻碍……如果你依恋于一个人,那么你的成长一定会受到阻碍。'(中译本 200 页,昆仑出版社,1996)'解决的办法是,要加强你自己的能量,然后在你真正所从事的事务中以自我为中心。'(220 页)这个能量在这里可看作理论和方法。其第九条说:'我们开始不断地给予,那么我们得到的总比我们所能给的要多。'(254 页)这是否可用来比喻我们形成并最后输出理论和方法,对于我们自身语言学的发展也有促进呢?"(157—158 页)

我国古代的重要财富哲学理论,要我们宏观地认清楚我们最大最根本的能量来源。我们语言工作、语言研究最根本的目的是发展我们的语言生活,使我们的语言生活同国家、民族的发展协调。我们以此来能动地服务于社会,同样,社会的发展应该发展我们的语言生活。实际上,社会和语言生活有个相互服务的关系,形成良性循环。

我们语言工作、语言研究最大最根本的能量来源于我们的语言生活。我们语言工作、语言研究最根本的检验,是我们的语言生活。

我们一百年来的主要经验是认识到这一点,继承发扬了这一点。如果是教训,无论是历史的、现实的,无论是群体的、个人的,都是忽视或者排斥这一点。怎样使我们的语言工作者、语言研究者真正认识这一点,具有历史感、责任感,并且心情舒畅地、科学有效地为此发挥自己的才智,是我们应用语言学理论研究的重要任务和重要课题。

四 充分吸取营养

应用语言学理论的来源是多方面的,其中也是有一定规律的。

有一些说法,一个时期很有影响。

一个说法是,外国出语言学理论,我们的任务是努力引进,跟我们的汉语事实结合起来。近一百年来,我们的前辈,主要是在这方面努力的。他们在这方面苦苦探索怎样结合起来。他们在探索中碰到许多问题,已经有了不少很重要的思考,但是基本上没有从大的方面提出疑问,基本上是觉得找好结合点"谈何容易",主要任务还是要努力找好结合点。不少外国人也认为他们出理论,我们出材料,互补。有点像我们出原油,他们加工提炼。后来更进了一步,有的学者论证中国人的逻辑思维本来就比外国人弱。

还有一个说法是,应用语言学是语言学理论的应用,本身是没有理论的。

《语言哲学对话》里《语言学:开放的学科》(75—91页),讨论了应用语言学理论的主要来源和一般规律。

(一)来自西方语言学理论

例如过渡语,英国皮特·科德的《应用语言学导论》(上海外语教育出版社,1983)里已经提了出来。他有一组提法:母语;从母语学习新的语言,新的语言是目的语;学习过程中的状态是过渡语。提出并且研究过渡语,有助于我们根据具体的情况制定普通话水平测试等级。还在语言教学、语言规范等许多方面发挥了作用。实际上这来源于西方的应用语言学理论。

又如模糊语言,1933年美国语言学家布龙菲尔德在《语言论》一书中说,自然语言中存着模糊现象。1965年美国的查德发表题为《模糊集》的论文。计算机科学的奠基人冯诺依曼也认为:人脑中形成的概念,多数是模糊概念;人们相互交际实用的词句,多数是模糊词句,这在实际生活中是优点而非缺点。模糊语言学就是在语言学和模糊集论的基础上形成和发展起来的新兴学科。我国的伍铁平1979年发表《模糊语言初探》(《外国语》1979年第4期),此后他又发表十多篇有关的文章。模糊理论在语言学里已经用到修辞、法律语言、新闻语言等许多方面。西方的这个理论还是吸取了语言学之外的数学的成果。

洋为中用方面,吸收有移植和改造两种。但是移植遭到的排斥大,而且纯粹的移植并不可行,移植来的东西一旦进入新的系统中实际都进行了或多或少的改造。模仿也是在改造。模仿本身并不坏,实际也是开放,有内化的可能,有时是便捷之路。仿生学的价值是谁也不会否定的,我们没有什么理由否定语言学上的模仿。人类的智慧是可以而且应该共享的。我国现代语言学理论建设就是在模仿、吸收、化用的基础上发展起来的。当然,自《马氏文通》以来模仿的语法体系有不少与汉语本身不协调的地方,这不是模仿这种方法本身的过错,而是我们在模仿的时候没有很好地结合汉语本身的特点,或者有时候把这种结合仅仅理解为外国的理论加汉语的例证。这可能是我们怕失去进步的机遇,赶快模仿一下,这样,模仿的经济、便捷成了机械照搬,"食洋不化",削足适履,亦步亦趋。细究《马氏文通》的学术来源,它既有模仿西方的一面,也有受我国传统小学虚词研究影响的一面。模仿与借鉴并不是什么不好的事情,关键是要能够切实地解决问题。

索绪尔的现代语言学理论对中国的语言学产生了重大的影响。但是我国的语言学者对他理论的修正、补充、发展也不少。例如方光焘提出"广义形态"说,批评索绪尔把语言同言语绝对对立,不同意在语言学以外再分出言语学等。冯志伟结合计算语言学等认为索绪尔的语言符号能指的线条性提法不妥,认为语言符号是立体的,语言符号还有层次性、非单元性等。(见《计算语言学对理论语言学的挑战》,《语言文字应用》1993年第1期)汉语语法研究在突破索绪尔的历时共时严格限制方面也进行了成功的探索。历史比较语言学的纵向研究、索绪尔的共时横向研究,都有一定的局限性,我们有些学者提出进行"纵横交错"的研究。历时研究,共时研究,前人各走过了一条路,都有一些贡献也都有一些问题。我们取其长避其短,可以走一条两者结合的路。这是优化组合,跟调和、折中不是一回事。前人的成绩和局限,对于科学的发展都是财富,都有一定的贡献。

(二) 从语言学之外得到借鉴

很多语言学理论从别的方面模仿和得到借鉴。例如,转换生成语法理论的"生成"(generate)这个术语,借自现代数理逻辑。动词的"向"或者"价"(valency)这个术语,是从化学来的。这个术语还用于心理学和生物学。索绪尔结构主义语言学"系统"说的形成,跟前人"原子主义"理论的缺陷和当时格式塔心理学理论的成熟是分不开的。转换生成语法理论的形成,跟此前理性主义的兴起以及它向经验主义的挑战是分不开的。

我们在进行语言调查分析的时候,常常要用数理统计原理以及跟数学相关的分析法,尹斌庸、方世增的《词频统计的新概念和新方法》(《语言文字应用》1994年第2期)是个例子。还如戴昭铭谈规范问题借自法学的概念。戴昭铭在《叠架形式和语言规范》(《语言文字应用》1996年第2期)讨论的叠架形式,是一种含有重复出现的语义成分而又结构紧凑的固定形式或准固定形式。这篇文章只讨论一些规范资格尚有争议的,如"涉及到、见诸于"。文章第二节谈评价叠架形式的总原则,第一个是"无罪推定"原则。文章说:"'无罪推定'本是西方法学术语,指在刑事诉讼中被告未经法院终审判决确定其有罪以前,应该暂时推断其为无罪。语言中突破规范的用例被提出评价时,其身份类似被告,语言学家最习惯扮演'定罪的法官'的角色,一发现突破规范的形式就判为错误;由于定罪的依据仅是不合以往的规例,而对评议的过程往往有所省略。这种做法可称为'有罪推定',其结果容易'冤枉好人','错杀'有生命力的新形式。'无罪推断'的优点在于强化评议过程,避免简单化做法。它并不肯定一切突破形式,也不容忍站不住脚的言语错误。"(31页)

1994年春天到秋天,笔者同研究生等讨论"现代汉语规范研究",后来在《学语文》1994年第5、6期和1995年第1、第3、第4、第5期上连载一组《现代汉语规范讲话》。其中《现代汉语规范失误例析》是施春宏整理的。课上大家讨论到西方兴起的"误诊学"。施春宏后来撰写硕士毕业论文《现代汉语规范评议失误研究》,吸取了误诊学的有关思想。他在论文第五节的开头说:"误诊学是西方医学界近年来兴起的一门科学,专门研究诊断中的失误,从另一个角度指导诊断。据资料统计,全世界 1980—1986 年间各国临床误诊率大致在 15%—40%之间。1980 年,天津医学院临床诊断的复查结果显示,与诊断完全不符的占 29%,与诊断部分不符的占 14%,两者相加高达 43%。(沈英甲《终极诊断》,《中国青年报》1995 年 1 月 10 日)由此可见误诊率之高。现代汉语规范化过程中出现的失误也是并不少见的。……人们常说'失败乃成功之母',研究失误将使我们更加全面地认识规范,认识语言,使我们的现代汉语规范工作做得更好。"(论文后来发表在《语言研究》1998 年第 1 期,跟硕士毕业论文结构和行文有些不同)

郭龙生整理的一篇是《规范就是服务》,发表在《学语文》1995 年第 1 期上,讨论了"服务观"。语言规范"服务观"的形成,有下面这样一个脉络。

斯大林在《马克思主义和语言学问题》(人民出版社,1971)一书中提出:"作为人们交际工具的语言的服务作用,不是为一个阶级服务,损害另一些阶级,而是一视同仁地为整个社会、为社会各阶级服务。"(5 页)

1955 年的现代汉语规范问题学术会议上,罗常培、吕叔湘两位先生在主题报告中提出:"当然,语言规范是人们在语言实践中逐渐形成的。规范的模糊和分歧不是出于偶然,因而规范的整理也不能草率从事。武断和教条是不能解决问题的,需要的是虚心和谨慎,勤恳的调查,耐心的研究。要能够从语言实践中找出信而有征的规律,人们才会乐于接受。"其中虽然没有直接提及服务,但充分体现了为人民服务的精神。

1985 年底,国家语言文字工作委员会成立,中央规定了新时期语言文字工作的方针,其中最后一句是:"使语言文字在社会主义现代化建设中更好地发挥作用。"精神实质是为社会主义建设和建设者服务。

笔者1992年在"澳门过渡期语言发展路向国际学术研讨会"上提交的论文《制订语言计划的若干原则》(《澳门语言论集》,1992)里说:"语言有广泛的社会性,语言计划涉及千百万人的语言使用。计划好,功也大,计划不好,过也大。语言是个系统,哪怕细微的调整,都可能牵一发而动全身。计划确定前要有充分调研。试行后要追踪调查,要有试验,修改,然后再实施。现在商业上有售后服务、售中服务,制订、实施语言计划也应该如此。要知道民情,特别是语言使用大户的情况。管理是服务,要注重服务。"同时,笔者在一些场合说过"规范就是服务"。季恒铨在《读1991汉语新词语》(《语言文字应用》1993年第1期)一文中说:"于根元同志有句话说得很有味道:'规范就是服务。'""规范就是服务"的思想,借鉴了外国人、中国人的语言观以及现代管理科学的"管理就是服务"的理论。

(三)来自东方哲学

我们在很长的时间里忽视了传统,甚至由于特殊的原因而否定了传统。社会语言学、文化语言学的兴起,我们又把目光注视到传统上来。"食古不化"固然是有害的,但对历史的忽视甚至否定,我们在一定时期以后会发现自己根基浅薄,理论生硬和灵性失落。我们的语言研究缺少思辨的力量,对其他学科没有体现出"领先"的特点,一个原因就是我们的语言研究既缺少东方哲学的底蕴,又遗弃了古代语言研究中许多有价值的东西。在汉语研究中,我们太注重技术性,太偏爱技巧了,没有花大的力气努力发现其中包蕴的哲理。有时候我们自己也不十分清楚为什么要这样去研究,使我们的研究越来越有曲高和寡的感觉。语言研究有时候成了手中的游戏,成了自娱的一种方式。我国古代的音韵、训诂、文字等研究基本上是为经学服务的,有它的局限性,但它明确的现实目的性和较重的思想色彩,则从一个角度解释了语言研究的价值和语言学存在的方式。西方的语言研究往往与一个时期的哲学思想相贯通,索绪尔不但是现代语言学的奠基人,也是符号学和结构主义的创始人,这就很说明问题。我们借鉴了索绪尔们的研究成果,却不容易移植他们的植根于他们的文化系统氛围的思维方式。我们研究的对象是汉语,我们完全有可能而且应该在东方哲学的深蕴中找到切入点。人生活在语言生活的历史中,研究语言也是在历史上给自己定位的一种方式。

语言学界重视"中间状态"的研究,可能更多的是吕叔湘先生的倡导。吕先生在《汉语语法分析问题》(商务印书馆,1979)中指出:"由于汉语缺少发达的形态,许多语法现象就是渐变而不是顿变,在语法分析上就容易遇到各种'中间状态'。"(10页)根据这个观点,我们在研究汉语的某些问题上,往往不能追求"非此即彼",不能追求"一刀切"。比如单复句问题,两头之间都存在中间状态,这就要求我们在弄清楚两头典型类的特征外,还要研究处于中间状态的情况。

笔者认为语言是立体交叉桥,是从混沌学里借过来的。《光明日报》1990年3月5日有一篇薛福康的报道《"蝴蝶效应"的魅力——记悉尼紊乱论国际会议》,说很早就有人悟出了紊乱论的道理,70年代紊乱论逐渐形成,80年代影响科学界的观念。报道说:"紊乱论的这个基本观点是:看似混乱无规则的现象里存在着秩序,而公认为有秩序的系统里又存在着混乱。前者如气象、云彩、水流、海岸线、树权,后者如钟摆的运动、心脏的跳动,以及土星的卫星的(土卫七)跳跃不定的绕行轨迹。欧氏几何、牛顿力学和爱因斯坦的相对论使人们习惯于思考有规有矩的状态或规律性的发展过程。其实,那种规整状态或过程只是千变万化的自然界真实现象中的'例外'。在研究紊乱论的学者看来,宇宙间普遍存在的是紊乱状态。规整状态只是紊乱状态中的一种特殊情况。"紊乱论",现在比较多的称为"混沌学"。这种思想应该说在我们东方哲学里很早就有了。理论、方法,东西方互相借来借去的或者"英雄所见略同"的情况是很多的。

盛炎的《语言教学原理》(重庆出版社,1990),是很值得细细读的书。作者在自序里说,关于讨论各种语言教学流派,他有自己的观点。第一个观点就是:"主张两点论,同时主张重点论,坚持综合分析的方法,并且注意从万物和谐统一的传统哲学中吸取营养。"

(四)来自语言生活实践

理论的最终来源是生活实践。一般语言学理论的最终来源是语言实践,应用语言学理论的最终来源也是语言实践。一般语言学理论和应用语言学理论之间在语言实践中有一个相互提高的过程,并非应用语言学理论只是向一般语言学理论单向地吸收。我国传统的语言研究处于经学的附庸,这倒从另外一个方面说明:应用语言研究并不就是研究语言理论如何在语言实践中应用的问题。我们不可能有那么多的现成的合乎不断发展的语言生活的理论在等着我们去应用,去调节人们的语言生活。反过来,却是语言生活在给我们提供理论,在调节我们的理论,关键在于我们要积极地去认识。使用一种语言就是在展示一种生活方式和思维方式,这样研究一种语言,实际上在某种程度上揭示和解释那种生活方式和思维方式。理论与实践的距离并不总是平行的。一种理论有了充分的发展以后,成为一种程式,或者说变成一种学术规范。这时候,回归语言实践便是理论发展的突破口。每次向语言生活的确实的回归,便容易突破现有的理论。

新词新义的显现,有社会的需要,但是怎么显现,受到词语内部种种因素的推动或制约。在分析说明新词新义形成的条件、揭示它的系统性方面,笔者在《说"友"》(《语文建设》1996年第3期)里提出了一系列见解,其中有一个是"占位"说。例如,"教友"已经指同一宗教信仰的人,用来再表示教师间友好的称呼就比较困难。后者说成"师友"也不妥,"师"虽然能代表教师,如"师生",可是用"师友"会让人根据"师生"类推理解为"老师和朋友"。占位有多种条件,占位本身是一种力量。"信友"已经占位指通信的朋友,不太好再表示可信赖的朋友,可信赖的朋友已经有"挚友"等好多个词表示了,不必再去挤"信友"的位置。

朱德熙先生的《北京话、文水话、福州话、广州话里的"的"字》和笔者的《重叠四字格杂议》,"不约而同地突破共时历时的严格区分,注意横向的方言比较和纵向的古今汉语比较,取得了成功"。(杨锡彭,《语言文字应用》1994年第3期)就是在语言事实研究的基础上提出来的。

(五)综合的来源

纵横交错方面,跨学科研究成了目前的热点。这似乎是对历史的螺旋式回归。古代的研究可能是粗糙的,却很少是单一的。从小的方面看,语言学可以从其他学科中借鉴个别的理论和方法,如概率论运用于语言材料的统计,综合儿童语言发展史来研究语言发展史,又如戴昭铭提出规范化过程中的"无罪推定"原则。当然,语言学也向外输出自己的理论和方法。单向的输入是不持久的,带有强制性。大的方面则是语言学和其他学科的结合而形成边缘学科,如计算语言学、神经语言学之类。值得一提的是,现在我们语言学界的所谓结合,实际上还是用语言学的理论来解释其他现象,而不是从两者结合的实践中寻找理论,以致成了新的学术八股。目前有的结合学科如广告语言学、文化语言学等深入不下去,恐怕还是同我们的研究思路和方法有关。

(六)有关的一般规律

1.语言学是开放的学科。它有时候发展得好一些,有时候不是这样,原因很多,一个重要的原因是看它开放得怎么样。开放得好,需要有开放的时代,开放的人群。我们回顾一下历史,并不是任何时候都那么提倡向外国、古代等学习的。开放,还要看开放者的层次,层次低,或者不感到很需要学习,或者学不来什么东西。

2.往往是我们感到比外国差的时候,容易注意向外国学习,这时候的学习,层次也比较低。我们某个时候某些方面挺好的时候,可能不怎么注意向外国学习。如果我们比较强的时候,又注意向外国学习,这时候的学习,层次比较高。

3.在强调自尊的时候,容易注意吸取古代的精华。

4.在实验、分析方面,向外国学习比较多。在人文性、综合方面,向古代或者东方哲学学习比较多。

5.有的领域跨学科多一些,有的领域少一些。各自的专业性比较强的,一个人兼通两三个方面不太容易,就需要两三个方面的人的合作。这样的合作又最不容易。不要满足表面上的合作。还是要注意从年轻人里选拔一些早早培养,人品要好,善于团结人,在某个方面很强,另外一两个方面也比较强。

6.吸取,都是本身的需要。能够吸取,一定有本身的土壤。吸取,一定跟吸取来的不完全一样。这本身或多或少就有创新。吸取得不够好,也有本身的土壤,有自身的原因。

7.哲学层次的,本来概括性大,如果本来比较对,容易吸取来,容易用开。如果本来有许多局限性,吸取来之后会出不少问题,问题也比较大。纠正起来也比较难。这往往涉及语言观的调整。如果处理得好,本来有许多局限性也没有多大关系,可以改造,局限性也是推动学术进步的财富。问题还是出在吸取者的层次。

8. 别人家的比较具体的理论,跟他们的语言事实可能是结合得比较好的,可是吸取过来不大好现成地使用。但是不大涉及语言观问题,出问题也大不到哪儿去。

9. 修正、突破某种重要的理论,或者建立某种理论,事先没有比较现成的理论好用,这往往主要是从语言实际、语言生活实际、语言工作实际里提出来的。要说这个时候有什么理论,恐怕主要是:尊重语言事实,尊重语言生活的事实。或者说,从前人不同说法里取其利避其弊,寻找综合的道路。

10. 许多理论的来源是综合的。其中也有主次。有的是某些因素早就准备好了,等另外某个因素出现就"水到渠成"了。

五 队伍建设

李宇明在《语言哲学对话》里谈到怎样发展我国的语言学的时候说:"在我国,语言理论的研究队伍非常弱小,而且似乎他们的研究较少为人所注意。事实研究固然重要,但是理论也是不可忽视的。就某种意义而言,理论是一种追求,是对事实所反映的规律的概括和再概括。规律是有层次的,有的与语言事实更直接一些,有的离哲学层面近一些。高层次的规律是对低层次的规律的概括或再概括。高层次的规律比较容易进入普通语言学,把汉语研究中得到的较低层次的规律不断升华为较高层次的规律,做这种理论工作的人太少了,窃以为,这是汉语研究的许多成果没有在普通语言学中占有应有的地位的一个重要原因。"(155页)发展我国的应用语言学理论,重要的也是建设队伍。

科学研究,我们经常说是出成果、出人才。在出成果的实际工作中同时加强人才知识、能力、学风等方面的学习、训练和培养,在出人才的过程中提高成果的质量。语言应用研究进一步出成果、出人才,要考虑到我们学科的两个基本特点:应用学科和交叉学科。

应用学科,一头要紧密联系实际,努力解决实际问题。另一头在这个过程中注意发现问题、解决问题的普遍性、规律性、特殊性,从原则上、方法上、理论上加以概括。这样来发现问题、解决问题,是高层次的,带有根本性的。我们一开始进行调查、解决问题的时候,是用了一些原则、方法、理论的,我们在解决问题的过程中,对原有的原则、方法、理论进行了选择、综合,进行了验证,往往还作了补充、修正,有时候是很大的修正。我们再用选择、综合、验证、补充、修正过的原则、方法、理论去发现和解决新的实际问题,可以把问题解决得更好,在解决新的实际问题的过程中,我们的原则、方法、理论又进一步得到选择、综合、验证、补充、修正。

至少对于应用学科来说,首先要深入实际,努力解决实际问题。只有这样才可能发展理论。理论,归根到底也是为了解决实际问题。所以我们要进一步深入社会语言生活的实际,作深入的调查,掌握大量反映问题本质的新鲜的材料。使用一些新鲜材料的人不一定都能说明新的问题,有一些人用一些旧的框框去套一些新鲜的材料。但是,语言观先进的人一定重视掌握新鲜的材料。所以,在理论研究方面有成就的学者,一定重视调查研究,一定重视解决实际问题。当然也重视理论的学习。我们可以反过来用这一条作为检验的标准：不深入调查研究，不努力解决实际问题，就不可能在理论上有所作为。

一般意义上的调查研究和解决实际问题，不一定在理论上有所建树。我们解决实际问题，尤其是解决老大难问题和新问题的过程中，跟过去解决问题的原则、方法、理论作比较，加上注意普遍性、规律性、特殊性，容易在理论上有所贡献。如果我们解决的问题比较大、比较难，在原则、方法、理论上比前人有较大的突破，我们在理论建设上就有了比较大的贡献。不要忽视特殊性，特殊性可能在另外一个层次上反映了普遍性、规律性，它往往是学问进一步提高的通道。

我们不要顾忌重视了理论研究会忽略了解决实际问题。因为理论是从解决实际问题中来的。我们不要顾忌理论高深，因为解决了大的难的问题，理论才可能高深。高深的理论对解决实际问题的意义也大。我们顾忌的是就事论事。顾忌的是脱离实际的玩术语、玩理论，或者是实际和理论两头只沾一点边，甚至两头不靠。我们主张实际一头根扎得越深越好，理论一头头抬得越高越好，顶天立地！我们倡导这样的学风，我们要努力造就这样的一支队伍。

不注意理论，往往是头痛医头、脚痛医脚，有时候好心还做了错事。就是一时有点效，也没有后劲儿。另一方面，要解决实际问题，如果没有有效地解决有效实际问题，没有做过一定的调查研究，上来就要论什么什么，能论出个什么来呢？

不要把基础工作同基础理论研究混同起来。我们一般说的基础研究是指的基础理论研究。语言的基础理论研究和应用研究、应用理论研究，都有基础工作，例如调查、分析、统计，它是研究的准备或者说是研究的前期工作。它本身的某些经过整理的资料等也可能就是一种形式的成果。尤其是高层次研究的某些资料就很珍贵,反过来说,高层次的研究要有高层次的资料,但是跟同一层次的研究来比,它还不是狭义的研究或者至少不是研究的核心部分。

基础工作是很重要的,有经验的研究人员都自己动手做许多基础工作。

往往有这样一些情况,一些人不愿意做基础工作,因为它比较单调,费时费力,还常常有这样的情形,资料做到一定的时候会觉得情况比预计的复杂,会觉得前途茫茫——其实这是快要成功的时候。这些人对第三层楼赞叹不已,而对挖地基、敲石子儿、洗沙子不感兴趣,甚至鄙夷不屑。还有一些人在别人的指点下,能做好许多基础工作,但是要他想一想这些沙子、石子儿能做出些什么来,让他自己做一些什么,就困难得不行。前者做不出什么成绩来,后者至少是不完全的研究者,但是是研究者的帮手。还有一些人具有进一步研究的能力甚至可能有相当高的研究能力,可是在做基础工作的时候不太留心带有规律性、普遍性、特殊性的问题,材料也没有积累,论著就这样丢了。

关于理论的研究和事实的研究,我们曾经主张不妨某个阶段多考察事实,某个阶段多注意理论研究,螺旋式前进。关于基础理论研究、应用研究和应用理论研究,我觉得一部分人也不妨某个阶段多做些应用研究,但同时要有完善和建立有关基础理论和应用理论的目标,到一定的时候进行基础理论和应用理论的研究。我们往往在事实研究的形式里含有理论研究,在一般应用研究的形式里含有基础理论或者应用理论的研究,有时候这是一种策略,是取得成功的一种方法。有些人看不出其中的理论价值,那是这些人没有眼光,有许多人是看得出来的。

某一个相当高的层次的研究本身,可以是更高层次研究的基础工作,例如编了一部很好的词典,可以仅仅是这些编写者进行更高层次研究的基础工作。一个研究者过去的所有的研究成果,可以仅仅是他今后进一步研究的基础工作。

交叉学科,要顾交叉的学科两头。很多新学问是从学科跟学科的碰撞里显现的。因为这里有新问题,解决的时候要用一些新的原则、方法、理论。同时要综合使用交叉学科的原则、方法、理论,这些原则、方法、理论的综合,也包含一种碰撞,也会显现一些新的学问。我们在交叉学科的两头都要懂得比较多。首先是语言学方面,要有语法、词汇、语音、修辞、理论、语言学史等方面的功底。研究的时候特别注意语言的形式标志。自己的语言表述应该比较好。在另外一门或者几门学科里,也要努力有比较多的发言权。研究语言教学的,总要也会讲讲课,当然最好是教过书教得还不错的。研究语言计划的,应该对重要的语言计划的制订和实施相当熟悉,最好是参加过一些重要计划的制订。研究计算语言学的,如果在信息界也有相当大的影响,肯定有助于我们的研究。两头都比较强,还要善于结合。

跨学科研究的发展,依靠高层次的跨学科的人才。我们过去比较多地注意一些人员外语补课,今后更要创造条件为一些人员在跨学科方面补课。交叉学科的人员的协作也是一种方法,我们倡导加强这方面的协作。即使这样,某个学科的人员对另外一个或者几个学科也还是应该懂得多一些。

一百多年来,我国的语言应用研究史上,有这样一个值得研究的现象:不少前人讨论过的问题,过了若干年又有人来重复一下。学术上这类翻来覆去的问题不少,工作上这类进进退退的事也不少。有些意见,并不是比以前有什么新东西了,有时候还不如原来。原因很多,例如忘记了历史,不恰当的行政干预,不太对头的意见遇到某个时机又要顽强地表现出来。一种原因是学术上的见解或者成果的正面的负面的成分或者效应往往是绞在一起的。一概肯定或者否定都容易造成反复。我们去认识它,要有辩证的观点和方法,要放在一个动态的时空里去条分缕析。

语言应用研究还要注意社会价值和本学科理论价值两头。社会价值有大有小有眼前的有比较长远的。就某一个具体项目的某一个阶段来说,很难两头都体现得很好,大概要在某一个项目的全过程甚至在成系列的成果中才能体现得比较好。总的来说,我们的语言应用研究做得好不好,语言应用研究者有没有尽好责任,用两条来检验。首先看有没有满足社会的需要。例如语言规范研究,要看社会语言生活比原来是不是更健康、更丰富、更活跃。当然有些事有多方面的责任,但是我们的责任要尽到。二是要看本学科有没有发展。语言应用研究是一番事业,特别要受实践的检验。经营一番事业,需要脚踏实地,讲策略,讲实效,不迎合又不保守,有科学工作者的品格,有事业家的眼光。

作为科学工作者,要熟悉和尊重反映本质的事实。尊重跟自己原有看法不尽相同的事实,不求什么自圆其说。不模式化,随时超越自己。尊重跟原先的经典不尽相同的事实,实际上这主要不是超越原先的经典,原先的经典都是鼓励人们超越他们的。关键是我们一些人把自己跟一些原来的经典的说法绑在一起了,要紧的还是超越自我。拿索绪尔的学说来说,他的学生和后人已经对他的学说作了许多补充和修正了。近百年来社会语言生活产生了许多变化,人们的思想方法有了很大进步,原有的语言观接受实践的检验作出补充、修正是很自然的事。如果语言观长期不调整,恐怕倒是可悲哀的了。

补充、修正本身是一种学术探索,会有许多学术问题,学术问题里正面负面的成分或者效应往往绞在一起,应该分析,动辄给人家的文章贴上"胡说八道"的标签是无济于事的。科学工作者还要有科学工作者的风度。

拿语言观就是对语言的本质的认识来说,也是要立足于语言和语言生活的事实的。说语言是静态的共时的,事实不是这样的。语言的本质功能是人的社会交际,它是动态的,相对稳定又时刻变化的。说语言只是音义结合体,也不完全符合事实。语言还是文化因素的载体,语言的色彩也是一个系统。还有,从多次重复的事实里我们发现这样一个情况:对语言使用的强大干扰停止之后,它的消极影响会继续相当长的时间;对语言使用的积极影响,很难立竿见影。这里面是不是有这样一个规律:语言使用的发展变化有一个惯性,语言工作跟语言使用的发展变化有一个时间差。所以我们的语文工作要主动做在社会需要的前面,要适度超前。

语言应用研究特别是把成果推出去应用,涉及千百万人的日常语言使用,做得好,功大;做得不好,过也大。语言应用研究者要有强烈的社会责任心。我们力求不说过头话,不冒进。很多本来很好的事情,被一些过头话和冒进的做法败坏了声誉,弄得很难做下去。我们强烈的社会责任心还表现于努力在许多还比较薄弱的领域里尽快赶上世界先进水平。

谦虚和团结是科学工作者的重要品格。我国语言学界需要形成学派。既是学又是派,就是一批人有成体系的学术思想和学术成果。学术就是科学,就是探索,不能一个人、几个人包揽科学,不能一批人包揽科学。要胸怀宽广,善于团结人。学派,这一派同那一派不一定非得"不是你吃掉我,就是我吃掉你",可以共存,可以你中有我我中有你。那么,就需要同另一派或者另几派多联络,向另一派或者另几派多学习。科学知识多的人更懂得团结的可贵。文人应该相知、相爱。有了这些,才可能形成学派,否则还只是山头。

语言应用研究要顺乎自然,要考虑到天时地利人和财通。这些也是语言应用研究的组成部分。拿队伍建设来说,自然是重要的研究方面。争取经费和创造与此有关的条件,今天难免要搞一些关系,但是也要有学术做后盾,最多是七分学术三分关系。学术绝对不能同权术掺合起来。

语言应用研究特别要善于抓住机遇。社会的需要不都是均衡的。语文工作一般情况下是小步微调,机遇来了,步子一定要大一些。小步微调是为大步前进做准备。搞研究,什么时候上什么课题,什么时候拿出什么成果,都要选择比较好的时空点。这是为了及时满足和主动引导社会的需要。不该上或者不该拿出来的,不上、不拿出来,这里比较多的是要有科学工作者的品格。该上、该拿出来的,及时上、及时拿出来,这里比较多的是要有事业家的眼光。

机遇经常光顾效率高的人。临门一脚成功的往往是机敏的球员。因为天时地利人和财通是动态变化的,社会需要也是动态变化的。效率高是具有动态的眼光,是有努力跟各方面协调的作风,是有机动应变的能力,是智慧的表现。效率高应该是语言应用研究者的极为重要的基本素质。

语言应用研究要有后劲,人才效益如同生态效益,注重人才效益,才能持续发展。要建立发展一支素质高的语言应用研究者的队伍:有学问,有活动能力,视野开阔,又脚踏实地。建立发展这样一支队伍,有时候比出学术成果更重要,这叫留得青山在,不怕没柴烧。

语言应用研究的队伍建设是语言应用研究的一个重要部分,也要进行科学研究,进行科学实践。在实践中既进行队伍建设,又注意概括其中的普遍性、规律性、特殊性。

我们很多人在实践,学校教育、研究生的培养、研究机关干部的培养,都是实践,而且有许多经验,需要作科学的总结和讨论。

队伍建设包括导师层和领导层的建设。

还需要健全管理措施。研究所的所长负责制、课题责任制、聘任制这些制度是改革开放的产物。实行这些制度不力、打折扣,是不利于我们进一步出成果出人才的。实行这个制度并不是要把人事关系搞得很紧张,要使一些人生活困难。相反是要充分调动大家的积极性,靠我们更好地为社会服务增加研究经费,同时也使我们的生活有一些改善,这也是为了能进一步更好地为社会服务。学校等单位,一般结合教学等工作开展研究。研究机构,似应以研究带工作,解决实际问题是必要的,但是是初步的,解决的过程中时时抓住学术研究,问题解决到一个阶段了,必须有学术成果出来。课题开展,多数情况下似应用滚雪球的办法。有一个总体的设想,从小规模或者中等规模做起,逐步发展。这样,一般比较符合天时地利人和财通的实际情况,而且是带着一批人艰苦创业,容易造就有创业精神的领导人才。

领导人才要能纵览全局在历时共时交叉的背景下对我国的语言应用研究提出深刻的中肯的适度超前的意见。领导人才也需要主持并且实际参加课题研究,而且做得更好一些,从中进一步取得领导经验。

队伍建设应该是可操作可检查的任务。一个科研计划,应该包括队伍建设的内容。一个科研任务完成的情况,应该包括队伍建设的情况。离世纪之交已经到了读秒的阶段,大家都在谈跨世纪人才,语言应用研究的跨世纪人才的培养、锻炼、提拔,同样应该是可操作可检查的任务。

我国的应用语言学理论研究,同外国的差距,不在于理论的高度,而在于细化、专题化、大量应用、便于操作。如果说,研究作为第一个层次,进一步开发作为第二个层次,开发是研究成果站住脚的重要层次。我国不足的是第一层次同第二层次交接的方面。这些工作需要一大批人来做。要有计划地培养一支高水平的理论队伍。这就不是个人行为所能做得到的。需要有关部门统筹规划。其实,这本身应该是国家语言文字工作发展规划中的组成部分。问题是队伍建设要花时间,要适度超前,而它的成绩往往渗透在许多方面,不容易很快产生独立的轰动效应,容易被忽视。其实,语言文字工作的成绩也往往渗透在许多方面,也不容易很快产生独立的轰动效应,容易被忽视,但是即使如此,语言文字工作本身又往往忽视队伍建设和理论建设。所以这几年我们应用语言学的讨论仅仅是热闹热闹,深入不下去的可能性还是存在的。空前大发展的可能也是存在的,关键是看队伍建设和应用语言学理论建设是否真正发展了。

参考文献

于根元等《语言哲学对话》,语文出版社,1999。

许嘉璐《开拓语言文字工作新局面,为把社会主义现代化建设事业全面推向 21 世纪服务》(《语文建设》1998 年第 2 期)。

(《淮北煤师院学报》社科版,1998 年第 3 期)

应用语言学前沿问题说略

应用语言学的前沿问题,是语言应用研究备受关注的热点话题。2001年起,笔者在中国传媒大学给新入学的语言学及应用语言学专业的博士研究生上"应用语言学前沿"课,师生一起梳理和初步讨论应用语言学的几十个主要的前沿问题。作为课程,该课至今上了五轮了。2005年暑假,笔者把讲稿整理成了24万字的《应用语言学前沿问题》,中国经济出版社2006年1月出版。本文选取书中笔者认为可以做博士论文的若干问题,进行了概述,展示了解决问题的部分思路,供有关博士生选题、开题和论文撰写时参考,[①]也希望引起进一步的讨论。

一 学科的定义

在笔者主编的《应用语言学概论》(商务印书馆,2003)里,我们提出:"简单地说,应用语言学是研究语言本体和本体语言学同有关方面发生关系的学科。"嗣后,李宇明与周建民在"领域语言"讨论的开栏中写道:"真实的语言存在于一定的语言环境之中。语言研究有两种路向:一是弃析语境而使语言'纯化',研究语言的超语境属性。语言本体研究即是这种研究路向。二是在一定的语境中研究语言,或者研究一定语境中的语言。不同的语境实际代表着不同的交际领域或社会领域,因此这第二种研究路向。可以称为'领域语言研究'。"[②]

这里要注意的是:认为"真实的语言存在于一定的语言环境之中","不同的语境实际代表着不同的交际领域或社会领域",就是认为真实的语言存在于一定的交际领域或者社会领域,社会领域也是交际领域。吕叔湘先生1980年10月22日下午在中国语言学会成立大会上的学术报告《把我国语言科学推向前进》里说:"语言不存在于真空,语言是供人们使用的。"[③]应该说,这些表述与我们"语言存在于交际之中,交际之外无语言"[④]其基本实质是一致的。

2004年1月8日,笔者跟李宇明讨论其领域语言开栏引言指出:计算语言学也可以看成领域语言的一个分支。那么,语言本体在哪儿?实际上也在各个交际领域里。因此,我们说的应用语言学的定义也值得考虑,哪儿先有语言本体和本体语言学之后又跟别的发生关系的呢?李宇明认为从这个角度讲,很多学科的定位和定义都值得考虑。

我觉得这里得用上"类型和程度"这把钥匙。本体语言学和应用语言学研究的语言都存在于交际中,都是要考虑语境的。并且研究的着重点不同,本体语言学和应用语言学考虑的交际和语境的类型有些不同。本体语言学比较注重认识和研究语音、语义、词汇、语法等语言本身,而应用语言学比较注重认识和研究同有关方面发生关系的规律。语境也分类型,不仅两个学科关注的语境的类型不同,而且两个学科研究的语言对语境的依赖程度也有所不同。我们似需要从事实出发,从另外一个角度分析交际和语境。

二 语言本体

不同的学者有不同的理解和定义。一般从研究对象角度,认为本体是指称语言系统本身。吴启主从功能(或作用)的角度讨论本体,他不仅认为:"语言哲学首先要回答一个根本问题,那就是:语言的本体是什么? 如果连谈论的本体是什么都不清楚,那还能讨论别的什么吗?"[5]而且还认为,语言是思维的工具,是语言的本体,语言的交际功能源于语言的思维功能:"关于语言本体是什么的问题,在我国流行的说法主要有三种:一是交际工具说,把语言定义为'交际和交流思想的工具',这是从社会学的视点来回答的。二是思维工具说,把语言定义为'人类思维的重要工具',这是从认知心理学的观点来回答的。三是符号说,把语言定义为'一种重要的信息符号系统',这是从信息论和符号学的观点来回答的。我认为,最能从本质上揭示语言本体特征的是思维工具说。语言之所以能成为交际的工具和信息符号,就是因为语言是人类思维的工具。我国古人说:'言为心声。'他们早已认识到这一点。"[6]

为便于区别,吴启主的本体论不妨称为功能本体论。该本体论涉及语言出现和发展的主要动力的问题。怎么认识语言本体,这是个麻烦的问题,却又是个需要解决、很有研究价值的问题。这里要探讨思维、交际和工具的相互关系。语言学和神经语言学曾关注长期脱离人群的人,他们中的一些人连话都不怎么会说了,那他们的思维有没有受影响呢?

三　定量分析与人工干预

　　2001年5月30日在无锡召开的语言文字应用研究"十五"科研规划论证会上,教育部副部长袁贵仁在其"讲话"中认为当前的语言研究"定性研究多,定量研究少"。⑦谈论多少主要是侧重现象,引起注意。而定量与定性之间有个关系问题,应该说,定量的目的是定性。现在的问题还有个定量不准确的问题。一个是量不够,一个是量不准。定量研究如何,关键要看有没有反映问题的实质。认识事物的性质不能仅仅靠定量,在共同的数量面前,不同层次的人会有不同的看法。语言现象的定量情况很复杂。陈原认为:"语言要素量的测定是为了对语言结构得出一个准确的数据。但是语言本身在交际过程中常常是模糊的。准确性和模糊性是对立的,又是统一的,它们相互渗透,相互补充。""定量和定性不是一组对立物,两个事物不在一个层面上。"⑧

　　思维可以用语言和非语言包括用数来表达,但是语言问题不完全表现为数,不少事情也不完全表现为数。语言研究还涉及我们使用语料的类型问题,这里要注意"人工干预"。据笔者所知,《普通话水平测试实施纲要》(商务印书馆,2004)里的"普通话水平测试用普通话词语表"就是进行过人工干预的。纲要说明的第一点就指出:"本表参照国家语言文字工作委员会现代汉语语料库和中国社会科学院语言研究所编制的《现代汉语词典》(1996年7月修订第三版)编制。"(43页)对词典当然是参照,对有关语料库的词表是人工干预了的。人工干预是常用的,研究人工干预的原因、方式、程度、类型以及作用和效果,对我们的研究是不可或缺的。并且还应尽量从中探索一些规律,推进我们的研究。

四 学理与俗实

袁贵仁在上述同一篇讲话里还谈到:"进行语言文字应用研究、制定语言文字的规范和标准,都必须遵从语言文字的发展规律,有学理上的根据。但是有些现象在历史演变的长河中也会出现变化,而且这些变化还可能形成大众化的世俗现实。从理论上说,应当根据学理来制定规范和标准,但是,一旦某些现象有悖原有学理,但却具有广泛的群众基础,也应当考虑'从众从俗'。也就是说,尊重学理而不能完全拘泥于学理。"

需要探讨的是这里的"学理"到底是什么?"某些现象""具有广泛的群众基础",是不是就含有学理?

这里以大家讨论得比较多的三个例子为例。一个是"叶公好龙"的"叶"不读 shè 而读 yè 了。读 yè 有什么不好呢?很多人读 yè 恐怕不一定是"习非",而是考虑到语言更大系统的一种语言调节,我们只是认可了、支持了这种调节。以前我们常说,语言里每个部分的变化都会牵一发而动全身,这是缺乏分析。语言里面某一部分的变化不一定都是牵一发而动全身,有的可能只动半身,有的还只动一发。"叶公好龙"的"叶"的读音改变应该不会动全身,也不会动半身。但有的可能会动半身,如姓"单",其读音没有改读成"单独"的"单",因为这个改动不止动一字,还涉及"掸禅蝉婵啴蝉阐"和"单于"里"单"的读音。

第二个是"身份证"里的"份"。这个变化虽然不止是动一发,但是动得也不很大。要改成"分",经济损失太大。两相比较,取"份"比较划得来。

第三个是我们不说"邮码"而说"邮编"。其实两个都可以说,逐渐趋于用哪一个,恐怕要考虑从更大的系统里找原因。"清华大学"简称"清华",可能那个时候是跟"燕京大学"取"燕京"类推。"北京大学"简称"北大"可能一来避免北京有了好些大学或者将会有好多大学或者北京有很多大部门名称都冠有"北京"都取"北京"不好区别;二来可能是那个时候跟"南京大学"取"南大"等互相仿照。现在汉语新的名称简缩有取单位数的一种趋向。如果我们能纵横交错地梳理汉语简称的使用,简称研究一定会比以前有更大的进展。

我们要进一步探讨学理,老百姓里用开了就有一定的道理。应用语言学学者不可用"约定俗成、习非成是、习惯使然、不合逻辑合语法"来打发人,要从语言学方面说出道理,但所说出的道理也不能是为不正确的东西作歪注、找歪理。

跟这有关的是关于语言规范化的"理性原则"和"习性原则"的讨论。施春宏在《语言在交际中规范》里专门有一节讨论"关于语言规范化的理性原则和习性原则",有很多值得注意的论述。

五 "假设"的地位及运用

讨论假设在语言学及应用语言学研究里的作用,不仅有理论意义,而且也很有现实意义。讨论假设,涉及归纳和演绎。一般来说,通常的情况是,有了一些语言实践,并从语言实践中概括出一些带有规律性的认识,逐渐形成了一些结论或假设。然后进一步审视语言实践,包括新的语言实践,补充、完善或者修正、调整原有的一些结论。得出假设一般是用归纳,进一步审视主要是用演绎。我们的硕士、博士论文在开题的时候,总是有了一些认识和设想了的,这些认识和设想也是有一定事实根据的,但是还需要进一步的调查事实、做进一步的认识,才能写出论文。一般人写论文也是这样。这是研究的过程问题,也是实践论的哲学问题。不过,我们不要把确定论题和方案都看成是脱离实践的"大胆假设",不要把进一步调查事实和深化认识写出论文都看成"小心求证"。接下来所写的论文所反映的研究处于中介状态,学术的理论一般都处于中介状态。比较流行的理论都经过开始提出和不太流行的阶段。不过,流行不等于正确,开始提出和不太流行不等于不正确。所谓正确也不是绝对的。"假设"在科学研究中有重要的地位。可以说,科学研究离不开假设。有的假设是还没有证实的事实、预见和规律。近代,有"大胆假设,小心求证"和"小心假设,大胆求证"之说。英国 W. I. B. 贝弗里奇著、陈捷译《科学研究的艺术》(科学出版社,1981)的第四章就是"假说",分"实例""假说在语言中的运用""运用假说须知"。我们觉得,我们需要讨论"合理假设,合理求证",在应用语言学研究方法方面应该有专论假设的论文。

六 五四白话文的构建

五四白话文运动的历史原因,还需要进一步探讨。我们可以拿五四时期的白话文著作跟早期白话著作仔细的比较,可能会认为五

四 白话文在很多方面都是重建。是怎样重建的呢？需要深入调查研究。其中有一个问题,古代双音节的词不太多,为什么四音节的成语相当多？相关的是口语和书面语的问题。书面语并不是完全都从口语中发展来的,它们是不同的语体,有的语言只是出现在书面语中。五四运动以白话文为一个基点,受到重视,但是口语问题没有深入研究。后来,陈建民的口语研究取得了引人瞩目的成绩。现在还有不少基本的问题要调查研究。比如普通话在发展,普通话要从文言、方言、外语吸取营养。我们一些学者长时期把已经从这三个方面吸取到现代汉语里来的部分还老是根据它们的源头认为是另外系统的运用。由于某些所谓理论的影响,普通话在吸取方面也不够积极,在吸取北方话之外的方言方面尤其不够积极。普通话还不要把本身分支领域部分排除在普通话之外。关于普通话的发展问题尤要好好研究,这涉及我们通用语言的发展和推广。

七 当代汉语的某些形式标志

近些年,不少学者在进一步讨论和关心"当代汉语"的提法。

1978年我国实行改革开放以来,我们的社会发生了很大的变化,现在的汉语跟1919年到1978年这个历史时期的相比,在许多方面,尤其是词汇方面有了比较大的不同。我们不少语言学者认为,我们汉语从1978年以来进入了当代汉语时代。比如,语法方面,有些格式使用有明显的扩大化的倾向,动宾加宾、副加名、谓词带宾语。还有,谓词和一些名词加"着",有的加了之后还带宾语。语义对句法的推动也比较明显。词汇方面,出现的新词语以经济方面为主而且方面多,口语里单音节词增加,后缀和准后缀增加,语文性词语的范围扩大。语音方面,也有一些倾向。文学作品语言使用可以归纳出几点:(一)叙述者跳出来说话。(二)快节奏。(三)意识流。(四)多种样式手法的交融。还有一些副词的单用。

我们的语言观也发生了很大变化。我们对语言,对汉语的认识也有了发展。我们认为,当代汉语里使用的不同时空来源的部分,都属于当代大汉语的大系统。我们对语言规范的认识有了发展,认为及时发现和推荐新的好的语言现象比匡谬正俗更重要。我们在语言观方面有了许多发展,跟认识语言的范围和特点以及促进语言发展有关。上面的认识还很粗疏,关于当代汉语的主要标志,需要进一步深入研究。这里还会带来一个问题:如果说1978年起我国进入了当代汉语时期,那么我国的现代汉语阶段怎么那么短?

八　语言运动的"惯性原则"

很多人都开始关注语言的惯性。陈章太和于根元在应用语言学系列教材"总序"中说:"语言应用是个庞大而复杂的系统工程,启动起来需要一定时间,而要停下来,由于惯性作用也需要时间,所以语言工作有时要适度超前,做好促进工作。"[⑧]惯性问题在许多方面需要进一步探讨。比如:(一)涉及系统的语言成分,惯性大。若要动它,得谨慎。需要动的,虽然动的意义也大,但往往引起激烈的斗争。如五四白话文运动、现在的网络语言、新词新语、外来词尤其是字母词,都引起不少争论。(二)书面语的格式,惯性大。受书面语格式影响的口头表达惯性也大。(三)语言里稳定的部分惯性大。

惯性者,使用者的习惯性。因此从一个方面看,惯性大的根本原因,是使用者这方面的惯性大。一个是使用者多,一个是使用者比较习惯了,一动起来涉及使用者的语言习惯。另一方面,惯性大,指不容易启动,一旦动起来也不容易停,越是大的东西越是如此,正确的和不正确的都是如此。正确的、合乎语言的大系统的,作用比较容易贯彻。不正确的、不怎么合乎语言的大系统的,不容易贯彻,但是会一定程度地造成混乱,纠正起来也麻烦。

语言现象的运动并不是等速的,不等速造成了语言现象的不整齐。研究语言需要考虑历时。有些语言因素的不同,就是由于各种原因语言里惯性的不同。语言的惯性跟人的惯性有关,其观察也要看看人的惯性的大小。语言内部是个巨系统,但是各个系统运动的情况不同,惯性大小不同。内部和外部各为惯性大小不同的动态平衡物。内外又互动。此外,一般认为老大难的问题,都是惯性大的问题。

九 "语言全息发展论"的下位原则

笔者在《语言文字应用》2005 年第 2 期发表了《关于"语言全息发展论"》。现在大体上可以提出"类型、程度、分工"三个下位原则。

(一)类型。这是个大层次。同一个类型里反映的全息更相似。语言交际的不同类型对交际有不同要求,不要混为一谈,也不要割裂。不要用应用文语体来要求文艺语体、网络语体,不要用法律语体来要求文艺语体。但是不同类型里也有联系,法律语体里也不完全一致,有的跟文艺语体有交叉。网络词语里的"青蛙、恐龙"起初也不是网络词语。网络词语里的"菜鸟"跟北方话的"菜"有关,"菜鸟"很可能用到别的领域里谑指"水平低的新手"。网络词语里的"大虾"跟"大侠"有关,"大虾"很可能用到别的领域谑指"水平高的老手"。因为所有的用语都有一个大的背后来源或共同需要:实际的语言交际。"清一色、翻番"来自打麻将的用语,打麻将说这些话也可能是借自别的领域。

(二)程度。不同类型反映全息类型不同,有的类型虽然交叉,但程度不同,同一类型里也有程度不同。有的类型和程度都不同。有的程度不同也就体现了类型不同。我们比较的时候常常关注有或无,对有里面的程度不够关心。现在有个说法叫:"人无我有,人有我特。""人无我有"的情况可能会越来越少,要特别关注的是"人有我特"。同样是有,情况不同,其中包含了程度,有时候程度形成了类型。"人有我特",往往从一个大类里又形成了一类。很多学科都是如此。要不然只看"有",那么只有一个学科:哲学。关于"当代汉语"的某些形式标志的探讨,就不要回避某些用法扩大化的倾向探讨。

(三)分工。既合作又分工。分工不等于别的不会或者不管。右利手的人右手吃饭,他右手出了问题了,左手也可以吃饭。于卓《挑染》中,某地刑警大队副大队长李吉东右耳受伤了,他用左手拿手机左耳听,虽然有时候不习惯:"要不说呢,这冷不丁地改变习惯,还真是别扭得不行,稍不留心,就想换手拿手机,刚才给家里打电话,就换了一次,碰得耳朵这个疼呀。"(《当代·中篇小说原创专号》2004年增刊第170页)我们打篮球的还要练左右手都会上篮。这也是全息唤醒吧。人大脑的左半球管语言,左半球出了问题了,右半球也可以管语言。与此有关的是语言里的交叉或者连及,既"弄巧"又不"成拙",即批评他"成拙",又鼓励他想"弄巧"。

十　关于联想

联系是世界的运动,是世界动态的结构,联想是人的认知同世界联系的结合。或者说,人的联想也反映了世界的运动和动态的结构,或者说联想是世界和人发展的一种方式。联系和联想是吸取和给予,是交际、交流、交换、沟通。联想和联想串的理论基础是语言全息发展论,或者说也论证了语言全息发展论。

我们需要从大量联想的语言事实里进行相关的两个方面的调查研究。一个方面侧重研究语言表达,另外一个方面侧重从又一个角度研究认知语言学。

十一　语言交融能力

语言交融能力或者说吸取和影响能力,是很重要的能力。语言交融本来也是具有潜在的可能性的,现实的交融,是由语言内部和外部条件形成的显化。交融的语言的各个部分,都属于这个语言的大系统。汉语中很多元素来源不同,但只要对我们的系统有利,就是我们系统的。韩国人这方面的语言观值得我们借鉴。韩国很多民众使用大量汉语借词,他们说:原来是你们汉语的,现在是我们韩语的。使用的不同来源的成分不宜都说成是不同系统的,在当代汉语里用开了就是可能成为汉语系统的成员了。外语词在汉语里的使用,或者说是空间的突破。我们的语言研究既要突破共时与历时的严格限制,还要突破空间的严格限制。

戴庆厦主编的《社会语言学概论》(商务印书馆,2004)在谈到"语言影响"的时候说:

> 从吸收能力上分,可分为开放型和保守型两类。开放型是指语言结构系统容易吸收外来成分来丰富自己,如英语、日语吸收外来词语的能力很强,大多数使用音译手段。保守型是指语言结构系统对外来成分有一定的排斥力,吸收借词乐于使用意译而不用音译,汉语属于这一类型。(89页)

汉语是不是天生保守,它的保守是怎么造成的,它有没有开放过,它的交融能力能不能发展,是一个必须认真研究的问题。

我们可以梳理汉语受别的语言的影响和影响别的语言的情况,看看汉语现实和潜在的交融能力,再跟英语的交融情况做比较,从中找出一些规律。

十二 少发性新词语

我们现在编撰的许多语文性的新词语词典收录的词语,是经过比较严格的筛选的,可能收录了不到十分之一,这还跟词典市场的需求有关,多少跟需求者以及编撰者互相影响的语言观有关。我们一时难以编撰出版收录面宽得多的词典,但是我们需要进一步做"少发性词语"的整理和研究。虎头《她们的歌德》(《当代》2005年第2期"往事"栏),约24000字。其中就有"狗仔文人、精神教母、媒婆三昧、第二眼美女、展翅圈围、二八少年、势如黑白、迷你公侯国、前任爱人、名人瘾君子"这11个"少发性词语":

> 有些文章望文生义,公然说歌德与格莉琴"初尝禁果",其实不过暴露了自己"看见白胳臂,想到全裸体"的传统狗仔文人的嘴脸。(222页)
>
> 在歌德的所有女人中,夏露笛堪称歌德的精神教母……(同上)
>
> 这齐默曼虽是男人,却深得媒婆三昧。(同上)
>
> 让歌德如此狂热的夏露笛,长得却极一般,是个典型的"第二眼美女"。(223页)
>
> 当然他也厌倦了鄙俗的德意志,但是他也厌倦了老母鸡样时刻展翅圈围着他的夏露笛。(225页)
>
> 他们就像两个因恋爱而赌气的二八少年。(227页)
>
> 这个儿子的母亲,跟身为宫廷命妇的夏露笛势如黑白:她是个出身贫寒底层的灰姑娘……(同上)
>
> 其实,魏玛像德国当年所有的迷你公侯国一样,是个对偷情十分宽容的城市。(同上)
>
> 出于歌德的坚持,就连歌德的前任爱人、高傲的夏露笛也不得不试着接纳伍碧丝……(228页)

有关的问题是,不少语文性词典里也收了一些少发性词语,所以对少发性词语也要分类。还有,语言里可能有这样的现象:有的探一下头,过一段时间才大批出现。语言学思想也有这个情况。需要探讨一下这方面的规律。

十三 媒体语言的性质

媒体语言是人交际用语借助媒体的延伸。使用媒体达到某些延伸的目的,同时也带来某些局限性。媒体语言是为了交际需要——媒体的不同标记也是为了交际需要。网络的特点是互动。而且打破了精英挑选精英的格式,可以少对少,更有个性化。多种媒体的融合,促使媒体语言的融合。这些都是交际的需要。这种需要不是人一开始就认识到的,由于社会发展、科技发展、经济能力提高,人们才逐渐认识到。语言是载体,媒体是载体的载体。媒体语言带有媒体技术的要求。媒体的多样化,使人克服各种交际限制的各个方面。媒体的多样化,也促使语言方式的多样化。

需要梳理媒体语言出现的情况,比较与非媒体的交际用语的异同,同时也要探讨新的媒体语言出现的动力和趋向。

十四 积极规范

20多年来引起我们语言规范观更新,很重要的一点,是认为及时发现和推荐新的好的语言现象。这样认识语言规范的使命,对于规范工作来说,它是积极规范,强调服务,强调要向人民群众学习。这样,促进我们对语言规范标准和语言构成形成新的认识,促进我们审美观和世界观的改变,有利于语言学者进一步重视语感和论感的相互促进。比较新的好的语言事实里,比较多的蕴涵着关于语言的新的道理。

语言是发展的,不发展是最大的不规范。汉语史经常讨论某种语言现象的起源,可见得各种现象不是打开头就都有的。我们还需要进一步破除迷信,解放思想,进一步开发语言资源。在语言和语言学方面解放思想,实事求是,就是努力开发语言资源,不搞和不信几个凡是。中国的语言资源很丰富,我们开发得很不够。我们认为不宜过早地说哪些是汉语里没有的,不许用的。特别值得注意的是,我们汉语形成白话和建立语法学的年头还很短,我们对现代汉语许多方面的事实很不够清楚。

这里讨论的前沿问题,也是许多重大问题的集中点。提出和讨论这些问题,应该是学科和学者开放、开拓和生命力的一种标志,也是学科和学者的任务。

有的问题好像是宇宙里还有黑洞。黑洞不要修补,也不能修补,应当重新认识宇宙。我们要面对现实,实事求是。一方面,我们不要没有问题硬找问题;另一方面,碰到问题也不能掩盖、粉饰或回避。问题是学科的生长点,是认识的生长点。

学者是应该不断思考的。思考,发现了问题;问题,又推动了思考。

附 注

①书稿主要是梳理问题。这篇文章也可以说是《应用语言学前沿问题》里问题的精选拓展本。

②见李宇明、周建民《"领域语言研究"开栏引言》(《江汉大学学报》人文科学版2004年第2期)。

③中国语言学会编《把我国语言科学推向前进》12页,湖北人民出版社,1981。

④于根元《应用语言学的基本理论》(《语言文字应用》2002年第1期)。

⑤于根元等《语言哲学对话》266页,语文出版社,1999。

⑥同上,266—267页。

⑦袁贵仁《以规范标准建设为核心,开创语言文字应用研究新局面》(《语言文字应用》2001年第3期)。

⑧陈原《社会语言学专题四讲》77页、82页,语文出版社,1988。
⑨于根元主编《应用语言学概论》6页,商务印书馆,2003。

参考文献

陈章太、于根元《应用语言学系列教材总序》(《语言文字应用》2003年第3期)。

戴庆厦主编《社会语言学概论》,商务印书馆,2003。

李宇明、周建民《"领域语言研究"开栏引言》(《江汉大学学报(人文科学版)》2004年第2期)。

施春宏《语言在交际中规范》,中国经济出版社,2005。

萧国政《世纪之交的语言文字应用之走势——华中师范大学语言学研究所"语言文字应用研究的现状与展望"座谈会纪要》(《语言文字应用》1995年第4期)。

邢福义《语言学科发展三互补》(《汉语学报》2005年第3期)。

于根元主编《应用语言学概论》,商务印书馆,2003。

袁贵仁《以规范标准建设为核心,开创语言文字应用研究新局面》(《语言文字应用研究》2001年第3期)。

赵俐《语言宣言——我们关于语言的认识》,中国经济出版社,2003。

(《长江学术》2006年第4期)

关于语言学及应用语言学研究方法的若干认识

一 融于生活,融于自然,以人为本

(一)融于生活

经常拿语言生活和社会生活里的道理来检验、修改、补充语言学及应用语言学里的一些说法,是研究语言学及应用语言学的重要方法。一是学问高于生活。高于生活不是脱离生活。高于生活是更加深入生活,深入生活的本质。语言和语言生活是社会生活的一部分,我们研究语言,要深入语言生活和社会生活的实际。语言学及应用语言学里的道理不能背离语言生活和社会生活里的道理。二是语言学及应用语言学又是为语言生活和社会生活服务的,语言生活和社会生活的丰富、健康是语言学及应用语言学研究的目的和是否正确的检验标准。三是语言学及应用语言学是开放的学科,要不断地从语言生活和社会生活的各个方面吸取营养。四是语言学及应用语言学往往落后于我们对语言实际情况和社会生活里的道理的认识。施春宏在《语言哲学对话》里说过:"一种理论有了充分的发展以后,成为一种程式,或者说变成一种学术规范,这时候,回归语言实践便是

理论发展的突破口,每次向语言生活的确实回归,便容易突破现有的理论。"(87页,语文出版社,1999)

例如,较长时期以来关于语言规范有一种说法:"一种新的语言现象出来之后,等它用的时间长了,用的人多了,我们来追认它是规范的,这就是我们的规范工作。"我们叫它是"追认观"。我在《新词新语和语言规范》里提出疑问:"新词新语是词汇这棵大树枝端的嫩芽,它是大树的一部分,显示了一部分生气。我们为什么要等到它变老变硬颜色不鲜艳的时候才承认它是大树的一部分呢?我们不妨去问问茶农,他们大概不会同意这样做的。"我们认为:"语言的新颖、稳定色彩都需要。"(《语文建设》1995年第9期)由此我们进一步认识到语言内核外层互补说,而外层更显示了语言的全息,认识到特别要重视新的好的语言现象和语言学及应用语言学思想。

又如有人说,我们汉语有了"出租汽车",不应该再有"的士";有了"再见",不应该再有"拜拜"。我们提出疑问:人吃稀粥和馒头也能肚儿圆,为什么要四大菜系、八大菜系、肯德基、麦当劳?那是吃色香味。语言为什么要干巴巴?由此,我们进一步认识到既趋同又趋异调整好度的能力是语言交际能力,新颖色彩造成了语言的色彩是个动态的系统,加上色彩之后我们发展了语言潜显理论,认识到语言始终处在潜显的过程之中。

我们学习语言,要向群众、古代、外国学习,总起来都是向生活学习。

(二)融于自然

语言生活和社会生活同自然有密切的联系,或者说是自然的一部分。学问还是感觉到和认识到自然。张炜的小说《满地落叶》(《山东文学》1988年第10期)里"我"跟果园的女教师肖潇讨论了两个问

题,其中一个是怎样判断一个人的修养:

她接上说:"一个人的修养怎样去判断?当然有很多的标准了,可是……"她停下来看看我,"可是有一条最重要的标准被人们忽略了。"

我问:"什么标准?"

"说不清楚。我只知道,一个人无论怎样高深,如果他(她)不愿亲近大自然,大自然也唤不起他的柔情,那么就不能算有很好的修养。"

我同意她的说法,进而补充说:"这对于一个人是太重要了。有人读了很多书,可仅仅把书做为生活的工具,也无助于修养。如果读懂了多少书还不能算作修养的最重要的标准,那就只能把它与大自然联系起来去考察了。"

经常拿大自然里的道理来检验、修改、补充语言学及应用语言学里的一些说法,更是研究语言学及应用语言学的重要方法。

例如有人说新词新语犹如风,刮了就没有了,不要在意。这一阵风那一阵风是会过去的,但是风是永恒的而且类型是不同的。一到夏天大家就关心风了。大理四景里有一景就是风。航空和航海不能不关心风。有一年北京刮大风,北京站前面一个特大的铁制的广告一类的牌子刮倒了,压死了人,一下子没有办法救,就是不知道北京也会有这么大的风。还有人说新词新语犹如流星,一闪而过,也不要在意。这颗流星那颗流星的确是一闪而过,可是流星总是有的。地球上恐龙的灭绝,有科学家说是行星也就是大流星碰撞地球的结果。流星的残片到了地球上,是陨石,带来外星球给地球的信息,是个宝。有人说新词新语是昙花,一现而已,不足为道。昙花是一种名贵的花,养昙花的人是花匠里的高手。昙花开的时候也引得人群蜂拥而至。世界需要四季常青的松柏,也需要开的时间不同而且开的时间有长有短的各种花儿。

由此,加上向生活学习,我们认识到:语言由比较稳定的内核和比较活跃的外层以及中介物构成,共同为交际服务。比较活跃的外层如新词新语、广告语言等,比较稳定的内核如语音系统、基本词汇、基本语法等。比较活跃的外层是比较稳定的内核的唯一来源。现在比较稳定的部分当初都是活跃过的。语言的发展变化首先表现在比较活跃的外层。语言比较活跃的外层转化到比较稳定的内核,并不完全是优胜劣汰的过程。比较活跃的外层和比较稳定的内核,总的说来是互补的关系,而不是对立的关系。某些词语用的时间长短,一般说跟它指的概念等存在的时间长短有关。某些词语一个时期用的人多,跟这些词语一个时期同影响比较大的群体共振有关系,这些词语占了位之后,更好一些的近义词语就比较难再占位。语言的内核部分,往往是语言水平低一些的人要尽快掌握的。语言的外层部分,语言水平比较高的人常常使用。语言的内核部分比较好做标准,语言的外层部分的使用常常用指导性的方法。

古人概括中国几千年来融于自然的文化的基本精神,如《周易正义》所说:"天行健,君子以自强不息。""地势坤,君子以厚德载物。"(卷一)《周易正义》还说:"天地感而万物化生。"(卷四)"天地不交而万物不兴。"(卷五)我们认识语言也应该如此。

(三)以人为本

天地人当中人是天和地的产物,是联系以及反映了天和地的。语言是人交际的工具。语言还是人的一个部分。研究语言最根本的是研究人以及跟社会、自然的关系。我们更要从研究人的角度来研究语言。

很多关于语言的理论,实际上都是关于人的理论。语言交际理论,说的是人使用语言的交际。交际值是人交际到位的程度。语言规范工作,实际上是使人使用语言规范。语境讨论的是人的关系。同样一个意思跟不同的人说,往往色彩不同,主要原因是人的色彩不同。说话要有一定的新颖度或者叫陌生化,那是人的交际需要稳定的一面和新颖的一面。还有一些语言现象长期不用,用起来又新鲜了。我们说是轮休或者充电,实际上是人的遗忘造成距离美。语言不能纯,主要原因是人不能纯,包括人认识语言、掌握语言、使用语言不能纯。语言的层次,是人分层次。还有语言的交流,例如外来词,是人的交流。语言的弱势和优势,跟民族、国家的弱势、优势有关。语言的个性,语言的风格,都是人的个性、风格在语言方面的体现。人机对话的本质是人人对话,或者说是人跟仿人对话。

研究者还要正确认识自己。要确定自己的立足点。语言学的历史、现状、趋势,现在队伍的构成,自己的责任和优势,综合这些因素来确定立足点,这比确定几个研究题目要困难要重要。立足点需要寻找和确定,还需要通过继续学习来巩固和调整。有了立足点,才有立足之地,才有基地,才有安身立命之所,才可能出系列的成果,才可能有风格。立足点也是制高点,身居一点而管一片。模仿不可能逾越。你认识和鲜明地展示了你的个性,你为整体发挥了你特殊的作用,在这方面你也是难以逾越的。

(四)经常回归

我们要融于生活、融于自然、以人为本,可是我们的语言学及应用语言学研究常常落后甚至背离生活、自然和人。甚至有人认为这是必然的,那人在灯火阑珊处,起初东找西找就是没见。我们希望背离生活、自然和人的程度别那么严重,背离的时间别那么长。我们的认识需要经常回归到对生活、自然和人的认识。需要经常向生活、自然和人民群众学习。我们认识到自己背离了,不要当作新见来发表,必要的时候需要检讨。不要以为一贯正确,也不要以为可以检讨就反复无常。这是学风问题。检讨是一种很认真的回归。我们还没有认识到错的时候,即使有压力,也应该我行我素;认识到错了,没有压力,也主动改正。

二 实践的脚扎得越深越好,理论的头抬得越高越好

(一)深入实践

一是我们的学术研究要关注社会实践。这是为社会实践和实践者服务,也是为学术发展服务。例如:语文工作者,特别是学生,关心社会用语,还能从多方面来培养语感。社会用语有自身的一些特点,研究社会用语,一定会碰到新的现象、新的问题,只要认真研究,一定会丰富我们语言研究的方法和理论。某个问题某个现象,看到了,能做一些比较有价值的分析和研究,老实说,也不容易。注意社会用语,能拓宽我们语言研究的视野,丰富和改进我们的语言研究和教学。主持一个比较大的课题,要把握学科发展的动向和方向,要为社会的迫切需要服务,要掌握时机。

二是理论来自实践,来自于解决实践中的问题。我们做学问都是为了解决现实问题,现实有问题,就有造成和维系那个现实问题的思想和理论,我们要解决那个现实问题就一定要碰到那个问题的思想和理论。我们在解决那个问题方面有了一些进展,就一定改变了

那个问题的一些思想和理论,我们也就在思想和理论上有了一些发展。理论和事实本来是结合的,是我们人的认识把它们分了家。我们要恢复理论和事实本来的关系。钱串子上有钱,钱在钱串子上。什么类型的钱串子上有什么类型的钱,什么类型的钱在什么类型的钱串子上。不要把金币当一般的铜板。更不要人为地把钱串子跟钱分了家。关键是解决现实问题。我们出彩的地方,都是解决难题、大问题、麻烦的问题、牵一发动全身的问题。难题、大问题、麻烦的问题、牵一发动全身的问题,是研究的好题目,又都来自实际。

科学研究就要创新。新是逼近规律,逼近真理,逼近"是"。"是"只能在"实事"中"求",只能"实事求是"。实事求是就是务实。别人务实,向"是"靠拢了一步;我们更加务实,才能更加靠拢"是"。我们比别人更加靠拢"是"那一点点,我们叫"新"。更加务实才能创新。实事求是,要实践,要解决现实的实际问题。那个问题还有待于进一步解决,我们去解决,原有的认识或者方法没有解决好,我们进一步解决就不会用原来的一套,在认识上或者在方法上或者同时在两个方面都比原来的要进了一步,这进了一步的地方就是理论、方法的创新。理论就是这么来的。不要以为理论是玄而又玄的东西,不要到没有理论没有学问的地方去找理论找学问。也不要被那些玄而又玄的东西吓倒。创新是我们"实事求是"比别人好一些因此逼近了"是"的部分,实事求是就是深入实践、更加务实。理论、创新来源于此,我们不要到没有理论和不能创新的地方去找理论求创新。

三是要善于深入实际。我们要做很多深入的调查研究,常常要做野外作业,做很多有关的实际工作,要实习,在很多有关的领域里要有研究的实践。在实践的过程中读书、思考、讨论、总结。

还要向实践者学习,同实践者合作。我们同实践者一定有很多共同的语言,因为,我们共同为事业服务,学问出在实践中,又被实践检验和丰富。还要有服务意识和责任感。引导也是服务。绝对不能跟群众对立。语文工作"顺乎自然,因势利导,做促进工作",其中有个意思是很多群众不理解的时候不能干。不能跟群众顶牛。要做好群众的工作,要跟群众一起来做。当然要跟第一线的人尤其是干部一起做。第一线的人尤其是干部也是重要的理论建设者。课题的负责人要及时总结集体的实践,又进一步指导集体的实践。这是负责人的责任,也是主持一个课题的方法。

四是要有一定的穷尽地解决实际问题的本领,也会把理论转化为比较好操作的东西,这常常还是理论的深化。语言学及应用语言学的基本理论还要注意操作层面,在操作层面要有实绩。我们的研究一方面要有思想,一方面要实验,实验中总要有一些效果。我们要在这两方面结合。我们特别需要思想和实验两方面很好结合的人才。我们希望我们的人才注意语言事实和理论两个方面,在具体的研究中,理论研究要结合实际,实际的研究要体现理论价值。起初的研究要多注意语言事实,底子会比较好,也比较策略。总的,一个人关于语言事实的研究和体系理论的研究螺旋形上升地进行。这也涉及研究方法。

(二)学习理论,发展理论

理论出自实践。但是我们还要有论感,要努力解决老大难问题,努力解决新问题。研究的对象是规律,就是现象跟条件的关系。考察现象,要考察条件,也就是制约现象的因素。当然还有制约条件的条件。改变现象,要改变条件。

我们要重视理论,重视理论就是重视实践。我们要实践和理论顶天立地。我们要学习马克思主义关于语言和语言学的论述,还有别的论述。我们重新学习马克思、恩格斯、列宁、斯大林、毛泽东关于语言的论述，我们会有新的收获。我们要注意学习哲学，特别是东方哲学。熟悉中国和东方其他国家的古代哲学。这是我们研究语言学及应用语言学的一条必经之路，也是捷径。我们的语言学起初就是跟哲学在一起的。那时候是哲学的婢女，是因为语言学没有搞好，不能怪哲学。后来语言学独立了，可是又跟哲学有些脱离了，也是我们的语言学没有搞好，也不怪哲学。这几年语言学及应用语言学又注意跟哲学结合了，这是我们语言学及应用语言学发展的标志之一。今天，我们的语言学及应用语言学跟哲学，应该是既结合又不混合，既独立又不割裂。

我们今天重视语言学及应用语言学的研究方法，也反映了语言学及应用语言学同哲学结合的趋势。我们需要方法，更需要关于方法的理论和哲学的认识。方法是理论和实践的中介，具有理论性和实践性，既跟世界观有不同程度的联系，又特别要受实践的检验；问题、情况、研究者是不同的，研究方法也有多样性和灵活性；一个问题跟许多问题连接，研究方法具有综合性，其中又有主次；新问题是层出不穷的，所以研究方法又有创造性。

思考和论证问题，要到公理或者基本事实的层面，在这个基础上的进一步讨论才有根底。公理和基本事实的层面，是最基本的层面，也是最高的层面，是理论和事实紧密结合的层面，也就是哲学的层面。所以，哲学不是玄、深奥的东西。当然，我们还要富于想象，要有一些浪漫主义。

20世纪60年代曾经提出：屁股坐在中国的今天，一只手向古代要东西，一只手向外国要东西。我们向古代、向外国的学习要积极，但是最宝贵的东西是我们今天的中国的实践。我们解决好了我们现实的问题,发展了理论,也才是向古代、外国学好了。我们常常做别人理论的应用的工作,一定程度上把应用语言学当成只是理论的应用了。借鉴是需要的,但是我们的情况跟古人、外国人的情况往往不完全相同,我们更要从自己的实际出发建设理论,完善、检验、修正别人和自己的理论。研究理论不只是理论的应用,主要是发展理论。理论还是一种修养。

我们研究一个比较大的课题,一般是以研究带工作,要花一定的时间讨论、总结、提炼理论,出工作成果,出理论成果,提高工作水平,出实践跟理论结合而且能总结、提炼理论的人才。

(三)语感和论感相互促进

研究语言学及应用语言学,特别要有很好的语感。要有很好的语感,重要的是自己的语言用得好。打个比方,照相馆里检查胶卷好不好,是在强光里看胶卷。我们自己语言用得好了,就是有了强光。语言使用得好,这是一种能力和实践。要会多种表达,而且是多种表达的融合。我们语言表达好,在研究语言学及应用语言学方面会方便得多。研究作家作品语言,自己的语言使用更要好。最好自己也搞点文学创作。

许国璋在《〈马氏文通〉及其语言哲学》(《中国语文》1991年第3期)里介绍《马氏文通》后序首段的一个思想:"世界上一切人种,不论肤色,天皆赋予心之能意,意之能达之理。"并且认为这"叫人想到今人所说语言是'与生俱来'的(innateness)学说"。许国璋认为这个论说,"今天的学者耳熟能详。然则马氏在一百年前得现代语言理论风气之先,是中国语言学的骄傲。"

我们的语言学及应用语言学研究是研究如何唤醒人们这种与生俱来的语言能力并且帮助它发展。帮助它发展,最重要的是我们研究者要留心新的好的语言现象,要提高创造语言的能力,要及时调整自己的语言观。

近些年讨论语言能力分化的时候,往往提出这样的问题:一位是中国农村的老太太,连自己的名字都不会写,中国话说得好;一位是外国的语言学教授,说中国话说不好,会研究中国话。谁的语言能力强?这样就把语言能力分化为交际能力、知识—研究能力。换个说法,前者是语感,后者有论感。我们语言学及应用语言学研究者的语感和论感都要强。有一定的语感又有一定的论感,发现不同于原来理论的语言现象,及时调整我们的语言观,再用新的语言观观察语言现象,又会有新的认识,语感和论感互相促进,形成良性循环。

三 高效率,经常做力所不及的事

(一)高效率是大聪明的标志

语言使人类聪明而高于动物,语言继续使人类聪明而高于比较原始的人。语言学及应用语言学是聪明学。语言同很多领域有关,语言学及应用语言学很像哲学。语言跟宇宙本质上是一回事,都是分层次的,开放的,运动的,把语言搞清楚了,宇宙的性质也就认识得差不多了。语言学及应用语言学研究者的第一要素是聪明,或者叫悟性。而且是大聪明,小聪明会抵制大聪明。

什么叫聪明?怎么检验?怎么分层次?聪明是准确到位而速度快,是极快地高质量地完成。什么"慢工出细活""欲速则不达",不在于慢还是快,而在于是不是符合规律。不符合规律,慢工也出不了细活,慢也不"达"。聪明是讲效率,合乎规律。高效率是运动速度快,速度是运动的层次,也是事物的层次。我们处于高层次了,才能跟高层次的事物共振,才能理解和研究高层次的事物。

我们准确到位又速度快了,碰到需要这样的事人家找我们干。我们可以得到很多实际锻炼的机会。磨磨蹭蹭说了不算的人,有的还不是耍大牌,有的不是什么大名人。大名人一般倒都讲信用,很认真。我约张志公先生写一篇文章,是后来《语言文字应用》1995年第4期上发表的他跟王本华合写的《说"应用"》。刘一玲家离张先生家很近,我请刘一玲帮我去取稿。刘一玲回来说稿子是打印的,张先生在打印稿上用笔改了,而管打字的王本华出差了,要等一两天才回来,张先生说再打一份干净的给我。刘一玲给我学张先生的样子,很苦恼地说:"这个样子,于根元能要吗?"我问刘一玲看了那个稿子没有,是不是不太看得清楚,刘一玲说她看到了,很清楚的。

说话算话的人,信誉指数高,他信,也自信。我们申请课题,要能拿下来,主要靠信誉指数。我们跟朋友交往,主要靠信誉指数。

效率高,是基本的素质,而且是在克服种种困难的情况下的效率高,主要是精神活动方面的效率高。要把这个当作习惯。

我们常常是合作完成一项工作,有的有个程序,我们交出去了,下面的人才好接着做。有的有个集体的时刻表,有一个没有完成,整个工作就完不成。我们高效率地完成了,还是一种合作精神。语言交际的目的和基本原则就是合作。语言学及应用语言学研究者特别要讲合作。我们合作得好,别人愿意跟我们进一步合作。我们也就便于向很多人学习。没有一个大学问是自己一个人搞出来的。

效率高还包括有时空观念。同样的事,在不同的时空里效果和价值是不一样的。有时候要赶一赶,甚至要能倚马可待。我们有时候事后说别人当初有很多欠缺,常常脱离了当时的时空来说,到自己一做就知道了,自己的条件更好了反而做得不如别人好。什么事情都没有十全十美的。自己做过了或者做过类似的事情了,提意见才比较中肯,也才有更多的发言权。从听意见的人来说,别人没有多少这方面的实践,但是有类似的实践,也可以提意见,我们作为参考。天下的事不同,理相同。

天助自助者。老天爷不会轻易地把真谛托付给吊儿郎当的或者溜溜达达的人。

做到勤奋是不很难的,勤奋的不一定聪明,大聪明的一定勤奋。聪明的人巧,他的勤奋有效、高效。效率高这一点,比具有丰富的知识重要得多,是属于素质方面的。比勤奋的层次高,含有机智和巧的成分。

有人说会休息才会工作。工作没有做好,能安心休息了?能安心玩了?工作好了,才能安心休息和玩。工作起来,常常要废寝忘食。工作在兴头上,不能停下来,特别是灵感来的时候。还有,下面一道工序的人在等我们呢,我们不如赶快干完了交给了别人好踏踏实实休息和玩。我们效率高,工作提前做好了,可以安心多休息和多玩一会儿。干我们这一行的,没有什么休息日不休息日的。既然选择了这一行,就别想按时工作按时休息。要么就别干这一行。

效率高也有方法。要会统筹安排,要会分轻重缓急。要干!有时候考虑干这个好还是干那个好,有考虑的时间活早干完了。干活要会积累,就是有中介物,有很多半成品。还有,一件一件干,不如几件穿插着干。五件活,穿插着干,也就是占干两三件活的时间。因为事物都是既有区别又有联系的。我们一个人干活,这点本事都没有,还怎么领导一个大的课题组?还怎么以身作则带领一批人成就一番事业?而哪一个学者是一个人能成就事业的?

大聪明不是灵机一动,而是要找到合适的途径努力靠近本质。崎岖小路和连续的攀登是必须的。

效率高,是有责任感,有事业心,而且有合适的办法,当然就机智。

(二)经常做力所不及的事

重复的实践,很难出新的学问。学问主要是从研究新情况新领域新问题里出来的。做学问也要鲜活。重复,容易僵化、模式化。不断探索才能不断前进。

还有,我们的潜力都是在已经以为是极限——历史的顶点的时候才能出现,这种时候才能前进,才能进一步认识自我。我们对客观事物的认识,也只有在这种时候才能提高。

一个人总要做一些力所不及的事情。得心应手、驾轻就熟、游刃有余,不会有多少长进。《金刚经》说"应无所住而起兴"。"无所住"才能充满所有,才能自由自在。我们搞研究本来就是求得自在,怎么能搞得反而不自在呢?

做学问当然有捷径。要不然为什么有的人做得好一些、快一些?别人走过的、自己走过的,肯定不是捷径。我们走好了也是步别人或者自己的后尘。只有走别人、自己没有走过的路,才可能是捷径。走这样的地方,往往没有什么同伴,也不能时时测定我们跟别人有多少距离,不太知道自己是进步了还是退步了,探索跟失败常常是孪生兄弟。也可能处于无竞争状态,很寂寞。但是融于生活、融于自然,很自在。如果我们还没有这样的感觉,那么我们还没有走在捷径上。

(三)顽强的毅力

读书、查资料、调查、野外作业、写论文写书的时候的确很辛苦,常常要付出健康。认识未知,在崎岖小路上连续攀登,要有顽强的毅力。

顽强的毅力还表现在善于在作坊里出精品。我们做一件新的事情,别人往往不认可,那个时候,我们向谁要条件?谁给我们条件?那是还没有拿出成果和显示能力的时候,可是事情又一定要做。作坊里也能出精品,这是锻炼队伍。正规军需要的时候也能打游击,而且能打好。后来条件好了,这种精神和起点比较高的认识不要放弃。特别是一个人做一些新的事情的时候,又是还没有成绩和显示能力,不能要而且也没有什么条件,又要创业。在作坊里干活,不见得认识就土就低,认识的层次要高。

顽强的毅力还表现在少提倡少呼吁,我们要自己做和组织别人做。以学术引导学术,以做引导做,这是责任,也是方法。我们没有退路。我们计划做的事,时间表会有一些变化,但是不能说说就没有了。

四 重在建设、选优、滚雪球

(一)重在建设

科学研究的根本目的是使世界更美好。语言学及应用语言学的研究目的是使语言生活和语言学及应用语言学学术都得到发展,也就是建设。一般的情况下都要重在建设。只有基本情况不好,才需要重在治理。还有大的环境不允许重在建设,才不能重在建设。

重在建设是个思想,体现在研究方法和态度方面,一是正确估计形势,本身就是对形势的估计,就是态度。二是以立为主。实际上这是个层次问题。到一定水平之后,发现问题是个开始,重要的是努力解决问题,拿出正面的看法来。要有实绩。三是以正面引导为主。这是要有责任感,而且自己做出榜样。四是多注意新的好的语言学思想。如果我们经常注意新的好的,不仅会谦虚,不容易僵化,便于学习,而且是高层次人性的表现。五是不显示自己,不嘲弄别人。摆事实讲道理。要会团结人。指责为什么会有那个问题,是不够的,我们要努力去解决,这是责任感。我们不很在意谁造成和维系那个问题的思想和理论。我们不能迁就那个人而不去解决问题,我们也不因为解决问题而要嘲弄那个人。换个角度来看,研究总是希望人们接受我们的见解,人们觉得我们谈的没有什么了不起,自然而然接受了,甚至不觉得那些见解是从我们这儿得来的而本来就是他自己的,岂不更好!搞研究不是要别人记住这一点那一点是我们提出来的而他对那些意见不甚了了。

重在建设,很重要的是研究者自身思想、素质、学风、能力、方法的建设。要重在研究队伍的建设。我们语言学及应用语言学的进一步发展主要看两个方面。一个是理论建设,一个是队伍建设。因为语言是个巨系统,引导它的发展,不能立竿见影,不能急于求成,要适度超前。我们过去对这一点认识不够,常常把语文工作混同于政治运动。理论建设和队伍建设特别不能立竿见影,所以我们在这些方面的建设不够。不重视理论建设和队伍建设,我们的语言学及应用语言学绝对不能有比较大的发展。队伍建设的一种形式,需要相对集中,有比较齐备的人才,而且人才比较年轻。这些人经常讨论,有一些共性,例如注意哲学层面,尤其是比较了解东方的哲学。有个大语言观。而且联系实际,在语言实际的探讨方面比较深入。有比较好的学风、文风、文笔。还要多一些想象和假设,多一些浪漫的情调。把自己培养成学者+哲人+诗人+商人这样的人。但是大家都很有个性。有个性和团结是能结合的,关键是大家有包容心。人才都是辈出的,辈出都是一起取长补短的。

我们年轻的学者不能只是会完成某个课题,还要会系统地领导较大的课题,还要在大的建设方面做主持的工作。主持一个比较大的和时间比较长的课题,一是要宏观把握这个课题的价值和我们做这个课题的优势。二是要有一支比较好的队伍和比较好的分工。三是要出优秀的成果和出优秀的人才相结合。四是出集体成果和个人的成果相结合。五是能持续发展。六是自己带头做课题。七是要能根据情况随时应变。八是要有经济头脑。还要经得住社会上有人说好有人说不好。主持人是分层次的。有的主持人主持一个节目,有的主持人要管很多事。不是一管很多事就不能专了,而是很多人没有受到这方面的锻炼,没有这方面的本事。

(二)选优

研究无非是交换和充实各种能量。研究的方法归根到底是选优,一点点优都要选出来,而且要探索,发展。自己优才能选优,越是优越能选优,越选优越优。

一是要善于梳理问题。我们怎么知道别人说的是不是新见解呢。搞学术不知道是不合适的。我们起初要读很多文献,读很多书,渐渐地就到了临界水平了,当前大致情况包括有人正在研究什么、考虑什么都基本掌握了。当然还要不断了解新的情况。读书是基本的。书浩如烟海,读前沿的,读概说性的,从近的往远的读。读这一类书不是迷于名人轶事,而是了解有关的思想和见解。读了之后要梳理一下。比卡片进一步,是札记性的,是加过工的熟语料。其中有自己的思想。问题是指存在而需要解决的,包括可能的潜在的问题。梳理问题就是进步。问题是分层次的,交叉的。有时候一个问题通了,许多问题跟着通了;有时候别的许多问题通了,这个问题才通了。所以有时候是一通百通,有时候是百通一通。有时候是一下子通了,多半是渐渐通的。我们对问题的认识提高了,这也是提高了学术。对老大难的问题有了进一步的认识,学术上提高得就比较多了。问题是学术发展的生长点,不要没有问题而自扰,也不要掩盖问题。

二是要善于讨论。讨论、碰撞、争辩,才能发展学说,不过要有好的气氛。

一些人心平气和地用对话的形式一起讨论一些问题,是个好办法。繁荣学术是百家争鸣,争鸣要争。其实还可以平等地对话,也无所谓争,是一起探讨。或许这样更好。还要认识到优点和不足是共生的,新的好的跟不好的是共生的。别人如此,自己也如此,人才不要纯,要团结人,团结不同意见的人,也要善待自己。学术上很难有绝对的错或者绝对的对。往往是既有对又有些不妥,既有不对又有些真知灼见,所以要讨论,要取长补短。我们要接受历史比较语言学当初衰败的教训。文人有知识,应该懂得团结和合作的重要。语言学家更应该懂得这一点,因为语言就是为了人类合作的需要而出现而发展的。文人更应该相亲,语言学家更应该相亲。学问大一些的要吸引和带动一批学者。开展有关问题的学术讨论是活跃学术空气和形成高质量学术群体的好办法。我们还要善于吸取同行的意见及时调整我们哪怕很重要的提法或计划,多团结人,把事情做好。

三是要正确对待不同意见。社会上有了比较自由的讨论的空气总是好的,那么多人关注语言工作那是很好的事,有了不同的意见可以帮助我们思考问题发展学术。对于一些很难听的话,我们态度要好,要吸取五四白话文运动的经验教训,要注重理论建设。

只要我们自己是经过思考认真做的,别人说好说不好是次要的。

因为别人没有像我们这样经过思考,也没有做过,不能要求别人有中肯的意见,别人肯提意见供我们参考就不错了。我们也不要依据供参考的评价高兴或者不高兴甚至决定我们做或者不做。有批评甚至嘲笑,那不是坏事。那是说明我们可能在进入一个很高的层次。老子《道德经》里说:"上士闻道,勤而行之;中士闻道,若存若亡;下士闻道,大笑之。不笑,不足以为道。"末尾一句很重要:"不笑,不足以为道。"这是一个检验标准。如果没有人嘲笑,说明我们离认识到规律还有很大的距离。我们动不动就说要争取成功,就祝人家成功,2002年说得特别多的是"马到成功"。可是,要知道,大成功是要有人嘲笑。伴随大成功的会是嘲笑等一类东西。我们要有足够的迎接这些伴随物的准备。

当然,我们不要故意树敌。故意树的敌不是大成功的伴随物。我们要靠智慧,尽量多团结人,尽量改善工作环境。要考虑到更大的范围更长的时间,经过我们的研究和说明,经过人家的思考,很多人会逐渐接近比较正确的认识的。关键看我们的认识是不是逐渐比较正确。

(三)滚雪球

研究语言学及应用语言学,滚雪球比打基础好。滚雪球是动态的,比较主动的,加速度的,越滚越大,上手快也后劲足。长时间打基础,看不到成果,会比较沉闷。滚雪球是老在打基础,老有成果,以往的成果都是今后的基础。当然,起初总会有一定的时候是打基础而看不到成果。例如编词典,可以一边编写一边还在收集材料,把大面上的编写出来了,主要力量集中加工,余下的词目进行小秋收。力量不平均使用。"颗粒归仓"只是口号而已。这样很快就有成果,能鼓励士气。也及时知道哪些方面不足,还可以补充。研究问题也是越研究问题越多,认识越深刻。这也是积累,不是狗熊掰棒子。

滚雪球需要纵横交错,突破历时、共时的严格限制。研究历史也要纵横交错。

写文章一方面要注意段落区分清楚,同时要注意段落之间的交织和联系。研究,要注意语言的延伸段和交叉段。语言连续段或者交叉部位的情况,是研究的难点也是值得发掘的富矿。

滚雪球,雪球的外部很活跃;内核比较稳定,但是内部也要经常调整和更新。我们说的滚雪球是打比方,雪球是个有生命的精灵,它有一个内核,在吸取中发展。

采用滚雪球的方法,主持人需要及时拿出纲要来。写纲要是一个重要的研究经验和方法。纲要是思想的火花,是新见解,也是亮点和文眼。纲要里要有思想、有主要材料。纲要的每一点几乎都可以写成一篇论文。论文提纲要以新见解为纲来写。新见解是比别人逼近"是""规律""真理"的地方,我们一点一点深入,占领未知,连起来就占领了一大片。研究就是占领未知,不是重复。注意纲要,这也是提高效率的方法。

(《语言文字学论坛》第 1 辑,中国社会科学出版社,2002)

关于应用语言学的学科建设

我觉得有一个认识要解决,就是应用语言学不是实用现代汉语。

有的老师欢迎应用语言学进入大学课堂,有一个原因说是现代汉语课不怎么好上,没有什么用,学生也不怎么爱听。应用语言学讲应用的,比较实用,学生学了有用,学生会爱听。我觉得这是误解。

现代汉语课也是很有用的,只不过我们的定位和上的内容有些问题。要解决这些问题,要靠解决现代汉语课自己的问题,不能靠改上应用语言学课。

语言学的问题,有的不能完全靠本体语言学来解决,所以还需要应用语言学。本体语言学跟应用语言学合起来,包括它们各自的理论部分的融合,才是语言学。应用语言学可以说是语言本体和本体语言学同有关方面发生关系的学科,所以,对学习应用语言学来说,学习语言本体和本体语言学是很重要的。

我1999年秋天起,曾经给大学的一个班同时上了半年的"现代汉语应用实践"和"应用语言学"这两门课,两门课配合起来上,效果还可以。但是比较起来,学生还是对"现代汉语应用实践"课更感兴趣。应用语言学课很难马上吸引学生,后劲还可以,上了一段之后学生才开始有兴趣。

应用语言学的理论也是比较深的,我们也不要自己降低水平,把应用语言学课上成主要讲一些实用的技巧的课,使得学生误解为应用语言学就是这样的学科。我总觉得不重视理论的很难说是真正重视实践。

我们检验一门课的效果,不能只看一堂课或者几堂课的效果。有的要着重看后效应。我上应用语言学课,一开始就给学生讲明白,不要指望一学期会有多少收获,效果等一年两年三年看,我相信我的学生一辈子都忘不了我上的这门课。我这些语还是有应验的。

我们的语言学本来就不能急于求成、立竿见影。语言是个巨系统,学起来又不太容易。所以语言学习、语言工作、语言研究要适度超前。这是语言发展的一个重要的内部规律。我们几千年来,忽略了这个内部规律,常常把语言活动混同于政治运动,常常片面注重上手快、忽略后劲足,忽略理论建设和队伍建设。我们如果不解决这个问题,我们的语言学不会有多大发展。我们大学的现代汉语课也不要指望立竿见影。甚至我们整个高校的教学都要努力把上手快跟后劲足结合起来,有的课更要注重后劲足。

还有,外国起初是狭义应用语言学还是广义应用语言学,这还是一个有争议的问题。即使外国起初是狭义的,也不是说我们中国也要搞狭义的。主要看我们中国社会发展的需要和学科发展的需要。教育部的学科分类当然不能老是改,但是不能也不应该成为社会发展和学科发展的障碍。教育部没有规定只能搞狭义的,那么,我看愿意搞狭义的就搞狭义的,不要批评别人搞广义的。

(《暨南大学华文学院学报》2002年第3期)

制订语言计划的若干原则

确定语言工作一个时期的方针任务政策,短期的工作的主次急缓以及相互配合,实现的目标步骤和方法,都属于制订语言计划。这些年,我参加过一些语言计划的制订和讨论,有些体会和想法,供朋友们考虑澳门过渡期语言发展路向的参考。

一 科学

合乎语言发展的规律,根据规律引导语言发展。例如各个民族要有共同交际的语言,普通话是汉语历史发展的必然产物,我们顺应历史的潮流而且站在潮头努力推广普通话。这样,语言工作者的努力才是有用的、有效的。

语言主要是用来交际的,是一个亚稳体,相对稳定,又不停地变化。社会实际也影响语言的发展变化,这也是有规律的。这一部分也属于语言研究的重要范围。

关于语言计划,特别需要应用研究和基础理论研究的结合。既要解决社会使用的实际问题,又要充分利用对语言本身发展规律的认识,并且在实践中检验、修改、丰富。这里,比较难以做过多的实验室式的研究,而要以社会做实验场,实验室研究的成果也要转化为社会使用。这种研究有人说是入世研究,入世研究也能从实际使用的事例中概括规律,推动学科的发展。这方面的研究人员特别要顾两头:实践和理论,并且相互推进。这方面的研究人员切忌贵族派头,多一些平民作风好。

制订语言计划要充分发挥专门家的作用。极大多数专门家是关心社会、了解社会的,对社会是有责任心的,而且是有专业知识的。专门家有不同意见,展开讨论,有助于正确制订语言计划。计划确定了,一边实行,一边仍然可以听取不同意见。当然确定计划要慎重,调整计划也要慎重,都要经过一定的程序。不同意见可能是对计划中薄弱部分的提醒,对不妥部分的告诫。意见一边倒不一定是好事。确定计划要以科学为依据,宣传也是如此。千秋胜负在于理,这个理是规律。

二 适 用

计划要结合具体情况,能大面积实施,具有可操作性、可检查性、可比较性。

确定某种语言方面的标准,是指令性的,一定要简明,标准尽量划一。提出倾向性意见,是指导性的,有个总的导向,吸引人靠拢,而且可以在实践中、讨论中完善。

语言这种亚稳体,其中内核相当稳定,越往外越不稳定。字、音、基本词、通常的低层次的语法规则是内核,口语、文学作品语言相当活跃,而新词语特别活跃,最活跃的大概是许多临时的修辞性的用法。内核和外延相互影响、相互转化,各有各的用处。一般说来,文化水平较低的人使用的部分趋于内核,水平越高的人使用起来外延部分的成分越多。

用字方面,指令性的多。音,指令性的多,也有指导性的。词、语法等,指导性的多。

便于中等文化程度的人使用,指令性成分较多。中等文化程度以上,尤其是高等文化程度的人,要有较多指导性成分。

有了根据,才好确定在哪些方面对哪些人严,在哪些方面对哪些人宽。

三　稳妥

高科技的有效实施都要有高情感。做到有高情感,就是要得人心。得人心就要为人民做实事收实效。群众一时不很赞成不很理解的,不能顶着做。语言计划工作头绪很多,不能平均用力、齐头并进。找准突破点,一马当先,可能带动其他。这个突破点,往往是人民拥护,做起来容易收到实效。

顺乎自然,因势利导,做促进工作。顺乎语言发展的规律,借着发展的势头适当引导。顺乎极大多数人民希望语言便于使用、健康发展的要求,掌握好尺度,既不守旧,又不冒进。一般情况下小步微调,条件成熟了不失时机地步子大一些。特别是不能说过头话,不能冒进。很多本来很好的事情,被一些过头话和冒进的做法败坏了声誉,弄得很难做下去。过,是帮倒忙,还不如不及。

计划要继承历史的延续。朝令夕弃,朝令夕改,朝紧夕松,朝松夕紧,都会造成令不行、禁不止。计划是可以修改的,但一定有道理。

计划不是牛皮筋,弹性不能太大;又不是铁环,不能没有弹性。一般来说,留有余地,经过努力保证完成。

语言有广泛的社会性,语言计划涉及千百万人的日常语言使用。计划好,功也大,计划不好,过也大。语言是个系统,哪怕细微的调整,都可能牵一发而动全身。计划确定前要有充分调研。试行后要追踪调查,要有实验、修改,然后再实施。现在商业上有售后服务,还有售前服务、售中服务,制订、实施语言计划也应该如此。要知道民情,特别是语言使用大户的情况。管理是服务,要注重服务。

四　动态

语言是发展变化的,使用的人、使用的社会是发展变化的,计划也应该能适应发展变化。

确定和实施要有一些预见性,免得常常放马后炮、亡羊补牢、打遭遇战。

指令性的标准,指导性的倾向性意见都可以修改、完善。某项标准,如普通话水平测试标准,大家水平提高了,一定的时候测试标准也可以提高。总的工作方针的要求也可以适时提高。

在语言使用主体力量不够强大,使用比较混乱的时候,行政干预应该多一些。到了主体力量相当强了,使用比较规范了,学术引导应该多一些。

语言计划不能孤立地实施,要同人才素质的培养结合起来。首先要建立发展一支素质高的语文工作者队伍:有学问,有活动能力,视野开阔,又脚踏实地。建立发展这样一支队伍,有时候比出学术成果更重要,这叫留得青山在,不怕没柴烧。语言计划要考虑到有后劲,太顾眼前,急急忙忙出轰动效应、新闻效应,如同毁坏资源。人才效益如同生态效益,注重人才效益,才能持续发展。

(《澳门语言论集》,澳门社会学学会出版,1992)

关于新时期推广普通话方略的若干思考

一 基本估计

关于全国推广普通话的基本情况,现在有的认为很不乐观,有的给人的感觉似乎许多地方已经普及了。持后一种估计的是2001年6月6日《人民日报》评论员文章《为祖国语言的纯洁和健康继续奋斗》:"与50年前相比,我国语言文字应用的情况已有了很大的变化和进步。但是,要使我们的语言文字更加规范和健康,还有很多工作要做,任重而道远。在信息全球化的新时代,语言文字的应用与社会的发展相比,依然存在某些滞后现象。部分地区普通话尚未普及,个别地区甚至存在重方言、轻普通话的倾向。"文章用批评的语气过高地估计了当前全国推广普通话的基本情况。

我们认为1997年12月全国语言文字工作会议提出到21世纪中叶以前推广普通话两个阶段的目标是正确的,即:到2010年初步普及普通话,全国入学年龄和工作年龄阶段的人有百分之七十能用普通话交际,方言在交际中造成的隔阂初步消除。到21世纪中叶之前普及,全国入学年龄和工作年龄阶段的人有百分之九十能用普通话交际,方言在交际中造成的隔阂消除。不能想象,从1997年12月到2001年6月6日才三年半的时间就把五十几年要做的事情做完了。现在不是"部分地区普通话尚未普及",而是绝大部分地区尚未普及,大部分地区还在努力实现初步普及。我们的城市评估到2010年还是要求初步普及普通话,现在这个评估还在进行之中。

我们语言生活国情调查的材料还在整理,但是从初步整理的材料来看,已经普及的地区是个别的,初步普及的地区也是很少的。

《人民日报》那篇文章的那个提法是缺乏根据的。还有,"个别地区甚至存在重方言、轻普通话的倾向"之说,怎么知道是"个别地区"?

我们一方面要清楚地认识到推广普通话的目标,以及制定这个目标的根据,又要对当前的成绩和不足有清醒的认识,鼓励军心,扎扎实实地工作。

由此,我们更加感觉到从上到下大兴调查研究之风的重要。

二 紧抓住学校这个基本阵地

(一)学校是基础的基础

如何做好语言文字工作,国家语委曾经多次提出齐抓共管和发挥几个方面各自重要作用相结合。李岚清同志1997年12月23日在全国语言文字工作会议上的书面讲话,在这个基础上作了调整,提出了"三个发挥":一是要发挥教育的基础作用。各级各类学校,特别是中小学校、师范院校要继续把说好普通话、写好规范字、提高语言文字能力作为素质教育的重要内容,首先使普通话成为校园语言;教师要成为说好普通话、写好规范字的模范。各级教育行政部门要将这方面的要求作为管理、督导和教师考核的内容。二是要发挥国家公务员的带头作用。三是要发挥新闻出版、广播、影视等媒体的示范普及作用。(《语文建设》1998年第2期)朱新均同志12月26日在会议闭幕式上的总结讲话,特别提出:"岚清同志关于'三个发挥'的指示,对于我们突出当前工作的重点、更好地把握全局,具有重要的指导意义。这三个方面的作用是相互影响、相互制约、相互促进的,单抓哪一方面都不行。忽视了教育的基础作用,另外两个方面就会成为无源之水、无本之木……"(同上)

1997年12月又一次召开的全国语言文字工作会议上,许嘉璐同志的主题报告提出,2010年,"普通话在全国范围内初步普及"。下世纪中叶以前,"普通话在全国范围内普及"。关于后一个目标,朱新均同志的总结讲话说是指百分之九十左右的公民具备普通话应用能力。也就是说,今后经过义务教育的人里面只允许有百分之十左右的人不具备普通话应用能力,要比过去几乎要减少一半。这个任务不简单。现在如果每年经过义务教育的人还是几乎有百分之二十左右的人不会说普通话,每年百分之十左右的数字要压倒后面那些年的头上。如果头上有个若干年完不成这个任务,前面说的两个目标尤其是头一个目标就会成为空话、大话。而这一次的目标是同国家全局的目标结合得很紧的,朱新均的总结讲话说:"党的十五大提出21世纪中叶以前我国将基本实现现代化,建成富强、民主、文明的社会主义国家,语言文字工作必须很好地为实现这一宏伟目标服务。"是"必须",不实现就可能贻误大局。实现目标,要有有力、有效的措施。缺少有力、有效的措施,目标就会成为空话、大话。今天我们要冷静地回答一个问题:在经过义务教育的人里面要有百分之九十左右的人具备普通话应用能力,我们采取了什么带有根本性的有效的措施?

(二)关于校园语言

李岚清同志提出"首先要使普通话成为校园语言",这正是长期以来的重点、难点和弱点。如果说课堂里学生说普通话主要是学,那么校园语言是学生普通话学习的延续和实践,是对学生课堂里普通话学习的检验。把校园语言原来的意思"校园里一般情况要说普通话"改成"校园里重大活动要说普通话"的意思,改变和不改变不是主要的,要看推广普通话的效果。

(三)今后的普通话初步普及和普及主要靠抓学校

问题还在教师的水平。教师在两个方面起作用,一是示范,二是引导提高。学生学习普通话有比学校课堂广阔得多的天地,老师还要引导学生到更广阔的天地里去。

限制校外说方言的办法也不是很合适的。问题是学生需要说的时候能说而且达标,主要靠改进教学。

如果教师难以发挥作用,那就要探讨和解决更深层的问题,例如我们的教育尤其是中等教育是否还有很多应试教育的成分。

(四)防止小学推广普通话的滑坡

国家教委 1993 年决定,以必修课的形式在各级各类师范院校开设"教师口语"课。开设"教师口语"课,是推广普通话工作的重要发展。有些学校开了又不开了,可能碰到一些困难,也需要调查研究解决。这门课的设置要进一步完善,教材也要进一步修订。

小学推广普通话不是天然就好的,而是做工作做出来的,其中一条是中等师范学校推广普通话好。现在中等师范学校取消了,小学师资的学历高了,教学普通话的水平总的是高了还是低了?要及早调查研究。如果有问题,要及早解决。要及早防止小学推广普通话的滑坡。

三 进一步发挥社会主义市场的作用

(一)完善社会主义市场是现阶段推广普通话的主要目的

改革开放以来,我国转入以经济建设为中心,这是个大目标。1997年12月的全国语言文字工作会议提出到21世纪中叶以前推广普通话两个阶段的目标,这个规划的根据是更大的规划,就是我国到21世纪中叶要基本实现现代化,成为世界上中等发达的国家,国内一定要有统一的市场,普通话一定要普及。否则,就要拖国家整个建设的后腿。

既然社会主义市场需要并且能促使推广普通话,我们就应该充分发挥社会主义市场发展对推广普通话的强大的促进作用。如果我们某些方面推广普通话工作成效不大,很可能在那些方面还没有怎么认识到和没有怎么发挥社会主义市场的作用,搞的还是计划经济时期的老一套。

(二)"为"和"治"

北京红桥市场、深圳龙岗区均佳雨伞厂、深圳农村,还有别的许多类似的地方,普通话说得不错。那些地方没有做许多直接的推广普通话的工作。这些事实需要我们认真思考。

有两种情况,一种是"有为"而没有怎么"治",一种是"无为"而"治"。我们要哪一种?我们要的是"治"。前一种情况,有为而不怎么有效,我们要思考的是,这种"有为"是不是"有为"到了点子上?后一种情况,我们要思考的是,是不是"无为"?

什么叫"为"?是不是有关部门直接做了才叫"为"?

北京红桥市场那些地方普遍说普通话,是社会主义市场发展造成的。我们发展了社会主义市场,这是大"为",是有效的"为",是用巧劲的"为"。

新时期推广普通话的政府行为,要在充分发挥社会主义市场的作用方面下功夫。我们推广普通话的宣传要在这个方面大做文章。我们说,推广普通话要有良好的环境和气氛,这方面是大的环境和气氛。我们的社会主义市场还是初步的,还不够完善,我们的推广普通话工作还要避免社会主义市场不完善的毛病而积极使它完善。

在具体方面还是可以更有作为的。例如,深圳龙岗区均佳雨伞厂等地方说普通话的水平不够高,有关部门可以给予帮助。但是,方法也要巧妙,不要用"规定""指导"等老一套而引起反感。

(三)关于导游等的普通话

现在兴起了旅游热,导游属于窗口服务,对于推广普通话也能起很大的作用。可是,我们在很多地方听到导游普遍带有港台腔,而且不分游客是什么地方人。许多导游辛辛苦苦学了港台腔还不知道自己说的是港台腔。我们抓一下有关这方面的语言培训呢?

(四)社会主义市场经济,主要体现在服务

体现社会主义市场经济,不一定在经济部门。主要看是不是具有服务于建设和建设者需要的观念,是不是在服务。服务行业应该是充分体现社会主义市场经济的,如果其中的有些部门忘掉了服务,那是已经变成了"官"商。别的部门的个人,如果忘掉了服务,那时已经有了许多"官"气。

语言是用来交际的,交际的基本原则是合作。语言因合作而出现,为更好地合作而发展。绝不存在不利于交际和合作的所谓档次和美。

四 做好农村的推广普通话工作

(一)新中国成立不久我们推广普通话是抓农村的

当时也是国家发展的需要。农村为我国的推广普通话以及社会主义事业作出了重要的贡献。20世纪50年代我国推广普通话的黄金时期,涌现出的福建大田吴山乡和山西万荣这样全国的先进地区就在农村。这些先进地区的榜样作用,远远不限于上个世纪50年代。

(二)当前仍然要做好农村的推广普通话工作

当前也仍然是国家发展的需要。农业是我国社会主义建设的重要的方面。我们要全面发展农村,包括发展农村的语言生活。我们关心农村,搞几下乡,应该包括关心农村的推广普通话。

现在农村成了我国推广普通话的薄弱地区,影响了全局的发展。例如,农村的孩子要到外边去上学,农民要进城务工,农村的干部可能调动到城里当干部,农民要进城采购、卖货等等。还有,城里人也要去农村。农村推广普通话落后会影响彼此的交际。再说,农村自己的发展,也需要推广普通话。

1997年12月的全国语言文字工作会议提出到21世纪中叶以前推广普通话两个阶段的目标,是包括了农村的。忽略了广大农村地区,这个目标是达不到的。

(三)关于农村城镇化

我们有的人可能把农村推广普通话的希望寄托在农村城镇化,似乎认为很快就没有什么农村了,似乎不需要怎么去抓农村。

一来农村城镇化可能没有有的人想象的那么快。这个过程可能相当长。

二来一旦农村城镇化,原来的农民成了城里人,原来不少人不会说普通话、或者说得很不好的问题不会跟着就没有了。这些问题移交到了城里,也还是在我们中国。

三来学习普通话要有个比较长的过程,我们为一些农村城镇化做准备,帮助农民学习普通话,工作一定要比农村城镇化适度超前。

适度超前这个思想很重要。我们经常说要根据语言的规律办事,不能违背语言的规律,就要知道语言的几个基本规律。一个规律是语言是个巨系统,一个人学习语言要有个比较长期的过程,很多人要改变语言使用状况更要有个相当长的过程,不能急于求成,不能立竿见影。根据这个规律办事,顺乎这个自然,再因广大群众有了改变语言使用状况的认识、要求、行动的势来利导,我们才可能做一些促进工作。因此,不是要改变群体语言使用状况立马就能改变的,即使是做法对头、条件具备,改变群体语言使用状况的事也要适度超前来做。不这么做就是违背规律,就是不科学,就一定做不好。

五 树立先进的旗帜

(一)涌现先进旗帜是推广普通话工作大发展的重要标志

1958年到1960年是我国推广普通话的黄金时期,那时候,全国掀起了一股热潮,从学校到社会,基本上形成了以学习普通话为荣的风气,普及的速度相当快。这股热潮的掀起,是有深厚的社会基础的,是有党和政府的强有力的领导的,是做了大量的人力、物力和舆论等准备的,是得到有关方面积极配合的。

说它是黄金时期,一个重要标志是涌现出了福建大田吴山乡、山西万荣和上海市这样的先进典型。也就是拿得出来的数得上不是人工制造的成绩、榜样和经验。旗帜是高峰,是引路的榜样。

我们今天还拿不出这样的旗帜,所以说1986年以来是"再发展"时期,还不是又一个黄金时期。我们要研究那个时期的许多重要的经验、条件,进一步开展好推广普通话工作。当时的一个重要经验,是全方位地发展中涌现先进,又以先进带动其他。

(二)先进不是人工制造的

人工制造的一定不能真正起到引路的作用。

我们今天还可以进一步总结当年大田、万荣等地的经验,同时了解大田和万荣等地的经验对相关地区尤其是周边地区深远的影响。

中国文字改革委员会和国家语委原来的许多领导和干部去访问过大田和万荣,那时候去大田吴山乡交通非常不方便,他们有的年事已高还是去了,可见得态度之谦虚诚恳和工作之深入。我们语委的领导和有关干部去看看那里今天怎么样了,也一定会思考许多问题。

(三)先进会有时代性

先进不是一成不变的。不同时代有不同的先进。我们要前瞻性地看到新的时代哪些部门具有先进的条件而且也的确会比较先进,及早地培育。

(四)先进有不同类型

全面先进当然好,某种类型的先进也很重要,这样便于起各种带头作用,也便于人家既学精神又学经验还学方法。

(五)树立先进者要先进

先进不能人工制造,也不能自生自灭。先进要有先进者发现、关心和培育。怎样发现、关心和培育,也要调查研究。先进总有几个标记。例如:一是有先进的思想认识。二是改革开放。三是掌握政策。四是有一定的学术。五是根据客观现实办实事又推动客观现实发展。六是团结人。七是善于学习。八是清醒地看到自己的不足和问题。九是说真话、听真话。发现、关心、培育先进者首先要做到这些。所以,涌现先进不容易,跟发现、关心、培育先进不容易有关。

六　规定和提倡相结合

(一)社会主义市场经济要注重提倡

实行改革开放以前,我国实行的是计划经济,但是推广普通话工作注重提倡。1955年提出的推广普通话的方针里有"大力提倡"。那时候也有一些规定,有时候还有一些强迫命令,但是总的是提倡。实行改革开放以后,我国逐渐转入社会主义市场经济,1982年12月4日第五届全国人民代表大会第五次会议通过的《中华人民共和国宪法》每19条明确规定:"国家推广全国通用的普通话。"把推广普通话这一工作载入了宪法。紧接着,12月21日教育部、中国文字改革委员会等15个单位发出《大家都来说普通话倡议书》(《文字改革》1983年1月号)。可是,总的说来,对提倡比较忽略,比较多的是规定,检查是否达到规定。

其实,社会主义市场经济更要注重提倡。尤其是语言方面的事,主要靠规定是很难的。我们的语言规划,有相结合的三个层次,一个是指令性的,一个是指导性的,一个是市场调节性的。市场调节性的不等于放任自流,而是要根据市场调节的规律,用市场宏观调控的办法来实施语言规划。

(二)提倡和规定是可以结合的

我们的思想方法经常是二分法,要么规范,要么不规范;要么对,要么错;要么规定,要么提倡。其实规范和不规范之间有很多中介状态,规范和不规范也都有个度,就是都有个层次。对里可能有错,错里可能有对。提倡和规定是可以结合的。实际上这是刚柔的关系问题。指令性的要刚,但是也有一定的弹性。指导性的要柔,市场调节性的更要柔。总的是该刚则刚,该柔则柔,刚柔相济。刚柔相济,是因为语言问题本来刚柔相济。

达到了规定,也可以提倡。有一种认识,似乎应该做的就不需要提倡和奖励。其实,应该做的也需要提倡和奖励。"应该做的"也有层次。表扬了某某,他说:"是我应该做的。"这是谦虚。还有一种倾向是动不动都"依法行事",一说起语言文字工作就说有了国家通用语言文字法之后马上不一样了。没有法的时候就不做了?一有了法就万事大吉了?法是为了需要,有的需要还没有来得及立法,做不做?我们如果明明知道需要也不做,这不是积极主动的态度。

在达到规定的情况里也有更好的。有的还没有法的规定,社会需要,做了,应该提倡。我们平时做的一切事难道都有法可依了?我们平时做的一切事难道都是依法行事了?

(三)要出高招

餐饮业营业要交税这是有法可依的。前几年餐饮业推出顾客用餐之后要发票可以刮奖,这是一个新鲜事,也是一个高招。该做的事成了大家乐意做的、很有趣味的事,国家有关的税收增加了很多。

计划生育是基本国策,以前不按计划生育可不得了,超生的不让报户口等等。计生干部累死了效果也不是很好。按计划生育的人也没有多少奖励。现在据说要加强对按计划生育的人奖励的力度。

这些做法体现了一种观念的调整,也体现了观念调整之后智慧的做法。我们要收集我们这方面各地的智慧的想法和做法,进一步提出新观念、新做法。

七 其他

(一)媒体

媒体对普通话起示范普及作用。很多人对媒体尤其是广播电视语言的这个作用寄予很大的希望。这是广播电视的作用大了。广播电视是很多人学习普通话的重要课堂。不过,模仿广播电视达到一级水平是很难的,达到二级和帮助更多的人提高听的水平是比较有效的。要达到一级,一般要通过更有效的培训。广播电视在推广普通话和活跃语言方面是有很大功绩的。近来,很多节目里模仿港台腔,主要责任不在于主持人而在于领导和领导机构。这是个老问题,长期没有解决,一定有更深层的原因。这也反映了普通话水平测试的不足,这些人几乎都是拿到证书而在该说的岗位上不说的。不是也有法吗,这里怎么就可以有法不依呢?要抓就抓这些大的问题,否则小的问题很难解决。

类似的还有许多动画片的用语问题。

(二)测试

现在的测试在现阶段是可行的,大的改进有很多困难,但是也要努力改进。目的是要推广普通话,要用这一点来衡量测试工作,要看到成绩,要看到可以弥补的一些不足。例如有人靠应试而达标,不符合测试主要是素质培训的初衷。我们是否在培训和测试方面做些改进,是否配合一些岗位使用情况的监测。

还有,关于语言能力,多年来在语言学界是个热点问题,已经有了比较深入的讨论。例如,已经分化为交际能力、知识—研究能力、创新能力。关于交际能力已经提出是最基本的语言能力,是不同情况下跟不同人现实的既趋同又趋新把握好度的不断磨合的能力。语言交际能力的测试应该逐渐在一定的现实的交际的情况下进行。语言交际是多层次交叉的,所以要在多样、鲜活的语言交际中实践语言交际能力。鲜活还有时代性。语言交际能力是可以培养和提高的,是分层次也是可以量化的,是可以测试的,是有潜性和显性的。

还有,语言表达怎么不属于语言呢?不管语言表达的是什么语言呢?

测试要为今后的改进和发展留好余地。

(三)领导和公务员

领导努力学习、使用普通话和支持推广普通话是很重要的,但是,似乎不是推广普通话的一个必要条件。不然的话,会成为主要不看社会需要而看领导的脸色办事。

公务员应该带头说普通话,这是公务员为公众服务的需要,也是体现了为公众服务的态度和本领。公务员素质的逐步提高,对他们普通话水平的要求理应逐步提高。

现在一些公务员对普通话水平测试相当抵触,出现了一些测试员求他们接受辅导的不正常情况。我们要采取措施解决这个问题,也不要操之过急引起比较强烈的冲突。

(四)推广普通话宣传周

可以有一个比较长期的规划,让它跟我们各个阶段的中心任务结合起来逐年有所发展。近来人性化的口号体现了观念的发展,在口号方面也要逐年有所发展。活动要更加讲求实效。

八　加强队伍建设

(一)加强学习

我们推广普通话工作队伍的素质有了发展,但是也有不少问题,需要加强学习。

现在相关学术的发展很快。我们有的干部当初或者学习不够,或者学习了之后没有继续关心,不少相关的理论和知识比较陈旧,需要及时更新。

还经常听到一些似是而非的说法。例如:秦始皇做到了书同文,没有做到语同音,我们长期以来也没有做到语同音,我们今天要做到语同音。这里要分清标准和事实。秦始皇的书同文是立了标准,没有要求事实上各种情况下的书写都一样。如果说标准,我们语同音的标准是有的。如果说事实,秦始皇也没有书同文,而且这是对的。我们为什么要我们事实上各种情况下说的话都是标准的音呢?普通话水平测试要不要分三级六等?方言要消灭吗?

(二)大兴调查研究之风

推广普通话困难很多,问题很多,经验很多,办法也很多。了解困难、问题、经验,找办法,都要深入调查,了解真实情况,实事里求是。

例如,不少地方说过头话,做过头的事,有些浮夸。学校也有这个情况,为什么?测试里有时候有人情分,什么时候?什么情况?有的主持人普通话不达标但是主持得很好,有的说是某某某现象,怎么造成的?说明了什么?怎么把握?各级学校之间推广普通话的关联,学校跟社会、媒体的关系究竟怎么样?有的说中学教师里说普通话困难的是 40—45 岁之间的,职称解决了,基本上都是高级教师。当地教师比外地来的教师困难。怎么造成的?有人说,公交车上司售人员说普通话差一些,长途车、飞机上等工作人员说普通话进步非常快,说明了什么?诸如此类的许多问题需要深入调查。

(三)两支队伍的结合

我们推广普通话有两支相互结合的队伍,一支是工作队伍,一支是教学和研究队伍。两支队伍都要加强建设。

研究的题目和材料从工作中来,研究成果在工作中发挥作用和接受检验。现在关于推广普通话的研究学术上的成果不够突出,说明我们教学和研究队伍在实践和研究两头都还有不少欠缺。

两支队伍还要加强合作。

参考文献

李岚清《做好语言文字工作,为现代化建设服务》(《语文建设》1998 年第 2 期)。

许嘉璐《开拓语言文字工作新局面,为把社会主义现代化建设事业全面推向 21 世纪服务》(《语文建设》1998 年第 2 期)。

于根元《"三个发挥"是个有机的整体》(《语言文字应用》1998 年第 3 期)。

(《语言规划的理论与实践》[第四届全国社会语言学学术研讨会论文集],语文出版社,2006)

"消极规范"和"积极规范"

中华人民共和国成立以来很长一段时间,我们的现代汉语规范工作有一种主要是"帮助同志们纠正语言文字的缺点"的"匡谬正俗"的片面化的倾向。前些年,我们提出发现和介绍新的好的语言现象更重要。我们把前一种规范叫做"消极规范",把后一种规范叫做"积极规范"。我们主张消极规范和积极规范相结合,而积极规范更重要。

消极规范当然是很重要的。语言是为所有的人服务的,对所有的人一视同仁,而不同的人对语言的认识和使用语言的情况是不同的。有的人的语言毛病很多,有的人马马虎虎,有的人的语言很漂亮,这是不争的事实。而这些人又要相互交际,有的交际很到位,有的听的人经过纠错大致明白了,有的就很费解、听不懂或者弄错了。我们希望我们的交际便捷、高效,协调我们各方面的合作,总希望我们共同使用的现代汉语这个交际工具有比较明确的合理的共同的规定。郭沫若在1955年10月召开的现代汉语规范问题学术会议上说:"……要根据语言发展的规律,采取必要的步骤使得这全民族的语言在语音、语法、词汇方面减少它的分歧,增加它的统一性。"这就是我们的规范工作。要根据语言发展的规律,就要研究语言的历史变化和趋向,要研究语言的系统性。有了分歧,主要的是看哪一种交际更好。不好的和马马虎虎的,它的产生是有道理的、有原因的,但不能因此都认为是好的。因此要"匡谬正俗"。在全民族语言文字使用水平还不怎么高的时候,尤其是社会混乱造成语言文字使用混乱之后,"匡谬正俗"尤其重要。这还是一项长期的工作。例如,"通过学习使我得到提高""加快建设速度和规模"这种不规范的用法是会经常出现的。目前就是一些相当有影响的地方也有不少用得不对的情况。例如我们普通话说"两个月",而中国人民银行汇款通知上印的是"凭本通知在二个月……";我们说"营养很丰富"或者"营养价值很高",而正大综艺的节目主持人说"营养价值很丰富"。

消极规范主要看到了语言使用的负面的部分,其实语言使用里还有许多新的、好的部分。消极规范有时候因为规范者的根据有问题、有误判的情况。例如有人写文章说"幽默"中间不能加东西说成"幽他一默",因此"鞠躬"也不能说成"鞠了一躬",主要原因是说我们的汉语里原来没有这种格式。语言是发展变化的,我们主要不是看以前有或者没有某种格式,而是看是否需要和允许有某种格式。更主要的是看这种交际是否到位了。不说"鞠了一躬",说什么更好呢?总不能影响交际来迁就某种认识。还有,一段时间有一种规范工作的"追认观",认为一个新的语言现象出来之后,用的人多了、用得时间长了,我们来追认它,这才是规范工作。这种追认观导致了起码对语言中新的好的现象不热情,使我们的规范工作落后于社会语言生活。还往往造成对新的、好的语言现象的批评,例如有文章批评"永远的绿色""开开心心""很郊区"等用法。近十年来,"很中国、很江南、很孔雀、很九十年代"一类在不少重要的新闻媒体都用开了。近来很多语言学者肯定了这类用法并且研究它们的交际值。把交际值作为衡量规范的唯一尺度,这是很好也是很重要的现象。这说明了我们的语言生活更活跃了,我们认识到我们的语言里还有许多宝贵的资源可以开发，我们重视了人的重要的本能——创造。这还说明我们的语言学者更具有辩证的观点了，对规范的认识更全面了，规范工作跟社会语言生活的关系更密切了。这预示着我们的规范工作会有一个很大的进步，我们的社会语言生活会有比较快的发展。

今天看来，上面引的郭沫若的话需要作些补充，就是"使我们的社会语言生活健康丰富"。这是我们语言规范的工作目的和检验标准。我们说"规范就是服务"，就是为我们的社会语言生活健康丰富服务。这需要我们的语言学者进一步向人民群众学习，帮助人民群众匡谬正俗，发现和介绍人民群众中新的、好的语言现象，提高自己的语言表达水平，同人民群众一起提高我们全民族的语言文字水平，使我们的社会语言生活健康丰富。

(《中国教育报》1999年2月23日)

语言传意和传意者

一

"文如其人",是古人早就说过的。我又考虑标题上说的问题,起因于三件事。

第一件是,1991年我同语言文字应用研究所"新词新语新用法"课题组的同人编新词新语新用法的词典。大家从报刊和书上勾乙,有时候读了许多也勾不出什么来,有时候一篇文章里可以勾好多好多。我们决定做一段时间的统计,找一点规律。目的是把主要力量用来发掘富矿,提高勾乙的效率。我们发现,找新词语,外事版、理论版,很少。农村题材、军事题材、古代题材的小说和平实的散文里,也少。报告文学、杂文、新闻报道、座谈会发言里比较多,口语化的语言和现代改革开放题材的作品里比较多。那几年,《经济日报》《中国青年报》《北京青年报》里相当多。大概有这样一个规律,思想活跃、语言活跃、形式活泼、贴近生活的文章里新词语比较多。新词语在开放的、思想活跃的、贴近生活的领域里容易显现和传播。社会历次大变革,尤其是引起思想文化领域变革的时候,都引起词语比较大的变化,而且往往引起关于这个现象的讨论和争论。

第二件是,1995年我同语言文字应用研究所"广告语言研究"课题组的同人研究广告语。我们常常听到广告界的人说,我们许多语言研究同他们的实际脱节。为了探个究竟,也为了结合实际,这一年3月到5月,我们到中国邮政广告公司去实习了三个月。我们也参加了两个产品的广告语的设计。公司总监对我们说,语言的功力是重要的,但是光靠这个不行,还要靠思维活跃和别的。思维要很活跃,活跃到不发神经就行。思维活跃不是拍拍脑袋乱想,也是有规律的。

第三件是,1995年我撰写《二十世纪的中国语言应用研究》这本书。五四白话文运动和后来的大众语运动,要唤起民众,要作家用民众能懂的话来写,但是没有明确提出要向民众学习语言,而且认为民众的表达法"简单",作家不能仅此而已。延安整风明确提出了向民众学习语言,但是事实上这个问题长期以来没有解决好。

似乎有两个理论与此不相一致。一个是实际上是常常冒出来的"语言学习是一次性"的理论。我们许多人口头上说语言是相对稳定而时刻变化的,但是对变化多少有一种排斥的情绪,说什么越稳定的越规范。至今还有学者说这个不规范,那个不能说。原因呢?汉语里原先没有。还有一个是语言的创造是在语言功力非常非常强之后的事。当然是语言大师的专利,民众怎么能创造语言来让语言功力比他们强的人来学呢?可是事实并非完全如此。不少有一定语言功力的人语言表达干巴巴。而有的作家本来语言表达不错,进修了语言之后,似乎有些退步,这是另一方面的事实。他的语言功力是强了些,可是丢掉了一些并非与此一定水火不相容的思维活跃——我们常常称为灵气的东西。

因此,考察一个语言传意者的语言传意,在有点静态的语言功力之外,至少还要看他的思维是不是活跃。表现在语言上,看他是不是善于学习新的东西,是不是善于变通,是不是注意用得活。

二

我在《语言的潜、显及其他》一文里说:如果说社会的语言是一个活动的大系统,我们姑且叫它为客体语言,每个人使用的语言是主体语言,民族、时代等的积淀要加到主体语言里。此外,自己的文化、教养、好恶等也加了进去。物以类聚,同级相振。语言的正常显现一定要通过人,或者说要寻找代言人。一些人或一些群体要表述事物、概念、思想、色彩、氛围、情绪,要寻找他们能找到的合适的说法。客体语言和主体语言在一定的时空点上共振,"要我说"和"我要说"是结合的。

拿人来说,我们姑且先谈两个要素。一个要素是变化慢一些的语言功力,一个是比较容易变化的思维情况。两个要素如果各分三等,三三排列组合就会出现九种情况:1.语言功力强+思维活跃;2.语言功力一般+思维活跃;3.语言功力差+思维活跃;4.语言功力强+思维一般;5.语言功力一般+思维一般;6.语言功力差+思维一般;7.语言功力强+思维模式化;8.语言功力一般+思维模式化;9.语言功力差+思维模式化。相应的用语分别同这些人共振。

粗略地说,语言功力强而且思维活跃的,使用语言达到了高层次的要求,很活。语言的基本功能是人的社会交际,规范是为了更好地交际,交际好了才能说是规范了。交际度和规范度是相应的,这一类人说话才是规范度高的。创新和生造往往在语言功力一般而思维活跃的人身上共生。这些人说话新鲜,不一定用得是地方。谌容笔下

某办公室的年轻人郭飞大概就是这一类人。他是业余的新词语专家,常在报上发表解释新词语的小块文章。新词新语常常挂在他嘴上:

> 每当办公室发生什么争执,他就解释说:"任何时候这集结都很不容易。只因为在交叉的文化背景上,个性的审美把握远远大于群体性的审美意识,因此经常发生异彩纷呈的大合奏的局面。"
>
> 他的这些新词李寿川听不懂,朱喜芬也不懂。李寿川不懂,他认了,也不想去弄懂。朱喜芬可不成。她非打听个水落石出不可。经她再三追问,郭飞才懒洋洋地作了一个注释:"换句话说,各人有各人的一套,经常尿不到一个壶里。"(《献上一束夜来香》,《1987中篇小说选1》17页,人民文学出版社,1989)

换了个说法,也还是很生动的。语言功力差而思维活跃的,说话有许多不通的地方,但是也有许多有趣的说法。我们常常愿意跟天真活泼的儿童聊天而不愿意听有的语言学者的枯燥的说教。拿有的成年人来说,不会说缝纫机,可是会说"铁转转",还如"照病机",都很有趣:

> 这回他倒弄懂了,回到家就把老八拉来,指着缝纫机吼嚷:"快进城去买这'铁转转'!"(张峻《老八码子》,《新港》1983年第3期43页)
>
> 第二天,这件被称为"照病机"的宝贝就藏在一个农民家里。红军走后,国民党的县长以悬赏二十万元的高价,来找这架 X 光机,也未得手。(魏巍《地球的红飘带》,《当代长篇小说》73页,人民文学出版社,1987)

语言功力强而且思维活跃的人向语言功力一般而思维活跃的人学习语言,学习他们新鲜的说法和思维的活跃。他们新鲜的说法可能规范度不够高,用得不完全是地方,我们可以提取之后提高和用得是地方。帮助他们认清那些生造的,不去用。既是学生又是先生。我们的生活领域有限,民众熟悉的领域我们很可能很生疏。他们在熟悉的领域里生活,会用许多贴近那个生活领域的人群、环境的生动的说法。我们要吸取和提炼。向语言功力差而思维活跃的人主要学习他们表现在语言使用上的思维活跃。拿学习上面两种人的思维活跃来说,他们在他们熟悉的领域里考虑得多,在那方面他们脑子比我们活。电脑是学人脑的,我们有时候要反过来从提高电脑的效能方面,来认识如何提高人脑的效能。电脑的联网本来仿效的是人脑的沟通,我们向各方面的人学习,包括学习语言和思维的活跃,也是拿我们的头脑同千千万万的头脑联网,当然能提高效能。在联网、沟通的过程中更要提高我们吸取、调节的效能,让我们人脑随时升级。语言功力强而思维一般和思维模式化的,语言功力和思维都一般及思维模式化的,当然更要向人民群众学习。

在语言功力、思维情况之外还有一个重要的要素——情趣。情趣也分三等的话,同前面的9种情况排列组合就是27种了。这三个要素不是并列组合的,如第一种,大致是:语言功力强+思维活跃+情趣高尚。他们说话风趣幽默,富有哲理和情趣,让人觉得可亲。论广义的交际度和规范度,这才是上乘的。如果是语言功力强而且思维活跃但是情趣一般或者粗俗的,说话通则通矣,但或者插科打诨,或者颐指气使,或者肉麻油滑,或者假深沉。如果是语言功力一般或者差、思维活跃、情趣粗俗的,说话力图花样翻新,但是滑稽可笑。如张炜笔下的村党支部委员、调解委员李来祥。

> 李来祥接上支烟,笑了。他歪着头瞅一眼周围的人说:"我戴就和他们一样了?我那会儿是'坐三抽桌的'(坐在三个抽屉

的桌旁办公)！她如不犯,什么都好说,要是犯了,证也没用——反正'十实求四'(实事求是),如今讲'文武反正法'(唯物辩证法)!……"(《丝瓜架下》,《芦青河告诉我》228页,山东文艺出版社,1984)

粗略地说,语言功力管准确,思维情况管生动,情趣管品位。文如其人,至少包括这三个方面。这三个方面的学习,都很重要,都不容易。近几年中小学和师范学校的语文方面的课程注意了思维训练,但是训练思维时,比较多的是要求内部语言习惯用普通话,还有说话条理清楚,还没有怎么注意训练学生的创造性思维。要帮助一个人改套话、空话、脏话,不是单纯讲主谓宾、比喻、夸张、双关能奏效的,况且思维活跃的训练也难以奏效。学习语言,还要包括情操的陶冶,这在中国古代是很重视的。

三

这三个方面是动态变化的,关系也不是很简单的。语言功力,学生提高得比较快。有的人注意提高,或者积累到了一定程度,或者遇到名师点拨,某个阶段也会有质的变化。一般人在一般情况下,变化不那么快。一个人,思维情况总的说来变化不那么快。但是也有快的时候。有时候是顿悟,豁然开朗。一个人,情趣总的来说变化也不那么快,但是也有快的时候。田舍郎登入天子堂,一天之内说话就大变;不少暴发户,人一阔脸就变,说话就变。

有的词语粗俗、有滑稽色彩,却是语言功力不错、思维比较活跃而且情趣并不低俗者的创作。例如某种情况下把"红袖章"叫做"红箍箍",把"触及灵魂和触及皮肉"叫做"双触及",以及把"牛仔裤"叫做"包屁股裤"。有的词语,如称外国人的"老外",原先是情趣并不高的人群里说的,而且是背称。后来不少外国人也自谑地用来自称,粗俗的味道渐渐淡化了。

  考察这些复杂的情况,还要联系社会的大背景。一些人群的某些说法的强有力的使用也会内化而影响很多人的用语。例如有的人对某些新词语不断上纲上线批判,可是它们已经用开了,没有想出几个好的来取代它们,即使想出来了,也不一定能改变这种令人并不满意的现实。

  考察语言传意的趋向,还要考察传意者变化的动向。一个重要的动向是我国上乘和中乘的传意会越来越多。拿语言功力来说,由于普及义务教育,全民的文化水平在提高。虽然报刊上还有不少病句,从世界的一般情况来看,这是不正常的、为时不会太长的现象。从情趣来说,许多人在提高。从思维情况来看,我国过去几千年,虽然有崇尚超稳定的一面,有闭关锁国的时候,但是也有如春秋、汉、南北朝、唐、五四时期、解放初思想活跃或者对外开放这样的时期。即使是清代,也有这样的时期。思想活跃和对外开放,也是我们传统的一个方面。我们可以看看今天的许多报人,年轻、活跃、笔头很健。1987年4月底,我作为中国语言文字访问团的成员,应澳门中国语言学会的邀请,在一个约30人的座谈会上谈了关于推广普通话的几个问题。在座的有几位记者,都很年轻,有的还是小女孩儿。我们不能对澳门怎么推广发表意见,只能谈别的情况,其中有的是可以供澳门的朋友参考的。谈就不容易谈,报道也很不容易。第二天我一看报道,很简明,很有分寸,我很叹服。

(《语言与传意》,香港海峰出版社,1996)

新词新语和语言规范

一

近十年来新词新语整理和研究的实践,从一个方面推动了规范观的调整。

我们语言里面可以而且应该有标准、规定的地方,因为没有标准、规定或者标准、规定不明确,就会妨碍交际。根据语言发展的规律,科学地建立和明确这些标准、规定,便于人们交际,同时也发展了语言,这就是语言规范工作。大体明确了这个思想,是1955年10月现代汉语规范问题学术会议的重要成果。可是到了1978年,在《中国语文》讨论语言规范的时候,一下子冒出来几种跟这个思想相去甚远的提法,例如古已有之就是规范的,领袖用过就是规范的,用的人多就是规范的。那个时候做了一些澄清的工作,但是没有深入讨论出现这些提法的久远的社会思想基础,所以收效甚微。那些提法后来发展到用来作为区分不规范的标准和原则,比较有影响的是:用的人少、用的时间短,不能认为是规范的。

我们整理和研究的新词新语相对基本词语都是用的人少、用的时间短的,如果都不能认为是规范的,我们整理和研究的意义何在?

近十多年来,社会生活里出现这么多新词新语的意义何在？我们从实际出发,觉得认为一个新的语言现象出现之后,用的人多了、用的时间长了,再来追认它是规范的,这种"追认观",不符合 1955 年 10 月会议所大体明确的思想。按照这个规范观,有许多问题不好办。这些问题主要是:

（一）任何新的好的语言现象刚出现的时候,总是用的人少、用的时间短的。不可想象,一个新的、好的语言现象出现的时候,是一群人约好了,在同一时刻开始使用的。

（二）语言有相对稳定的部分,用的人比较多,用的时间比较长。语言还有相对活跃的部分,例如新词新语、临时修辞用法、广告用语。这密切相关的两部分组成了显语言。稳定的部分都是从活跃的部分来的。

（三）"大甩卖、呼啦圈、一刀切、乡、当铺、小姐"等都有过长或短地隐藏的历史。显—隐—显,是很多语言现象都有的情况。

（四）许多不规范的语言现象用的人不少,寿命很长。有的是一种特殊的社会情况下劈头盖脑地使用,已经内化为许多人的一种语言模式了;有的是群体在学习过程中往往会出现的不规范的但是正常的情况;有的是许多人原来受方言的影响,拿学普通话而平翘舌音分不好的、说汉语的人数来说,或许不比分得好的少多少。打开一般改病句的书看看,大多是常见病、多发病。

（五）"打假、脱贫、肃贪、反腐败、扫黄、特困户、脑体倒挂、野蛮装卸、车匪路霸、危房、法盲、宰人、流失生、胡子工程、会议明星"这一类词语,我们并不希望用的人多、用的时间长。我们希望它们同"布票、粮票"一样赶快隐藏起来,它们中间有的或许就是寿命很短的短命词语。而这些词语也是规范的,如果认为不规范而劝告大家不要使用,肯定要影响一个时期的交际。

（六）"追认观"会使我们的规范工作滞后于人民群众实际的语言生活。难怪前一两年有人批评"信用卡"一类不少新词语在我们的词典里查不到，"当铺"一类在词典里注的还只是旧社会剥削人云云。

跟"追认观"有关的是阶段观。认为当初用的人少、用的时间短，我批评你不规范，是对的；现在用的人多了、用的时间长了，我说你是规范的，还是对的。因为规范是分阶段的，此亦一是非，彼亦一是非，不能用我今天说你规范来翻你当初不规范的案。

分阶段的情况是有的。例如一种是语言经过较长时期的系统性的大变化，如从文言到白话。一种是法规性的标准的更改，如审音表的更改，国家有关部门决定把许多"情报"的说法改成"信息"。此外没有那么多规范阶段的不同，而是当初就是规范的，我们批评人家不规范，批评错了。批评错了有时候是难免的。调整了认识，以后可能做得比较对一些。不然，老是常有理下去，会越来越没有理，对规范工作越来越不利。

按"追认观"的逻辑推理，用的人少、用的时间短的新的语言现象是不规范的，当然要批判。事实上，口头上持这种说法的人也不完全是这么做的。他们对一些品位高的新词语，刚一出现就表示了由衷的欢迎。对有些新词语也是很宽容地观察一个时期的。后来有人干脆提出，一开始不要急急忙忙批判，可以观察一下，如果用开了就承认它。那么，这一类新词语起初为什么还要叫它是不规范的呢？似乎换个说法比较好。1991年底我们在南京大学中文系主持的一个座谈会上，开始试着提出"待显词语"这一说法，后来改为"初显词语"。初显词语既不同于大家熟悉的词语，使用的时候特别要注意让人好懂；也不同于不规范的。

二

新词新语的整理和研究推动了规范观的调整,还表现在大体明确了语言色彩是一个动态的系统,而新颖色彩是色彩系统的重要部分。

前些年,许多学者曾经讨论过"的士、迷你"是否规范的问题。认为不规范的主要理由是:汉语里已经有"出租汽车、微型"了,没有必要再来这么个表示相同意思的词语,而且还是外来的。

其实语言表达意思,除了表达基本的理性意义之外,还要表达色彩和别的。因此,表达一个意思不一定只有一个词语。我们常说的有褒贬、中性色彩,谐谑色彩,书面、口语色彩,文言色彩,方言色彩,科技色彩,时代色彩,随便的色彩等。其实,很多色彩不是单一的,渗透在许多色彩里的还有新颖色彩。因为有了新颖色彩,色彩系统才成为动态的。新的语言现象不断出现的一个重要原因,是寻求新的色彩、寻求新的风格。

"出租汽车"起初也有新颖色彩,或许也有一些外来色彩,后来这些色彩都隐藏起来了。"的士"进入普通话,跟"出租汽车"相比,有外来色彩,简洁色彩,同时也有新颖色彩。后来简成了"的",多了口语、随便色彩,同时增加了新颖色彩。"的士"一简成"的",出现了"打的、面的",使词汇更丰富了,"的来的去"还有谐谑、口语色彩,"毛驴的、人力的"里"的"的机动车的义素都变掉了。"迷你、微型、袖珍"的色彩不同。"再见、拜拜"的色彩不同,"拜拜"到了汉语里还多了个表示"断绝关系"的义项,例如:"观众看了一个好戏,他会上瘾,可让他看了

一个坏戏,那他下回就跟你'拜拜'了。"(《文汇报》1988年11月30日)

新词新语都有新颖色彩。等它比较稳定了,进入基本词语行列,新颖色彩隐藏了,稳定色彩显现了。新词新语是词汇这棵大树枝端的嫩芽,它是大树的一部分,显示了一部分生气。我们为什么要等到它变老、变硬、颜色不鲜艳的时候,才承认它是大树的一部分呢?我们不妨去问问茶农,他们大概不会同意这样做的。语言里新颖、稳定色彩都需要。没有进入词汇行列的临时修辞用法没有新词语稳定,但是比新词语有更活跃的组合。一旦成了新词语,本身的组合就不怎么自由了,已经不怎么新颖了。新词语一稳定,特别是可以作为蓝本被别的仿造了,如"首都意识—精品意识、汉语热—冰箱热、科技兴省—科技兴市",新颖色彩隐藏得差不多了,甚至都有些叫人烦了。这一点从广告用语可以看得很清楚。所以词汇系统里要时常出现新词语,使得整个语言系统里始终有新颖色彩。不见得"太阳、月亮、山、水"都会出现新颖的说法,但是整个语言系统里一定要有新颖的说法。

人天生需要丰富的色彩。单调对人无疑是致命的打击。语言变化本来就是个过程,从一些具体语言成分来说,某些色彩显了,某些色彩隐了,而语言系统在运动中一定要保持丰富的色彩,所以要不断显现新颖色彩、外来色彩、现代色彩等,为我们的语言提供营养,满足我们交际的需要。

三

新词新语的整理和研究推动规范观的调整,还表现在尝试既分析又综合地考察词语的品位或者规范度。

现在有不少学者说,谈语言规范的原则还好谈,一举例就麻烦了。你举不规范的例子,举太平常的,老一套,没意思;举有意思一点的吧,争论就来了。还有的学者说,最怕举生造词语的例子,说不定什么时候什么地方就用开了。闵家骥等的《汉语新词新义词典》(中国社会科学出版社,1991)在"前言"里加了说明:"本书所记录的新词就目前来说并不都完全合乎汉语词汇的规范,个别的可能近乎生造,但作为一部反映新词面貌的词典,我们予以从宽收录。"这是个聪明的做法。

生造词语当然不少,不过判断起来不容易,尤其是"可能近乎生造"的。问题是我们判断的标准太模糊。此外,在好的和生造的之间,还有很大的空间,简单地分为好的、规范、生造,本来就有欠缺。所以后来进一步考虑了判断的标准,提出了"品位"和"规范度",即使是规范的,也有程度之分。规范度太低的,就差不多是生造了。例如我们很多人觉得"一国两制"品位高,规范度高,而"五四三办公室"就差劲;表示设备等的"硬件"和组织管理等的"软件"还不错,表示引进的外来人才的"活件"就差不少。

有的学者陆续提出要综合语义、逻辑、语音、语法、语用等标准来考察规范度。(见《重新认识语言,推动语文规范化》,《语言文字应用》1994年第1期)当然,这些因素的主次等关系还要进一步研究。我在《文学作品中的新词语》(《修辞学习》1994年第5期)一文里试着分析了"灰颓、渴盼、泼脱、抒泄"这几个词。我觉得两个双音节形容词或者动词常常能合成一个双音节词。有一种情况是并列的两者有"而"或者"又"的关系。如果这种关系比较牵强,就比较难合成,如"泼辣"和"洒脱",而且"泼脱"的构音也有些不妥,像拟声词。即使有不少"而"或者"又"的关系也不一定好合成,否则"而"和"又"一类在短语里不是只起过渡和松开的作用了吗?像"灰颓"里的"灰心"和"颓丧",后者还包含了前者并且程度又甚于前者。"渴盼"里的"渴望"和"企盼",前者也包含了后者又甚于后者。"抒泄"里的"抒发"和"发泄"缺少"而"或者"又"的关系,如果从"又"的关系方面来看,色彩一褒一贬也会不好。

(《语文建设》1995年第9期)

整理汉语新词语的若干思考

一

这本《现代汉语新词词典》收录了从1978年我国实行改革开放到1990年之间的语词性的新词新语新用法近4000条。这是我们新词新语新用法研究成果的一部分。我们同时还编写了《1991汉语新词语》《1992汉语新词语》。前面一本收录了335条,共7万来字,已于1992年10月由北京语言学院出版社出版。后面一本收录了448条,约9万字,于1993年夏秋由同一家出版社出版。此后每年出一个编年本,《1993年汉语新词语》已经着手编写了。《现代汉语新词词典》简缩之后的汉英本也在编写。

这本词典和编年本的收词范围,一是这段时间出现的;二是这段时间进入普通话的;三是这段时间进入许多人的语言生活,如果过去有过,我们尽量注明;四是刚出现而我们认为会进入人们语言生活的,或者希望提请人们注意的;五是外国的而我们知道一下也好的。还有一些别的。我们这一本毕竟是1993年初交稿的,所以1978年到1990年之间出现、用开,1991、1992年的部分用例和变化不大的用法,我们也收录了,目的是尽量加上最新的信息。有的词语肯定是

1978年到1990年之间出现和使用的,而我们只有1991年、1992年的书证,这些书证里往往又说到前些年就用了这种词语,我们也收录了。

自古以来就有新词语。因为基本词语虽然相当稳定,但是比较少,语言交际中往往不够用,尤其是文化程度高的人,尤其是表述新事物新概念的时候,新词语同基本词语在人们的语言生活中行使关系密切而有区别的职能,共同为人们的语言生活服务。新词语还是基本词语的来源。基本词语都曾经是新词语。语言的发展变化要看基本词语的变化,要看哪些词语隐退了,更要监测哪些词语显现了。及时监测词语的显现,及时向人们介绍和推荐,是推动语言发展的不可或缺的工作。这在一些语言文字工作做得好的国家已经进行多年了。

20世纪80年代初,整理和研究汉语新词语成了一个热门。一是词语本身是语言里最活跃的部分,改革开放之后,人们的思想更活跃了,出现了许多新词语,人们为了交际,需要了解和掌握。二是新中国建立初10年,汉语词汇研究取得很大进展,但是后来进展比较缓慢。改革开放之后,很多学者发现,大量的汉语新词语在许多方面比以前有所突破,又产生了研究的热情。三是世界上不少语言规范工作做得好的国家,新词语出现的情况掌握得相当清楚,甚至每年有一本账。这也促使了我国学者在这方面多花力气。

近10年来汉语新词新语新用法的整理和研究,一开始是呼吁大家来关心,同时,一些杂志报纸刊登一些札记性的词条。后来一下子出版了几十部辞书。辞书也由部分札记集录到词目比较全,到收词目年代跨度大。近来出现了一些研究论文。

语言文字应用研究所1984年9月正式成立。此后不久,有关领导同志希望有人整理一下多年来的汉语新词语。1986年,我们有的同志着手在新词新语新用法方面做一些研究工作,摸一些情况,取得一些发言权。成果之一是1986年开始在《语文建设》上连载了"新词新语新用法"的一些样条,主观意图是突出语言应用,作些辨析、比较、预测。1991年3月,有关领导下决心让比较全面地整理新词语的课题上马。由于根元主持"新词新语新用法"课题研究,周洪波、刘一玲为课题组成员。所外有张朝炳、宋孝才、程国富,凌云1991年底加入。北京语言学院出版社给予了令人钦佩的支持。1992年8月,大面积的工作结束,所外人员陆续离开。

我们在编写这本词典和编年本新词语词典的时候,一方面学习了许多有关辞书的长处,向闵家骥、韩敬体、李志江、刘向军的《汉语新词新义词典》(中国社会科学出版社,1991)学习尤多;一方面坚持了1986年及后来几年在《语文建设》上发表的样条的特色。尤其是这本多年本,我们注意了新词语变化发展的轨迹。例如喻指人才往东南沿海流动的"孔雀东南飞",几乎在出现使用的同时还有类似的"雁南飞、一江春水向东流","孔雀东南飞"比较站得住,而且出现了仿造它的"孔雀西北飞、麻雀东南飞"。还注意了一些词语的关联,例如"导游、导读、导购、导医""英语角、恋爱角、围棋角、集邮角"等,在某一条里对这类结构作一个总的分析,我们把这样比较大的条叫母条或类条,相关的叫子条。这样的分析,比较符合词语相互关联的事实,母条长了些,但总的来说省了篇幅,给了读者更多的信息。上面这两点,是注意了辞书编辑与理论研究相互推进。

此外,我们几乎都引用了书证。新词语进入有质量的文学作品,实际上是比较慢的。使用新词语,有关的文学作品不是快、多,而是有自己的特色。这个特色往往是情节和描写人物的需要,而且在这些作品里,往往是某些地方仿造新词语的临时的修辞用法比较密集。谌容的《献上一束夜来香》(《花城》1987年第1期)是这方面的典型作品。新词语进入国家级大报,有一个时期也不那么快。我们做过调查,找新词语,外事版、理论版,极少。农村题材、军事题材、古代题材的文学作品和平实的散文里,也少。报告文学、杂文、新闻报道、座谈会发言里比较多,语言口语化在反映现代改革开放题材的作品里比较多。近来《经济日报》《中国青年报》《北京青年报》里相当多。大概有这样一个规律,思想活跃、语言活跃、形式活泼、贴近生活的文章里新词语比较多。新词语常常在地方报刊、小报和口语里活跃了一段时期之后才在大报上用开。所以我们尽量用文学作品、大报、大刊上的书证,但是也注意一般报刊、口语里的例证。我们觉得吕叔湘先生在《大家关心新词新义》(《辞书研究》1984年第1期)里的一段批评是很深刻的:

> 为什么新词新义,特别是口语里的新词新义,没有受到编词典的人重视呢?我想到的原因有两点。第一,因为编词典的人是"读书人",对书本里的东西感兴趣,对生活中的东西不感兴趣;对书斋中来的词汇感兴趣,对市场上来的,车间里来的,田野里来的就不那么敏感。找词汇只在著名作家、著名作品里找,一般报刊就不大理会,至于什么手册、传单、广告等等就更不在话下了。

新词语的稳定性,只是相对而言。只要不是明显生造或者有其他明显不妥之处的,出现之后用上几十年的,收。能用上几年,这几年没有它不方便的,收。眼看着很快要隐退的,有价值的要收。我们常常用"昙花一现"贬指风光一时的人和物,其实还是需要人种昙花,种昙花者还是高明的花匠。昙花开时观者如云。流星、风,不值得注意吗？某个流星、风在某个时期、某个地域一闪而过,而从宏观来说它是经常出现的,有规律的,与我们的生活密切相关的。风在地面留下的印记往往长达数万年,流星掉到地面上成为陨石是博物馆的珍品。婴儿出生常常吉凶未卜,却牵扯着父母和多少人的心,刚刚生下来也不强壮,可是医生、父母、家人都精心养育。具体的某个孩子是否生得顺利,似乎无关大局,而宏观总体来说,优生却事关重大。大人衣食无着的时候,当然顾不上这些,优生是社会发展到今天才引起人们关心的。国家衰败的时候,或者是花言巧语泛滥,或者是话说得好一些差一些没有多少人关心,今天大家关心新词语,是国家兴旺的标志。我们今天要重视优生,还要重视优死,近几年来我国发展"临终关怀"事业。词语是如何隐退的,有什么条件和规律,也是我们语言工作者应该关心的。特别是为我们服务得很好的词语,完成任务,要隐退了,不能就忘记前情,要记下它们的功劳。

二

普通话新词语的出现大致经过了如下几个途径。

(一)从隐性到显性。过去有不少人认为新词语用的时间长了、用的人多了才能追认是规范的。它刚出现的时候,用的时间短、用的人少,怎么办呢？当然是不规范的了,当然要批判。其实,持这种说法的人也不完全是这样做的,他们对一些品位高的新词语,刚一出现就表示了由衷的欢迎,对有些新词语也还是很宽容地观察一个时期的。后来有人干脆提出一开始不要批判,可以观察一下,如果用开了,就承认它。那么这一类新词语起初为什么还要叫它是不规范的呢？似乎换个叫法比较好。我们借鉴了王希杰要研究隐性语法和潜词的主张，1991年底在南京大学中文系主持的一个座谈会上开始试着提出"待显词语"这一说法。后来改为"初显词语"。初显词语既不同于已经为大家熟悉的词语，使用的时候特别要注意让人好懂；也不同于不规范的。按照这样的思路，我们提出了词语显现和隐退的说法。我们做了一些调查，发现一些词语从隐到初显，常常有高频率使用的需要，常常出现一些不稳定的或者比较松散的说法。可以说有一个孕育阶段。有的事物出现很久了，不需要特指的时候，没有专门的说法，例如"健全人"一说出现和用开是在"残疾人"之后。有的事物还没有出现，词语已经走在前面了。有的词语如"大甩卖"，四十来年不见了，现在又出来了，有的词语如"呼啦圈、一刀切、三角债"在使用的年头里也有几乎中断好多年的情况。所以我们不采取用的时间长、用的人多作为新词语规范的总的标准。"治穷、打假"之类，我们并不希望它们寿命长，我们希望它们是寿命很短很短的短命词。可是它们现在在人们的语言生活里有用，而且是社会变革的反映，它们在语言结构上有新东西，所以收。

（二）从方言吸取营养。有北方话色彩的词语进入普通话比较方便。其他方言色彩的词语如果字面上清楚的，进入也比较方便，否则往往要借助产品、电影等外力。近几年粤方言词语进入比较多，如"炒鱿鱼、电饭煲、发廊、焗油"，跟广东率先改革开放和许多措施、产品在全国传开有关。我们推广普通话的工作做得更好一些，方言色彩词语或方言词语进入普通话的品位会高一些，传播得会顺利一些。

（三）一些修辞用法稳定下来成为新词语。有的明显是修辞用法，有的明显是新词语，困难是介乎两者之间的怎么界定。我们大概可以看两条，一是离开上下文意思比较稳定的，还能跟别的词语组合,有一定能产力的。例如"菜篮子"借指跟人们日常生活密切相关的最基本的副食品供应,还出现了"保证菜篮子、大菜篮子、菜篮子工程"。二是已经作为蓝本被仿造的。

(四)寻求新的色彩,寻求新的风格。很多科技、经济领域的专门词语,进入语词性词语,例如"启动、软件、含金量、反馈、反思、辐射"。不少简称除了用字经济之外,还有不同的色彩。一些简称与全称长期共存就是这个道理。有的从全称到简称分三级,例如"贫困地区、贫困区、贫区"。采用不少外来词语也有这个作用,用"的士"跟"出租汽车",用"拜拜"跟"再见",色彩不同。"小型、微型、迷你",色彩不同。使用词语,表达意思要注意色彩和风格,这是大家知道的常识。

换一个角度来考察,可以说还有几个途径。例如标题,"感情产品、三产"等一开始只在标题上用。作者、编者立标题特别用心思,标题要吸引人,往往要新颖,而且字数不能多,所以标题里常常出现新词语。还如简称,还如外来的,还如从专门术语来的。

普通话新词语显现,原因和条件往往不是单一的,而是由合力造成的。从微观来说,例如"揭劣"是由"揭短""治劣"合力造成的,此后可以有"捉劣"。还有宏观的合力。

新词语显现和推广有这样一些特点。

(一)在开放的、思想活跃的、贴近生活的领域里容易显现和推广。

(二)有波及效应。如某某意识、某某热、某某效应,很快就推开。有的逐渐成了系列,如从"鞭打快牛"到"保护快牛、鞭打懒牛"再到"保护快牛、帮助慢牛、促进中牛、鞭打懒牛"。

(三)多向效应。如口头—书面,雅—俗,现代化—传统化,文学作品—生活用语等。特别是科技、经济、日常生活用语的交叉,例如以"蛋糕"指财富,以"盘子"指计划等。

有几个值得进一步探讨的理论问题。

（一）所谓约定俗成。有几个问题可以深入探讨。例如词语最初出现时的约定俗成跟后来出现时的有何异同；格式相同的为什么有的容易俗成，有的比较难，有的几乎不行；所谓稳定性，所谓盖棺定论，所谓"成者为王败者为寇"；还有词语跟事物、概念、色彩的关系；还有一个能不能预测的问题。这里还可换个角度，回顾一下我们不少文章、讲话叫停止用这个词语，"建议""慎用"那个词语。例如前几年有人提出："我认为'一把手、二把手'的称呼应该停止使用。这个称呼泛滥在十年内乱时期，是帮派狂热、山头林立、极"左"思潮高涨情况下的产物。"（田春来《"一把手"等称呼不要再使用了》，《人民日报》1984年8月9日）近几年有人说："不难忆起，'小姐''卷土重来'的那些年，正是意识形态领域中某些重大原则问题是非混淆、黑白颠倒的年月。因此，建议肩负着舆论导向重任的各种新闻媒介，尤其是在已经进入千家万户的电视、广播节目中，在对大陆女性使用称谓时，还是慎用'小姐'为好！"（方孜行《"小姐"辨》，《人民日报》1990年11月20日）这些主张者也是在"预测"。这些主张到底是"成功产品"，还是"失败产品"？

（二）社会历次大变革，尤其随着引起思想文化领域变革的时候，都引起了词语的比较大的变化，新词语大量出现是一个方面，而且往往引起关于这个现象的讨论和争论。例如五四新文化运动时期。近几年新词语大量涌现，大概可以跟五四时期和中华人民共和国成立初期相比。有人欢迎新词语，说它反映了社会的发展、观念的变更。有人激烈反对，说看不懂了，等等。是否可以把词语本身和使用做一定的区分来讨论。使用要适度，一是必要，二是尽量让你的听者、读者能懂，三是考虑到你的听者、读者的心理承受力。

(三)加强动态的研究。除了注意词语发展之外,还注意一头——显现,另一头——隐退。注意语言本身的规律,还注意社会的心理。从几个方面区分词语的品位。如何确定新词语的品位,是一个很需要探讨的题目。如何提高新词语的品位,更是需要探讨的题目。我们过去常说:语文功底好的人比较能创造新词语。目前不少新词语的品位不够高,是人们被迫承认的,而不是人们很乐意接受的,一个原因可能是还有不少语文功底好的人在创造新词语方面的努力和贡献不够。这可能也有两个方面的原因。一个是语文功底缺乏动态的补充。解决这个问题无非是经常向古代的、向外来的、向群众的好的语言学习,尤其是向群众的好的语言学习。另外一个是思想还要进一步开放,刚才说的努力向几个方面学习,这跟思想开放有关。这大体上还是内因,还要有语体、语境等表述的需要这个外因。以这一部分人为主来满足交际需要创造新词,我们新词语的面貌和品位一定会有很大的改观。

(四)新词语和社会思想文化联系起来相互考察。例如汉人把许多非生理的不好的东西称作"病",像"白眼病、奖金病、恐少症",大概跟汉人担心和讨厌病的文化心态有关。还有"吃床铺、吃床腿、吃喝专员、吃会、吃公""科技副职、科技家长、科技户、科技扶贫、科技彩礼、民办科技",都反映了社会文化的问题和新的发展变化。

(五)把新词语研究同语法修辞等研究结合起来。例如同语法研究结合,可以多探讨词汇语法范畴。同语用研究结合,多注意使用的适度和色彩。

(《现代汉语新词词典·前言》,
北京语言学院出版社,1994)

三

我们的工作大致分这样几个阶段。一是学习和确定思路。我们请了曹先擢、韩敬体、王铁琨、李建国、刘洁修来座谈,我们仔细读了《汉语新词新义词典》。我们还检查了1986年起在《语文建设》上发表的样条。我们大致确定,突出语言应用是我们的特色,我们的词典就应该是资料加语言学功底加思想,要提高它的知识附加值和思想附加值,它主要是思想产品。我们从一开始,就确定每星期六上午专门讨论学术。我们大体上坚持了下来。我们想以学术研究带工作,引起大家对工作的兴趣,提高工作质量,同时注意学术研究。我们编卡片跟编词条同时进行,一开始就写了研究笔记,1991年年底就写成了四篇论文。

困难的是资料等工作量太大。此外,一开头卡片和词目废掉的比较多,一种是1978年以前的词语,一种是临时修辞用法。这说明整理新词新语,需要熟悉过去的、现在的语言生活,现在的又有书面的、口头的、方言的、外来的、各个层次的人的语言实际。还要知识面宽,起码对语法、修辞、社会语言学有比较多的了解。我们是在一面补课一面工作的。当然,我们也集思广益。例如《1991汉语新词语》交稿前,我们请李志江一条一条看过。现在这本《现代汉语新词词典》交稿前,也请李志江一条一条看过。我们也很尊重责任编辑董树人的意见。好在我们还有几位水平很高的资料人员,有现代化的手段电子计算机,所领导和北京语言学院出版社给予了大力支持。我们是在困难和支持中工作的,我们也在困难和支持中学习、进步。

了解这本《现代汉语新词词典》里许多词语的进一步发展变化，或者跟它有关联而出现的新的词语，建议读者读《1991汉语新词语》《1992汉语新词语》和此后每年一本的编年本。它们是成系列的。我们认为编年本更有价值。

在这本词典和编年本里反映了我们的一些研究心得。比较系统的见解，在我们有关的论著里。我们这部词典交稿之后，想多用一些时间来做学术研究工作。我们还想通过新词语的研究，进一步探讨语言、语言学的本质，探讨语言学的基础理论研究和应用研究的关系，探讨科学的努力为人们语言生活服务的语言规范观，探讨索绪尔《普通语言学教程》之后的语言观，等等。

我们这本词典和编年本都必定有误收、漏收和其他方面的问题。我们以进一步学习和做好工作的态度，请广大读者赐教。我们会有补救和改进的办法的。

(《语言文字应用》1993年第3期，北京语言学院出版社1994年出版的《现代汉语新词词典》"前言"作了个别文字的改动)

说"友"

一

"友"后面带语素构成词的不多,如:～爱、～邦、～好、～军、～情、～人、～善、～谊。这些"友"的义项是"友好"。"友"前面带语素构成词的比较多,我们主要讨论这种情况,这些"友"的义项是"朋友",如:

访～ 寻～ 会～ 谈～ 交～ 求～ 征～ 卖～

朋～ 亲～ 工～ 农～ 校～ 学～ 商～ 队～ 盟～ 幕～ 舍～ 睡～ 棚～ 牢～ 监～ 狱～ 难～ 听～ 战～ 病～ 癌～ 棋～ 弈～ 诗～ 砚～ 票～ 酒～ 茶～ 烟～ 球～ 文～ 拳～ 功～ 道～ 教～ 摊～ 牌～ 辩～ 笔～ 信～ 邮～ 鸟～ 股～ 侃～ 食～

女～ 男～ 俊～ 靓～ 丽～ 新～ 故～ 旧～ 老～ 好～ 至～ 执～ 良～ 益～ 契～ 挚～ 密～ 诤～ 畏～ 贵～ 发烧～

第一栏"友"前面的是动词词素。第二栏"友"前面的是名词或者名词性的语素。"学"指学业方面的,"睡"指同屋住的,"邮"是集邮方面的,"鸟"是养鸟的,"侃"是聊聊天的,"食"是一起吃饭的,"听"是

"听众"的简称。第三栏是形容词或者形容词性的。"畏"指敬畏的。

二

"友"是自己的镜子,对"友"要表示褒贬的时候,用好的雅的字眼褒的占绝大多数,如"棋、诗、观、茶、文、俊、靓、丽、良、贵"等。估计"义、诚、雅、谐、倩、豪、艺、名、红、星、慧、金"等也能跟"友"结合。一些不怎样好的字眼不是说这些朋友不好,而是说特别困难情况下的朋友,如"牢、监、狱、难、战、病、癌"。估计"丐、残、盲、插"也能跟"友"结合。有些情况并非很困难,但是很需要朋友相互照顾。如寂寞的时候,孤单的时候。拿旅途中来说,"旅伴"的关系比较密切,稍微松散一些的大概可以用"旅友"来表示,下位的大概会有"船~、空~、车~、步~"。北京地方大,上下班一次个把小时是常事,经常在车上碰到,于是打个招呼,说说话,北京有的相互背称"车友"。

"友"本来应该是好的,因为认识不清,或者本人不好而人以群分,"友"也有不好的,于是出现了"假朋友、坏朋友、酒肉朋友"。成双音节,大概会有"假~、恶~、谗~",用字还是文绉绉的。"酒肉朋友"要成双音节,要费些斟酌。"酒友"不是贬义的;"肉友"的"肉"不文,概括力不够;"食友"不带多少贬义。实在要用双音节的,比较而言,还是"肉友"好一些。

关系特别密切的,又不能用"友"了,大概一般情况下不能用"婚友"。

三

"友"有书面语色彩,口语里说成"朋友"。上面的"访、寻、交、征、盟、幕、舍、弈、故、至、执、良、益、契、挚、净"都有或强或弱的书面语色彩。如果用它们比较口语的说法如把"寻"说成"找",一般要说成"找朋友"。有的没有比较口语的说法,如"盟、幕、净"等。如果一定要换成比较口语的说法,如"净"说成"能直言规劝的",后面也不跟"友"而跟"朋友"。上面书面语色彩很弱的如"交、女、男、新、老、好",往往说成"交朋友、女朋友、男朋友、新朋友"等。口语的"侃"跟"友"结合起来,有了些"友"的书面语色彩,还有一些"侃"的戏谑味儿。

"友"从现代汉语来说,是"朋友"里挑出来的单音节语素,跟它结合的语素也多半是从双音节、多音节的词或者话里挑出来的单音节语素,挑的时候要注意能代表原来双音节或者多音节的意思的。如"战斗"挑"战","宿舍"挑"舍"。还注意挑文一些的雅一些的。

原来单音节的口语化的"大、小"跟"朋友"结合,要说成双音节的,不能说"大友、小友"。"小朋友"或许能说成"童友","大朋友"还真不好办。双音节是汉语构词的大趋势,但是多音节压成双音节也不很容易,有时候要受些损伤。所以不成词的说法如"一大批朋友、沉默的朋友、年轻的朋友、中年朋友、妇女朋友"还是很需要的。"工人朋友"跟"工友"现在也不是一个意思,"工友"现在已经主要指机关、学校的勤杂人员,而且一般不面称。

"发烧友"或许能简为"烧友"。

四

"教友"已经占位指有同一宗教信仰的人,给再用来表示教师间友好的称呼带来困难,或者说压力。后者说成"师友"也不妥,"师"能代表教师,如"师生",可是用"师友"会让人根据"师生"类推理解为"老师和朋友"。占位有多种条件,占位本身是一种力量。

"信友"已经占位为通信的朋友,不太好再表示可信的朋友,可信的朋友已经有"执友、挚友"等好多个词来表示,它不必再去争"信友"这个位置。

"会友"已经占了动宾结构的位置,如果"经常在一起开会的朋友"要占这个位置,因为是定中结构,表述起来不太容易跟动宾的意思相混,而且还有一些诙谐的色彩,估计动宾的会让出一些位置给它,会有个磨合的过程。

"老友"已经占位表示时间长的朋友,给再表示"老年朋友"带来困难。现在"小朋友"指儿童,"大朋友"多指中青年,都不是互称。或许什么时候某个大工厂想到活跃青年的生活组织个"青友会",像从"奖教金"到"奖教"、从"防近(视)周"到"防近"一样,"青友会"也会说成"青友"。"青友"一出现就会是个突破,带来波及效应,给同一层的新说法带来动力:"中友"可能跟着出现,"老年朋友"的意思可能会在"老友"里占些位置。这整个过程,都会是个磨合的过程。

五

实际意义上的"友",用词表述有的有重合,有许多还空位。"牢监、牢狱、监狱"三个字都可以代表这个意思,所以有"牢~、监~、狱~",而且"牢友"不会让人误解为牢靠的朋友,"监友"不会让人误解为监督、监视朋友。"校友"里包含了"同事、同学、同窗"关系。有了"病友",下位还有个"癌友"。有的同义,不必淘汰一两个;有的是供不同情况下称呼用;有的是总称里还有要特别说的。

空位除了上面说过的之外,还涉及琴棋书画这样的雅事。如有"棋友、砚友"。如果有"琴友"的话,又有问题要讨论了。乐器很多,一个"琴"概括不了。可能汉语里有的字不完全实指,而是以个别代表许多,"琴友"就是"乐友"了。可是"乐友"又大了,不仅指演奏乐器,而且可以指"音乐"。此外,"乐"是多音字,字面上还会当成"快乐","乐友"要占位指"爱好和演奏乐器的朋友",磨合起来太难了。"戏"分好多戏,现在还一股脑儿叫"戏友"。社会没有要求细分,真要细分起来,落实到用双音节的什么"友"来表述也不那么容易。我们试想想看,"沪剧、黄梅戏、评剧、采茶戏",怎么说?不好说,也是空位的一个原因。"武术"的种类很多,现在有"拳友",是不是以此代表武术许多方面了?再说个"剑友"不难,可是这一来"拳友"不能代表武术许多方面了,而玩"刀、枪、棍、鞭"十八般兵器的朋友多半很难找到合适的说法,也会有些乱。"病友"下面有个"癌友"不会乱,因为一来"癌"太特殊了,二来这个字就代表了病症,别的病很难用一个字的名词代表病症。

体育运动里除"棋友"外有"球友",如果哪一天出来个"篮友"或者"足友",大概"乒～、羽～、网～"可能跟着出现,"排友"可能稍后出现,"马球、曲棍球、高尔夫球、橄榄球"方面的还真不好办。

六

每一个语言单位上面都长着许多不同类型的钩子和针刺,能跟别的语言单位不同程度地结合或排斥。钩子和针刺也会变化的。

近来出现了"辩友",指辩论比赛对方队的辩手。"棋友"也是指的对手,不过双方对胜负不怎么在乎,对友情很看重。这里会影响"敌"字,有的"敌"如"论敌"里的很大一部分,并不是非得"不是你吃掉我就是我吃掉你"的,或许这一大部分可能说成"论友"。"情敌"里的绝大部分也是如此,如果说成"情友",字面上意思不太显豁,如果"论友"出现之后"情敌"还说成"情敌",那么这些"敌"里的"对手"的意思占的位子会多一些。

(《语文建设》1996年第3期)

词语的时空分布

一

表示"年数"的"龄",可以组成"工～、军～、艺～、射～"等,据此可以仿造一个"词龄",一般表示词语显现的年数,有时候表示词语的某一方面显现的年数。到我写这篇文章的1996年8月1日止,词语显现大约两年的如:

官贷　空嫂　限犬　信息　高速公路①

三年的如:

211 工程　工薪房　小康住宅　互动　手机　文化力　文化产业　文化含量　计划生　红条子　软广告　残的　捐资生　黄金宴　康居　住宅　绿条　期房　境外书号　模拟警察

四年的如:

二哥大　三陪　无店铺销售　友情出演　电视商场　汉语明星　行业晚会　导购大姐　委屈奖　面的　点子公司　钟点工　复关　核心期刊　热点话题　假合资　港事　微软　辩手

五年的如：

　　三字一话　乡业　无烟校　太空棉　丑星　打非打假　纠风　独联体　误导　留守女士　留守男士　博导　瀑布灯

6—18年的如：

　　保税区(6年,1990年2月12日前)　外企(7年,1989年10月27日前)　导向(7年,1989年1月14日前)　空姐(8年,1998年10月前)　扶贫(11年,1985年5月4日前)　创收(11年,1985年4月4日前)　一国两制(12年,1984年9月20日前)　内耗(12年,1984年7月10日前)　人际(12年,1984年7月前)　大盖帽(12年,1984年6月前)　公关(12年,1984年6月前)　万元户(13年,1983年1月7日前)　十佳(14年,1982年1月4日前)　三角债(17年,1979年10月27日前)　吃床铺(17年,1979年9月19日前)　彩电(17年,1979年1月22日前)②

《现代汉语词典》修订本(商务印书馆,1996)里收了上面5年的"误导",7年的"导向",8年的"空姐",11年的"扶贫、创收",12年的"内耗、人际、大盖帽、公关",17年的"三角债、彩电"。10年以上的"一国两制、万元户、十佳、吃床铺"未收。

《现代汉语词典》,我认为主要收的是语词性的基本词。有学者认为新词语基本上连续显现大约10年能稳定下来算基本词。其实也不绝对。如"误导"不用等10年。有的过了10年,《现汉》修订本不一定收,可能《现汉》修订本还有别的考虑。现在看来,有了《现汉》修订本,即使每10年修订一次,新词新语词典的编纂还是需要的。一是新词新语是基本词的唯一来源,新词新语词典为基本词词典提供一部分材料,如果说10年是稳定的参考年数,编年本能提供比较准确的年数。二是社会生活节奏加快,许多不到10年的新词语人们要用要了解,新词新语词典要满足社会的这一需要。三是过了10年《现汉》修订本未收的如"一国两制、万元户"等也有整理的需要。四是新词语和基本词语之间有一个跨界的区域,《现汉》修订本收了,新词语词典也不是绝对不能收。新词语有的一出现的时候新鲜度就高,加上使用者用的时候比较小心,新鲜度十多年还消耗不了;有的一出现的时候新鲜度就不高,如果使用过度,新鲜度很快就所剩无几了。不过,《现汉》修订本已经收了的新词语,有不少新鲜色彩已经淡化许多,新鲜度已经很低,新词语词典一般不必再收。新词语词典年代跨度不宜过大,我以为不宜超过22年。我还以为,编一般应用的新词语词典,应该站在编的时点上来看是不是新词语,不是把起始年代以来曾经是新词语而编的时候已经不是的也收进来。

《现代汉语词典》1978年出第一版,收字词等五万六千多条。1980年曾对一些条目稍作修改,1983年出第二版。1996年出修订本。《中国语文》1996年封底介绍说:"修订本增收了新词和一些原版未收而又较习见的语文词和方言词,新增词语共约九千余条。同时删减了过于陈旧、已不太适用或过于专门的词语约4000条。全书收词六万一千余条。比原版多5000条左右。""修订本还对一些词语的释义进行了修正。比如'拍卖、投标、股票'等一类词增加了新的词义,'小姐、女士、先生'等一类词的用法、色彩有了变化,在修订中都根据资料对释义加以修正。"《现代汉语词典》修订本1996年7月23日才举行首发式,我们还来不及比较它增加了哪些词,但是可以肯定,有修订本主编之一韩敬体参加编写的《汉语新词新义词典》(中国社会科学出版社,1991)收的1949年到大约1988年的6224条,估计有很多条没有收进《现汉》修订本。李行健等主编的《新词新语词典》

(1993增订本)收的1949—1992年的八千四百余条,也有许多没有收进《现汉》修订本。

不少长达10年的也不一定成为基本词。刘连元《现代汉语语料库研制》说:"1966—1976年的语料选取比例为5%。'文化大革命'时期出现的许多词语具有特定历史的明显色彩,'文革'结束后大多不再使用。"(《语言文字应用》1996年第3期6页)

不少新词语显现后时间上不是连续出现的。例如"一刀切",《人民日报》1966年1月27日就有了,用开是80年代中期。[3]"乡政府"的"乡"在"人民公社"政社合一后潜藏了大约20年才又显现,这期间"人民公社"连续用了大约20年。"当铺、小姐、大甩卖"自解放后隐藏了大约三十多年又用开了。这是可以作专题研究的题目。社会的原因是比较显著的。但是一定有词语本身的原因,例如或许词语在一定的级里要保持在一个相对稳定的量里,如果是这样的话,这还是解释词语显和潜的一个原因。不连续显现,还使词语的新鲜度消耗得慢一些,甚至在显后又潜的时间又恢复了一些新鲜度。

有的词语应该是短命的词语,我们不希望它使用长久,但是在一个时期又非用不可。如上面说到的"官贷、黄金宴、境外书号、三陪、委屈奖、假合资、无烟校、打非、打假、纠风、误导、内耗、吃床铺、三角债"等。"面的"可能不久被别的车取代,但是"面的"这个词一个时期还是要用。人们用的不全是长命百岁的词语。《现汉》修订本不是删去约4000条吗,这些一度被认为是基本词,在《现汉》里也最多待了18年。这些词语不是说到1996年一刀齐地陈旧或者不算基本词了,也是有个过程的。词语的时间分布是多种多样的,而且是动态变化的。

二

刘连元《现代汉语语料库研制》还说：现代汉语有些语料的字、词、句、义在社会生活中使用广泛、频繁，有些使用则相对狭窄或使用不多。

从地域来说，有些词语比较多地在某些社区通行，它又不是方言，田小琳有几篇文章讨论这个问题，1995年在北京举行的"首届全国语言文字应用学术讨论会"上她再次发表了意见。普通话和方言之间有一个跨界的方言色彩词，如"蹩脚"，吴方言区的人说普通话时会说得比较多；"您、劳驾"，吴方言的人说普通话时也不会说得多。方言词语进入普通话，北京话在全国许多地方使用开来成为普通话，也不是一朝一夕的事，也有个动态的过程。如《现代汉语新词词典》（北京语言学院出版社，1994）说："'马大嫂'一说正逐渐进入普通话。"（485页）"（炒鱿鱼）最初为粤方言词，80年代后各地普遍使用。"（81页）"'发烧'和'发烧友'已经从方言进入普通话。"（213页）"'宰'这种说法原来有北京话的色彩，后逐渐在全国很多地方用开了。近几年来，上海一带出现了由'宰'转化来的'斩'。"（885页）

城市同农村也不同。孙曼均《城市流行词语及其社会文化分析》（《语言文字应用》1996年第2期）说："城市是语言变化最敏感、最活跃的地区。"（107页）文章讨论了当前城市流行语主要表现的六个方面。第一个方面是，"一些商业领域的词扩大了使用范围，广泛运用于社会生活的方方面面，成为社会上的流行语，语言中的商业文化气息日渐浓厚。""原来只在商业领域使用、表示某种商业行为的'市场、推销、包装、上市、成交、买方、卖方、投资、老板'等意义泛化,使用范围扩大。'反弹、牛市、熊市、大户、价位、托盘、崩盘、套牢、解套'等股市用语进入社会生活的其他领域。广告语言的流行也是商业用语进入城市语言生活的一种表现。广告对新词语的出现和流行起着极大的推动作用,不少新词语都是最先出自广告,而后流行于社会的。"(101页)她这里还说到了语体的领域,并且指出这些也是动态变化的。文章还说到人的领域:"城市中用亲属称谓指称非亲属关系的现象迅速减少,拟亲属称谓词大大简化,而'大哥、大姐'的使用频率却有增高的趋势。'大姐'目前在城市较低层次的人群中相当流行,它的指称对象已从中年女性转向中青年女性,成为比'小姐'覆盖面更大、更含亲近意味的新流行称呼。"(102页)

关于人的领域,情况更为复杂。张朝炳在《3000字内做文章》(《语言的故事》,东方出版社,1994)说《毛泽东选集》第一卷至第四卷用单字量约3000字,第五卷约2200字,五卷共约3150字。《现汉》或者《现汉》修订本里的许多词虽然是基本词,毛泽东在五卷里是不用的。王蒙小说里极少用介词"跟",几乎都用"和、与",这差不多可以用作鉴别是否王蒙小说的一个重要标志。我也有习惯,王蒙常用的"造访、抑或、乃至",我从来不用,"加之",我也不用。最近读刘心武的《栖凤楼》(《当代》1996年第3期),开头不到3000字里就有"闷然、驻足、浸污、逃逸、即便、腹诽、筑构、丝麻、勃动、憬悟、刻意",我是不用的。我随便翻《现汉》修订本"留"字条,40个词条里,"留难、留鸟",我不要说不用了,看词典之前,你要我说是什么意思,我都说不好。手头有一本《普通话三千常用词表》(增订本,语文出版社,1987),里面的"端阳节、便帽、暖水瓶、奶头、缝纫工、有着、咱们、来着、呗、哇、受累、彼此彼此",我几乎都不这么说。

我想,可以让一定数量的、情况不同的人读《现汉》修订本,在词条上分别打上这几种记号:用、知道但是一般不用、不知道,在第二类里再分析不同的原因,调查得出的情况会是多种多样的。我们可以说,基本词在空间分布上相对比较广,但许多远远不是全民都用的。

三

词语的动态的时间分布和动态的空间分布动态结合,词语分布的情况更为复杂。上面孙曼均的文章所说的流行的词语,一个时期在一些人群里使用频率是特别高的,因为这些人群特别需要用。流行词语有的短寿有的长寿,有的潜藏之后又有新的流行词语显现。文章说:"正因为流行词语是一种时尚,一部分流行词语会固定下来,成为普通词语,进入基本词汇系统;另一部分会随着时代的发展和社会的变迁而成为历史的陈迹。从词汇变异的历史看,越是直接反映特定社会经济政治活动、带有强烈政治倾向或鲜明政治色彩的词语,往往短寿;而那些反映社会生活中带有普遍性的事物、现象及其关系的词语,倒具有相对的稳定性和持久性,进入普通词语的可能性越大。流行词语也是这样,不论其高雅粗俗,有的将保留下来,有的将被淘汰,其寿命长短最终取决于社会的变化和发展,新的流行语又会以新的面貌和新的内涵出现。"(107页)看来短寿流行词语也是社会很需要的。今后"直接反映特定社会经济政治活动"和"个性"的需要的词语会增加,空间广而时间短的词语也会增加。也就是说,社会会更加需要这样的词语。流行语,一些潜藏了,一些新的又出来,这又说明流行语的总体又是长寿的,只不过它内部不断地在新陈代谢。

新词新语的总体也是如此。我把这种情况称之为动态的稳定或者稳定态的运动。

即使研制便于多数人一般使用的现代汉语方面的工具书、语料库等,也要从时空的结合上来多方面考虑,有主有辅。刘连元《现代汉语语料库研制》说:"在时间层次上,选取1919年至今的各个时期语料,但以1977年至今的语料为主。在文化层次上,以具有高中文化程度的人能阅读的语料为主,其他文化程度为辅。在创作面层次上,以使用广泛的语料为主,其他语料为辅;以人文社会科学为主,自然科学为辅;以学科门类为主,以语料语体为辅,对门类进行补充。"(4页)

四

还有几点认识。

(一)社会是丰富多彩的,社会的需要也是丰富多彩的。我们要以丰富多彩的词语和词语的整理研究,来满足社会的需要。应该有个分工,但是更应该合作。分工,不必要求自己的外延过于整齐,也不必要求别人的外延过于整齐。语言本身不是如此的,语言生活本身不是如此的。我们应该仿效大自然。"离离原上草,一岁一枯荣""苍松翠柏常年青"和一现的昙花都是大自然的成员。日复一日东出西落的太阳、一闪而过的流星和来来去去的彗星,都是宇宙的成员。梁衡《文章自然相似论》说得好:"正像大自然中隐藏着'牛顿三定律',隐藏着'勾股弦定理',隐藏着'黄金分割点'一样,也隐藏着最美的组合。"(《只求新去处》317—318页,作家出版社,1994)我们需要从许多方面包括风格学、社会语言学方面整理研究现代汉语词语。

(二)从词语时空分布的复杂的情况来看,认为符合显现"时间长"和使用者多两个条件的语言现象才是规范的,才可以追认为是规范的"追认观",既不能及时满足社会的多方面的需要,理论上的毛病也实在太多。

(三)不同的人在词语学习方面有侧重点,但是总体来说要丰富多样,而且要有动态的认识,词语学习也不是一次就能完成的。

附 注

①国家语言文字工作委员会语言文字应用研究所"新词新语新用法"课题组的新词语编年本,选取当年的新词语约1/2,后一年本的前言里对已发现的前一年本的少量差错提出更正。最近的一本是《1993汉语新词语》(北京语言学院出版社,1994)收 461 条。《1992 汉语新词语》(北京语言学院出版社,1993)收 448 条,后一年删 5 条补 4 条。《1991 汉语新词语》(北京语言学院出版社,1992)收 335 条,后一年删 16 条。词龄 3、4、5 年的分别选自上面三本。两年的选自课题组《1994 年出现的汉语新词语选登》(《语言教学与研究》1995 年第 4 期)。

②根据课题组《现代汉语新词词典》(北京语言学院出版社,1994)引例出现的时间。括号里为至少的年数。

③据《现代汉语新词语词典》(中国青年出版社,1994)。

(《世界汉语教学》1997 年第 4 期)

整理网络词语的若干思考

这是一本小型的语文性的关于中国网络语言的词典。

我们编写这本词典的起因,主要是社会需要。电脑网络已经渗透到我们生活的方方面面。据中国互联网信息中心统计,截止到2000年12月31日,我国上网用户人数已达2250万。这个数字还在迅速增加。由于种种原因,初上网的人会碰到一些语言障碍,网上交流有时像"雾里看花"。我们初上网的时候也是如此。社会需要一本有助于克服这些语言障碍的工具书,来帮助网上交际。

网络语言是一种新的媒体语言,是语言传播研究的重要对象。网络语言是社会某个群体的用语,是社会语言学研究的重要对象。网络词语是新词新语的组成部分或延伸,是新词新语研究的重要对象。对网络语言的研究,也是社会的需要。编写这本词典是网络语言研究初始的一个部分。

上面说的是外部原因。内部原因是我们觉得我们有责任做这方面的工作。我长期以来做应用语言学方面的研究工作,近两年来开始还做应用语言学的教学工作。近许多年来,主要做的是语言规范、新词新语、媒体语言的研究和教学工作,主持或者参加编过一些新词新语的词典,现在正主持一个关于新词新语规范基本原则的研究项目。我个人有责任做网络语言方面的调查、整理和研究工作。我们北京广播学院1999年10月18日举行了应用语言学系的挂牌仪式,

2000年初还成立了网络传播学院,其中的网络语言应用系跟我们的应用语言学系有密切的关系。我的同事们也有责任做网络语言方面的调查、整理和研究工作。

天赐良机。1999年年底,我们得到广电总局的一个项目,后来也是北京广播学院广播电视研究中心的项目,是关于媒体语言比较研究的。取得有关领导同志的同意,我们把这个项目的名称和内容适当做了调整,或者说是发展和突出,成了网络语言研究的项目。我们的主要任务是编教材、写专著,编这样的一本词典是初始的工作或者说是副产品。

这本词典主要是为了检索用的,我们注意到了它的实用性。一方面简明,一方面又介绍了一些有关的知识。还有语文性,就是收录了不是很专门的词语,即使是比较专门的词语,也是从语文的角度来释义的,有的说明了色彩等。有几种说法都比较常用的,我们用了参见的方法。我们一般都有例句,例句是帮助读者进一步了解释义和了解如何使用的。例句都是有来源的,一般来自报刊、书籍和网上。主要为了省篇幅,我们没有注明出处。例句里有些认识我们并不赞成,但是让大家知道不同意见有好处。我们的意见以我们的释义和评述为准。有些例句的文字,我们作了一些删改。我们收了不少外语词语。外语词语不是汉语,不是汉语借词。但是网络里用得比较多,如果不怎么了解,会影响交际。从实用考虑,我们收了。如果有汉语意译或者音译的,我们尽量用汉语词语为主条,当然首先要看网上现在主要用哪一种。我们还收了一些用数字谐音表意的,也是从实用考虑。不是谐音的数字代号一般没有收,一些脸谱符号也没有收在正文里。还有一些不文明的词语,如国骂"TMD"我们也收了,但是表示了态度,从篇幅上看得出我们没有张扬,有些脏话我们没有单独列条，也采取了一些避讳的办法。主要是聊天室用的谐音构成的"大虾""斑竹"也收了。现在一些人认为不规范的主要指上面说的后三种，尤其是后一种。一些媒体关心的也是我们收了后三种尤其是后一种，会不会有人说我们的词典也不规范。

我们当然是注意规范的。我们的这本词典是描写性和规范性相结合的。如果专门编一本骂人话词典，如果是认真的，也是有价值的，骂人话也是很需要研究的。

我们认为语言的主要功能就是交际。规范是为了更好地交际。衡量规范与否的唯一标准是交际值——交际到位的程度。规范是有层次的，交际是分类型的，对不同语体的语言规范的要求是不同的。正如不能拿应用文规范的要求来要求小说、诗歌一样，不能拿别的一些语体语言的规范来要求网络语言，尤其是一些人在聊天室里语言的规范。说到网上聊天室，有一些人用了不怎么上网尤其是不怎么进聊天室的人不怎么懂的词语，一个原因是不同的情况下都会有一些不同的词语。我不炒股，不少炒股的用语我就不怎么懂。我不怎么玩麻将，玩麻将的不少词语我也不怎么懂。我不能批评人家炒股或者玩麻将用那些词语，人家也没有要求我非得懂那些词语。我还查过《现代汉语词典》里面的词，我分成三类：一是我懂而且用，二是我懂但是不用，三是我连懂也不懂，学了之后才懂。我问了一些人，大致也是这个情况，具体到哪些词语，别人跟我又不一样了。哪有什么全民语言？小孩跟大人说话不同，男女说话还有差异。20世纪60年代有了社会语言学之后，我们知道了人是分群体的，语言也是有群体特性的，这个群体跟那个群体需要交际，这个群体的语言跟那个群体的语言有许多联系，但是不完全等同。语言在不同时空里的分布是不一样的。世界上的任何事物都是既有联系又有区别，既不割裂也不等同。大千世界就是这么回事。《修辞学习》1999年第6期上有一篇于全有的《校园流行隐语技法阐微》,认为"他呀,奔驰250""瞧你,多媒体""太监""三味书屋""可怜""-7""早恋""大喜之日""奋发图强""特困生""王豆腐"等用了双关式修辞手法。2000年第5、6期合刊上徐呆的《这些"校园流行隐语"是"双关"吗?》则认为是用了"别解"的修辞格。要是不读他们的文章,这些校园流行隐语的意思我还真不怎么知道。我的态度是:如果我不需要知道,就算了;如果需要知道,那就弄懂它。网络语言在一定的范围里使用,在这样的范围里这样使用,有它一定的方便的地方和一定的道理,就不能要求它跟别的语言一样。社会群体的语言,我们社会语言学里叫社会方言,同地域方言有共同的地方。我们对待地域方言的态度是推广普通话,尊重方言,不消灭方言,普通话还要从方言里吸取营养。我们主张我们的语言生活主体化和多样化相结合。主体化相对的是混乱。多样化相对的是单调、单一、划一。主体化跟多样化不相对立。推广普通话当然需要整理和研究方言,我们的语言学者编写过很多地域方言的词典,它是为推广普通话服务的。整理和研究方言还有多方面的意义。网络语言里的一些词语属于社会方言,其中有一些或许是又一种社区词语,它不是地域方言,但是又没有广泛使用开。我们对待网络语言的态度同样是我们的语言生活要主体化跟多样化结合。

语言是由比较稳定的内核和比较活跃的外层以及中介物构成的,共同为交际服务。比较活跃的外层是比较稳定的内核的唯一来源。现在比较稳定的部分当初都是活跃过的。新词语、流行语是属于比较活跃的外层的,有人把新词语也归在流行语里面。语言的发展变化首先表现在比较活跃的外层。语言的发展当然也靠比较活跃的外层。语言的发展怎么不靠流行语呢？流行语已经以活跃的样式在为交际服务了，怎么还不是丰富发展语言呢？交际之外无语言。当然我们还要特别注意流行语在流行之前的还不被许多人了解和认可的初显的状态，即使初显之后没有流行的语言现象也为一定时期的交际作出了贡献。语言比较活跃的外层转化到比较稳定的内核，总的说来不是优胜劣汰的过程。比较活跃的外层和比较稳定的内核，总的说来是互补的关系，而不是对立的关系。某些词语用的时间长短，跟它指的概念等存在的时间长短有关。某些词语一个时期某些层次使用的人多，跟这些词语一个时期同这个层次的群体共振有关。一些不是很上层的词语占了位之后更好一些的近义词语就比较难再占位。不少不规范或者不怎么规范的语言现象的生命力也很强大，寿命也很长。不规范的语言现象也会不断新生。对立统一，这也是世界的法则。所以"过滤"一说也不很靠得住。我们赞成1986年1月全国语言文字工作会议提出的做语言文字工作的态度和方法：顺乎自然，因势利导，做促进工作。首先要认识规律，按规律办事，积极地做促进工作。我们希望的是科学的有效的规范。

还有，说话并不是要求都是大白话。交际当中除了意思到了之外还要求有适当的色彩、情调等。如同吃饭菜，不是只吃维生素，还要吃色香味，有时候还吃情感。穿衣服也不只是保暖。我国在语言学方面有一个新颖色彩理论，外国有别的叫法，意思是说，老是说老一套话，好懂是好懂了，可是人家还是不喜欢，而且更不好记。人家喜欢适当来点新鲜的。要有不同的色彩，是人的天性，所以世界才五彩纷呈。你适当来点新鲜的，人家稍微一动脑筋，噢，明白了，比听老一套不费脑筋还记得牢。过于深奥了，人家动了脑筋还是不明白，就不想动脑筋了，于是乎不明白，交际的目的没有达到。所以这个新颖要适度。这个适度的度是不怎么好掌握的,是要在实践中逐渐调整的。我们鼓励新颖,我们希望的是逐渐适度,而不是不要新颖。语言交际还是不同的人在交际中既趋同又求异把握好度的不断磨合的过程,语言交际能力也是不同的人在交际中既趋同又求异的不断磨合的能力。

还有,我们认为我们编写这本词典本身是在做语言规范工作。规范工作要匡谬正俗,但是主要任务是及时发现和介绍新的、好的语言现象。这是比较积极的服务,也是比较积极的规范。我们上面说的活跃、稳定、外层、内核,当然指好的部分。谈到好,当然还包括比较好。多了一些品种,也是丰富,也是好或者比较好。还有一些语言现象很难说好不好,某个范围里用得并不少,对此,我们参考了吕叔湘先生、周洪波的有关意见和闵家骥等人的做法。吕叔湘先生在闵家骥等的《汉语新词词典》(上海辞书出版社,1987)的序里引了自己在《辞书研究》1984年第1期上《大家来关心新词新义》里的意见:关于词典记录新词新义,"我个人的意见是与其失之于严,无宁失之于宽。"周洪波在《光明日报》2000年6月15日的《新词语冲击波的是是非非》里说:"从语言应用的角度来看,新词语的显示有一个过程,过程中的词语可能会出现各种不同的情况,在规范和不规范之间有一个很开阔活跃的中间地带,我们应像对待新事物一样,对新词语抱着积极欢迎的态度,多些理解和宽容,少些大惊小怪。""遗憾的是,我国的辞书出版界长期以来过分强调词典稳定性,以'传之久远'为词典家的最大自豪,因而常常对活生生的语言事实视而不见,或有意与之保持距离,使读者面对如潮涌来的新词语只好望'典'兴叹。""新词语用冒了并不可怕,语言僵化、词汇贫乏,那才是真正可怕和可悲的呢。"闵家骥等的《汉语新词新义词典》(中国社会科学出版社,1991)

的前言说:"本书所记录的新词就目前来说并不都完全合乎汉语词语的规范,个别的可能近乎生造,但作为一部反映新词面貌的词典,我们予以从宽收录。"我们希望采取的是既记录又积极引导的态度。这是把自己摆进去,是介入。规范工作者始终有一个深入了解和学习人民群众语言的任务,先当学生,然后继续当学生同时当一点先生。还有,网上一些人把"大侠"打成"大虾","把"版主"打成"斑竹",有一个原因是有一种输出是"大虾""斑竹"先显或者容易显。我们计算机的词库和显现方法怎么会这样呢?不仅如此,我们的许多常用的词语不少计算机里打了几十次了也不能自动连起来。现在许多网络词语在计算机词库里没有。网上许多拉丁字母的构词,计算机认为是语法错误,警告你可能不能继续显示了。我们的计算机在这方面是不是也有不少缺陷呢?我们的语言工作者在这方面是不是也有一些责任呢?我们的计算机在这些方面有些乱,跟我们的有关部门一开始就没有统一地有力地来抓是不是也有些关系?我们有关方面是不是在这些方面也要改进我们的工作?再说,网上一些词语的使用还为了省时间和省钱。我们打电报不是用那样的文体吗,连标点都不用。我们现在网费降了不少,可是电话费还是不怎么便宜。我们古代的书面语是文言,同说话有些脱节,跟那时候把文字刻在竹子上有一定的关系。语言的使用,跟经济、科技等的发展状况也是有关系的。我们发展我们的语言使用,还需要发展我们的经济和科技。当然还要提高全民族的文化水平。

有一些人提出纯洁网络语言,这是"纯洁语言"的口号的运用。"纯洁语言"的口号源自1951年6月6日《人民日报》社论。到了20世纪80年代,不少人认识到语言里有大量的中介状态,典型的就是地方普通话。对地方普通话的态度,一是一些人在学普通话了,要鼓励他们;二是他们说的还不是标准的普通话,对他们当中的一部分人应该有比较高的要求,所以还要帮助和督促。后来进一步认识到中介语是人们学习语言的正常过程,人们学习语言的过程中就是必然有许多不到位也就是不规范也就是不纯洁的语言现象的过程,人们在这个过程里就要交际。我们要把这种过渡状态跟语病区分开来。由此,不少学者对纯洁语言的口号进行了反省。20世纪90年代,不少学者讨论语言观的时候,讨论了这个问题。1995年12月25日李岚清《在纪念文字改革和现代汉语规范化工作40周年大会上的讲话》里没有纯洁语言的提法,起草组的同志不同意这个提法,起草的时候就没有写。1997年12月23日许嘉璐代表国家语委在全国语言文字工作会议上作的主题报告里明确提出语言文字不搞"纯而又纯"。我参加了文件起草,我知道,国家语委的领导对这个提法是多次慎重研究了的。对这个提法当然可以不同意。但是我不知道现在提纯洁语言的人是没有看许嘉璐的报告并且思考一下呢,还是不同意许嘉璐报告里的这个提法而坚持1951年6月6日《人民日报》的那个提法?近几年来我们对语言文字不搞纯而又纯有了进一步的思考。语言是为所有的人服务的,人是分层次的,而且是不纯的,人不纯谈什么语言纯。人生下来是要学习语言的,学习语言有一个过程。语言是发展变化的,发展变化了,人又要学习,这个学习又要有一个过程。还有,由谁来纯洁语言呢。不规范的语言现象也是不断新生的。不纯洁是语言正常运动的正常表现。我们是在不纯的情况下搞规范。规范是为了更好地交际,绝不是妨碍交际,也不是为了纯洁语言。规范是为了更好地发展语言。一个语言如果不能发展,那是最大的不规范。我们为我们的汉语能不断发展、显示出强大的生命力而感到无比高兴。

1997年12月的全国语言文字工作会议进一步强调了我们现在的语言文字工作要重在建设。首先这是正确估计了当前语言生活的形势。如果主要是混乱，那应该重在治理。现在基本情况是好的，而且向好的方面发展，就要重在建设。我理解重在建设这个思想，我们还要以立为主，以正面引导为主。有人说现在的网络语言只是网民喜欢，还有人说专家态度积极而大多数人反对。这两种意见估计都很值得思考。拿后一种来说吧，这就跟20世纪80年代关于新词新语的态度有了很大的不同，也是一种进步。我们觉得现在的网络语言基本情况还是比较好的。我们的基准网民是大学生，这是一个中上的层次。从文化素养到语言修养，层次都不低。近一些年来，网民的层次还有一些提高，大学生以上层次的增加了。中国正式加入互联网的时间并不算长，网络语言使用也有个磨合的过程，现在看不出有不好的趋势。有人说，现在的网络语言大部分是初上网的人造出来的。那么，他们成了网络高手之后是不是会造得好一些呢。互联网的特性就是进一步沟通，进一步沟通必须有共同的礼节和规则；互联网本身是科学发展文明发展的产物，大部分网民会维护和发展互联网的这些特性。这不是说可以放任自流，而是说维护和发展这些特性是互联网本身以及大部分网民本身具有的要求，这就是可以"顺乎自然"的"自然"。许多网站在这些方面逐步采取了一些管理措施。我们国家现在在这些方面还逐步采取了一系列措施，加强了法治。

现在我们网络语言最大的问题是有些网民在聊天室等场合语言使用不够文明。虽然我们的实际生活里许多人语言里的"含草（操）量"很高，北京工人体育场看足球赛的时候，难听的京骂还很厉害。虽然网络语言里的语言不够文明的方式还是有些避讳的，程度不是非常严重，但是我们的基准网民是大学生层次的，我们应该在这样文明的地方体现我们的文明。更严重的是现在有不少基准网民对这一点的认识还很不够。文化部等八个单位发起的"网络文明工程",2000年12月7日在北京正式启动,这是很有意义的、很重要的工程。《光明日报》2000年12月8日报道说网络文明工程的主要目的:"一是以正面引导的方式,形成网上健康文明的道德规范;二是创造一种全新的网上生活方式,在全社会形成文明上网的风气;三是发现一批优秀的中文网站,从而引导和规范国内众多互联网站的建设,促进中国网络事业的发展。"网络语言文明建设应该是其中的一个重要内容。网络语言,总的来说是我国中上层次人群生活语言的反映。提高网络语言文明的程度,需要提高这个层次人群生活语言的文明程度。中上层次的人群的生活语言的"含草量"也很高。这里有许多问题值得我们思考,譬如说问题到底出在哪儿,谁的责任。

网络语言当前在新颖和深奥方面的度有点过,使得初上网的人几个月还在"雾里看花",许多人对将要出我们编的这一本《中国网络语言词典》这样感兴趣,这也是一个原因。需要逐步调整。我们网络语言的研究者、评述者、使用者、创造者,都要进一步认识到网络语言的总的特性是便于在网上进一步沟通,网络语言的特性不是黑话,新颖化不能黑话化。现在网上语言活跃的手法主要是谐音,这在修辞手法上的层次也不算高。我们的广告语言的成语谐音改字不是一度满天飞吗,什么"名副其湿、盒情盒理、烧胜一筹、鳖无选择",纷纷效仿。大家都可以仿效的,说明层次不够高,后来广告语言的成语谐音改字把这种格式都弄得许多人烦了。格式雷同多了也就不再是创造了。我们的网民在这方面也要提高。到了人家以为是耍嘴皮子、贫嘴的时候就不好了。

我们这本词典也受到当前网络词语现状的约束。我们希望我们的网络语言尽快发展,希望我们的许多网民尽快克服现在网络语言造成的一些语言障碍,希望这本词典尽快过时。词典也有时效性,我们没有把这些词语都固定下来的意思。语言是交际用的,词典也是帮助交际用的,语言是发展变化的,词典固然有一定的使词语定型的作用,但是这种作用是很有限的,尤其不是关于基本词语的词典。电脑网络是一块神奇的土地,我们对它的认识才刚刚开始。

(《中国网络语言词典·前言》,中国经济出版社,2001;又见北京广播学院2001年有关的国际会议论文集)

关于媒体语言研究的若干思考

一

媒体语言的说法和媒体语言的研究是网络语言和网络语言研究出现之后明确地提出来的。

网络语言不仅是在报纸、广播、电视三个大众媒体的语言之后增加的一个第四大众媒体的语言,而是还引起了前三个大众媒体的语言的变化,网络语言也是吸取了前三个大众媒体的语言的营养而形成的,几个媒体的语言出现了不少交融的现象。我们需要对这几个媒体的语言作总体的探讨。

网络语言的出现,引起我们对前几个媒体的语言认识的调整,我们需要从总体来进一步认识或者说某些方面要重新认识媒体语言,有些媒体语言研究里惯用的提法或许也需要讨论。

我国的第一、第二、第三媒体报纸、广播、电视几乎都是舶来品,我们从外国借鉴有关的语言传播学说比较便捷,外国在传统媒体的许多方面又的确比较先进,所以我们传统媒体的语言传播学说很多或者说基本上是从外国来的。我们要进一步思考外国的有关学说和我们的实际的结合问题。在借鉴和发展方面我们过去的认识也有不少偏颇,我们也要反思。外国的学说是从外国的实践中提炼出来的,我们应该主要借鉴他们是怎样从他们的实践中提炼出他们的学说的。即使是把他们有关的学说引进来,也要根据我们的情况来改变。而且,我们更主要的是要从我们的实践中提炼我们的、也可以适当供外国参考的学说。我们学说的最主要的来源是我们的实践。我们今天的实践正在发生重大的变化,我们的本体语言学和应用语言学近些年有了很大发展,我们处在解放思想、实事求是的大好时期,近几年我们关于语言观、语言哲学的讨论对我们语言学界的解放思想、实事求是起了推动作用。这也引起了我们对整个媒体语言的总的探讨,并且为探讨准备了一些条件。

网络和网络语言的出现与发展引起了多方面的思考,中国一场语言问题大讨论正在进行。网络媒体引起对传统媒体的再认识以及网络语言引起对传统媒体语言的再认识,是才出场的大戏。

网络出在外国,似乎外国还没有多少关于网络语言的学说、理论,或者是有了而我们还没有怎么引进来,我们自己就讨论起来了。而且,这方面的不同意见还引起了外国的注意,这是天赐中国发展媒体语言学说的良好契机。中国的有关学者敏锐地抓住了这个契机。

二

大众媒体语言的特点跟大众媒体有关。大众媒体是对大众的,大众媒体的语言也是对大众的。要进一步研究大众媒体跟大众语言的关系,涉及既学习又引导大众语言的问题。

媒体要确定一个基本受众,但是又不限于这个基本受众,要让基本受众之外的人都有不同程度的收获。

现在的大众媒体又是现代化的,有个内部的群体,我们又要探讨内部群体在语言方面密切合作互相加分的问题。

媒体语言还有媒体的特点。一个媒体里有分工和合作,要进一步结合声画等进行大语言的研究。几个大众媒体要有分工和交融。还有非大众的媒体也是重要的媒体,还要探讨大众媒体语言和非大众媒体语言的关系。要研究大媒体语言。

总的说,媒体是从生活中发展来的,我们要研究媒体语言跟生活语言的关系以及不断从生活中吸取营养的问题。

媒体语言是语言的一种样式,是人的语言交际的一种样式,是语言交际的一种类型,是适应和引导人们交际的需要而出现而发展的,属于社会语言学。在这样的大的范围里,要研究人们语言交际需要的发展和媒体语言出现的互相影响以及媒体语言出现的条件。

三

媒体语言有许多值得注意研究的问题。

(一)我们说语言的性质,还表现在传送即传播方面,媒体语言研究是我们研究语言传送即传播的重要方面。

(二)媒体语言研究提出了分支媒体语言的对象和范围的调整。例如第一媒体是报纸,但是我们以往研究的基本上是报纸的新闻语言,还没有"报纸语言"的说法。广播语言的研究面扩大了,但是新出现的广播的样式的语言需要进一步研究。媒体语言研究不是几个媒体的语言研究的相加,而是要研究总体的外部、内部的运动和关系的秩序。

（三）媒体语言为人们的交际作出了巨大的贡献。媒体语言对社会语言的影响逐渐增大，这跟媒体和媒体语言的发展有关。媒体语言对社会语言积极的影响是主要的，媒体语言是学生重要的学习语言的第二课堂，很多人是通过媒体语言尤其是其中的广播电视语言学习听和说普通话的，媒体语言使社会语言生活更加健康活跃。因此，人们也对媒体语言提出了更高的要求，对媒体语言里不良的情况提出了批评。这些批评里也有许多需要研究的问题，包括程度的问题、影响有多大的问题。有的要进行讨论，有的要做许多调查。

（四）媒体语言属于语言比较活跃的外层，特别注意时代性，注意新颖。有声的分支媒体广播电视语言又要特别注意受众易懂，这方面语言趋新和趋同的表现和结合特别值得进一步研究。网络聊天室语言到什么程度可能陌生化过头了，也很值得研究。这里涉及语言创新研究的问题。

（五）说报纸主要解决了语言交际时间的限制，说明人的语言交际有这方面的需要。但是，并不是很多人都要去查阅旧报纸，我们从实际出发，探讨究竟哪些人在哪些方面有这方面的需要。说广播主要解决了语言交际空间的限制，说明人的语言交际有这方面的需要。但是我们的广播空间和时间的限制还是很多，我们可以从实际出发，探讨我们的广播解决了多少、留下了多少语言交际空间的限制。电视的出现，说明人们的语言交际需要闻其声而见其人。网络的特点之一是互动，说明人们语言交际需要互动。一个媒体的多样化，例如多种报纸、广播电台的多个频道、电视的多个频道，还说明人们语言交际还需要便于选择，需要自在。这些媒体语言都反映和解决了人们语言交际的部分需要，合起来才解决了人们语言交际的更大部分的需要。媒体的融合,是努力多方面满足和引导人们语言交际的需要。别的非大众媒体,则弥补了大众媒体还不能解决的问题,有的非大众媒体在这方面如果为人们服务得好,则可能成为新的大众媒体。为人们语言交际的需要服务,是媒体语言发展的动力。

(六)网络聊天室或者BBS便于互动,不是精英对大众,而是大众对大众,精英在大众里面,或者说大众群体相互提升努力成为精英。这里涉及一个话语权的问题。大众除了听和看之外,也需要说和写。大众也需要比较完整的话语权。语言生活是大众生活的一个部分,话语权是大众语言生活权的重要部分。人文关怀,包括保障人民大众行使好话语权。起语言示范作用的人,也要在行使好话语权方面起示范作用。

四

总的媒体语言研究刚刚开始,分支媒体的语言研究已经不同程度地有了许多成绩。但是已有的研究有一些倾向需要我们今后在分支媒体语言研究和总的媒体语言研究方面注意。

(一)我们估价已有的成绩,总要从满足和引导事业和学术的发展来看,从自己的人才、学术等是否发展也就是是否能持续发展来看,主要不是从自己已有的地位或者从左邻右舍对自己形成了某种压力来看。

我们的事业需要领军,领军是领,要领,还要有后进的群体。长期只有一家、两家而别无分店不利于事业发展。领军不一定是终身制的。就像赛跑,起先领跑的人不一定一直领跑到底。但是领跑的时候,总有他领跑的实力和优势。后进的要冲上去,领跑的更要超前,这就形成了总体的发展,这是相互鼓励、学习、促进的总体的发展。领跑的要领,更要自身持续发展,要不断地谦虚地从后进者那里吸取营养。整体的队伍要团结合作。

(二)媒体语言研究属于应用语言学的社会语言学,要重视解决实际问题和提炼理论两头,要注意理论和实践的高层次的结合。一方面不要轻视理论,一方面不要把还算不上理论的说成是理论,更不要两种情况兼有。

还要重视和进行媒体语言方法与方法论的探讨。

(三)当前关于语言问题,有一种"语言有阶级性"论抬头的苗头,表现在批判语言的工具性、符号性,有的比较形式主义的生硬地贴上人文性的标签。我们媒体语言研究里要注意避免这种倾向。我们有必要重新学习打倒"四人帮"不久吕叔湘、陈原、陈章太、中国社会科学院语言研究所现代汉语词典编辑室等有关的谈论和文章。

我们语言人文性的研究,以前在词语等的体现、称谓等的体现方面有了不少成果。我觉得要进一步探讨我们中国传统文化的精髓,探讨这些精髓在我们语言使用和语言观方面的体现。我同意古人概括的中国几千年来文化的基本精神,如《周易正义》所说:"天行健,君子以自强不息。""地势坤,君子以厚德载物。"(卷一)《周易正义》还说:"天地感而万物化生。"(卷四)"天地不交而万物不兴。"(卷五)我觉得语言也是如此,语言观也应该如此。这个文化的精髓,在我们的语言使用和语言观方面是有许多体现的。

(四)一段时间有一种要褒一个就贬一个的倾向。例如某些领域里有一些人褒有声语言贬书面语言,褒广播电视语言贬网络语言,广播语言和主持人语言相互贬,说新闻和播新闻相互贬,一种播音方式贬另外一种播音方式。其实,这些如果是适用的话,不应该是非得"不是你吃掉我,就是我吃掉你"的关系,应该是可以你中有我我中有你、互相学习共存共荣的,这些都是我们社会主义事业需要的,应该是手心手背的关系。我们的分支媒体的语言,自己"自强不息",还要"厚德载物","厚德载物"有利于"自强不息","自强不息"才可能"厚德载物"。我们需要进一步研究的是不同语言表达彼此间的同异以及分工和结合的问题。

(五)重视人才培养的研究。

有的媒体的工作不一定就是浮躁的工作。因为在同样岗位上的人有许多并不浮躁,而且很踏实。

曾经有过主持人有没有艺术的讨论,这里要界定艺术和非艺术。还有,很多事物并不是只以有和无来区分的,"有"里面还有类型和程度的不同。科学和艺术之间有许多中介状态,它们既有艺术又有科学,有的艺术的成分多一些,有的科学的成分多一些。研究这一点,对我们人才的培养可能有好处。主持人有没有艺术的讨论,实际上考虑的也是人才培养问题。

人才培养有个链,各个阶段有自己的任务,几个阶段又是连接和发展的。特别是用人单位怎样继续培养人才,都是需要注意研究的。

(六)学术研究需要有良好的学术讨论的民主活跃的气氛和方法。总体的媒体语言研究刚刚开始,特别需要有良好的气氛和方法。特别要重视创新。这里涉及对经典的认识。

经典在当时很好地起了创新和推动作用,考虑了当时的时空点,为后人如何考虑时空点作了示范。我们后人要学习的是如何在具体的时空点上创新,而不是把当时的成品搬过来。

经典,一定是在当时创新的,一定是在当时有所突破的,而且是比较大的创新和突破,在当时并不被很多人认为是经典的,而且在当时一定受到许多人甚至是大人物的嘲笑和攻击的。我们后人要学习的,既创新、突破又忍受、坚持。不要以为我们有了些成绩,人家立马就当作经典了。不可能!

经典,作为具体成品,有时代性。有人讨论古典文学作品的作用是扩大了还是缩小了。其实,从具体成品来说,作用一般会缩小。没有一个具体成品可以包揽时间而经久不衰。从如何在那个时候创新、突破、忍受和坚持来说,后来人的认识深化或者社会特别需要提醒这一点或者许多人忘掉这一点的时候,作用可能扩大。但是,就如何在一定的时空点上创新、突破、忍受和坚持来说,后人也会发展,也要发展。

人们学习经典,最重要的是建设新的"经典"和建设新的"经典建设法"。

要留心的是,有的人可能会抽掉了时空推崇具体的经典作品。从学习者来说,学不到精髓。从权威来说,可能是阻止进步的手法。这样,具体的经典成品,成了不要创新的图腾。你对具体的经典成品有不同意见吧,有的人可能说你是反对整个的经典。有的人成了经典的代言人,成了经典的化身。如果你对经典当初的"建设法"都提了一些意见,那就更不得了了。解决这个问题,有个办法:我们大谈特谈经典的本质是在一定的时空点上创新和突破。新的创新和突破,正是继承和发扬了经典。要比谁更尊重经典,就比谁更在努力创新。我在《实践者关于中国播音学的新建设》(《现代汉语研究与应用》,北京广播学院出版社,2003)里说:"创造是在把握发展动向、方向的基础上引导前进。创造是力量,创造是智慧,创造是美。一个人,你要显得有力量,你去创造吧!你要显得有智慧,你去创造吧!

你要显得有艺术,你去创造吧!你要显得比别人高明,你就要在创造方面比别人高明。"大家都努力创造了,也就是大家都努力实事求是了,人的关系自然就容易和谐了。

五

媒体语言需要研究的问题很多,需要很多人来研究。媒体语言研究的人很多。媒体语言的从业人员很多,学历都不低,其中许多人已经是和应该是媒体语言的研究者。现在需要做比较灵活的组织和规划工作。可以成立有关的研究会,不给研究者约束和麻烦,给研究者许多研究的方便,气氛又宽松,发挥研究者的积极性。这样的研究会,可以吸取许多学术沙龙的优点,避免有的研究会会员只进不出、头头看重席位、活动费钱费时费力等毛病。怎样办研究会和组织人才进行研究,我们也需要创新。

(《媒体与语言》第 2 辑,经济科学出版社,2004)

后　记

　　1984年起,由于工作的需要,我开始研究应用语言学的历史及理论。2001年起,我招的博士生是语言学及应用语言学专业应用语言学的历史及理论方向,我在这个方向方面的研究更多了。这本集子收的是我在这个方向方面研究的主要文章。一直是多人署名的,不收;书评,不收。有两三篇比较短小,但是我觉得比较有参考价值,还是收了。

　　从目录可以看出来,这里主要是谈理论。文章分两组。第一组只有四篇,主要是谈历史。第二组二十篇,主要谈理论。头上十篇主要是综述,后面十篇主要是从语言规划、新词新语、媒体语言等方面来谈理论。发表过的文章,在文末注明出处和别的。收录在这里,行文等作了一些修改。我主编过一本《应用语言学概论》,商务印书馆2003年出版,主要作为大学本科的教材。我还写过一本《应用语言学前沿问题》,中国经济出版社2006年出版,我用来作为博士生的教材。我还写了一本大概叫《应用语言学教程》,可能快出版了,是可以作为硕士生教材的。这本集子,供一般参考之外,还可以供上面这些教材使用者参考。

　　谢谢商务印书馆。谢谢责任编辑金欣欣编审。谢谢读者。

中国传媒大学　于根元
2007年10月17日